教育部哲学社会科学研究重大课题攻关项目『创新专业学位研究生培养模式研究』（13JZD049）
教育部学位管理与研究生教育司、北京市哲学社会科学研究生教育改革与发展研究基地支持

中国专业学位研究生教育案例集

Case Collection of Postgraduates Education for Professional Degree in China

马永红——主编

科学出版社
北京

内 容 简 介

本书集中展现了全日制专业学位研究生教育发展初期的 42 个典型培养案例，案例内容覆盖了人才培养全过程，回溯了专业学位研究生教育取得的经验，既是当前鲜有的针对专业学位人才培养全过程的深入研究和探索，也是教育创新推进的历史记录，在我国研究生教育转向高质量内涵式发展阶段，本书的出版具有重要的现实意义。

本书可供高等教育（尤其是研究生教育）的实践者和研究者阅读，期望本书能够为专业学位研究生教育提供思考和启示。

图书在版编目（CIP）数据

中国专业学位研究生教育案例集 / 马永红主编. —北京：科学出版社，2022.3

ISBN 978-7-03-071548-7

Ⅰ. ①中… Ⅱ. ①马… Ⅲ. ①研究生教育-案例-汇编-中国 Ⅳ. ①G643

中国版本图书馆 CIP 数据核字（2022）第 030054 号

责任编辑：朱丽娜 崔文燕 黄雪雯 / 责任校对：郑金红
责任印制：李 彤 / 封面设计：润一文化

科学出版社 出版
北京东黄城根北街 16 号
邮政编码：100717
http://www.sciencep.com
北京虎彩文化传播有限公司 印刷
科学出版社发行 各地新华书店经销
*
2022 年 3 月第 一 版 开本：720 × 1000 1/16
2022 年10月第三次印刷 印张：17 3/4
字数：340 000

定价：99.00 元

（如有印装质量问题，我社负责调换）

编 委 会

序

Preface

研究生教育肩负着培养高层次拔尖创新人才的历史使命，是国家发展、社会进步的重要基础，同时也是参与全球人才竞争，保持我国国际竞争力的重要保障。“十四五”时期，我国进入新发展阶段，我国的研究生教育也转向高质量内涵式发展阶段，正向具有中国特色的研究生教育强国迈进。专业学位研究生教育历经30多年的发展，培养了适合各行各业要求的高层次应用型人才，优化了国家人才队伍结构，为推动人才强国战略和科教兴国战略的有效实施提供了强有力的保障。特别是2009年我国开展全日制专业学位研究生教育以来，一些高校开始积极探索专业学位人才培养新模式、新路径。在当前从研究生教育大国向教育强国迈进的重要时期，回溯专业学位研究生教育取得的经验，尤其是分享和推广优秀培养案例对专业学位研究生教育未来发展大有裨益。

《中国专业学位研究生教育案例集》一书，是当前鲜有的针对专业学位人才培养全过程的深入研究和探索。该书由2013年度教育部哲学社会科学研究重大课题攻关项目“创新专业学位研究生培养模式研究”资助，同时也源于2014年11月国务院学位委员会办公室委托北京航空航天大学等开展关于专业学位研究生教育现状的全面调研工作。北京航空航天大学高等教育研究院研究生教育研究中心面向全国专业学位研究生培养单位征集案例，得到了全国14个省市学位办和多所高校的积极支持和配合，案例征集自2015年开始至2017年7月结束，共征集102

个案例，随后课题组组织专家开展案例评审，遴选出典型案例42个。该书的每个案例既有对培养全过程的客观描述，也有案例高校就自我创新的述评，同时体现了校企合作双方的共同推介。

每个案例均覆盖了人才培养全过程，充分体现了专业学位与行业、企业发展的密切结合及政产学研结合，集中展现了我国部分专业学位研究生教育培养单位坚持立德树人根本任务，培养德智体美劳全面发展的社会主义建设者和接班人的实践，锐意进取、求新求变，在人才培养、科学研究、社会服务、文化传承创新和国际交流合作方面取得显著成果，不断探索建立以实践能力培养为重点、以产教融合为途径的中国特色专业学位培养模式，全面提高人才培养能力，扎实做好高校人才培养工作。这些经历实践检验的经验和成果，为下一阶段专业学位研究生教育的高质量发展夯实了基础，进而为我国研究生教育的高质量发展提供了重要支撑。

本次专业学位案例集的撰写工作是深入研究我国专业学位研究生教育的一次有益尝试。这些案例充分展现出了我国专业学位研究生培养单位积极探索、创新培养模式的热情，集中体现了我国全日制专业学位研究生教育发展初期的试点经验，既是教育创新推进的历史记录，也可为其他培养单位提供参考与借鉴，并期望为专业学位研究生教育的改革和发展提供经验教训和创新依据。

回顾过去，展望未来，在新的发展阶段，该书的出版具有承上启下的重要意义。2020年全国研究生教育会议的召开、《专业学位研究生教育发展方案（2020—2025）》的发布，为我国专业学位研究生教育的发展指明了方向。希望该书的出版能对我国专业学位研究生教育研究起到促进作用，为高校探索世界一流大学建设提供互学共进的渠道，对广大研究生教育的参与者有所借鉴和启示。

唐建卫

2021年12月

前言

Foreword

专业学位研究生教育作为研究生教育的重要组成部分，近年来的招生规模和数量逐年攀升，地位日益重要，引起了社会的广泛关注。特别是2009年以来我国开展的全日制专业学位研究生教育，更是得到国家有关部门的高度重视和大力支持，一些高校开始积极探索专业学位人才培养新模式、新路径。为全面提升和改进专业学位研究生教育质量，创新专业学位培养模式，2014年11月，国务院学位委员会委托北京航空航天大学、清华大学和北京大学医学部联合开展了关于专业学位研究生教育现状的调研工作，为了反映各培养单位在专业学位研究生教育培养过程中取得的成效和经验，调研的一项重要工作就是收集和整理专业学位培养案例。

北京航空航天大学高等教育研究院研究生教育研究中心面向全国专业学位研究生培养单位征集案例，并得到全国14个省市学位办和多所高校的积极支持和配合，案例征集自2015年开始至2017年7月结束，共征集案例102个，随后课题组组织专家开展案例评审，遴选出典型案例42个。北京航空航天大学高等教育研究院还为提供案例单位出具参与证明。

本书中的案例内容包括三部分：一是案例简介，包括案例特点、案例启动时间、案例合作方、案例主要创新点。二是案例具体内容，主要包括案例背景、创新理念（或培养定位）与培养目标、主要流程及运行等方面。其中主要流程及运行，各单位根据实际情况，从制度建设、培养方式、管理方式、生源遴选和规模、师资配备、课程设置（含案例教学）、实践安排（含校企合作基地建设等）、论文工作、学位授予、联合培养、专业学位教育资质与职业资格认证、对外交流（包括国际、国内交流）、与相近学术型学位的差异性、案例成效、案例拓展、案例中遇到的问题与解决方案、案例的推广性等方面进行撰写。三是案例述评，各单位根据实际情况自评并简述创新点。需要说明的是，各案例中涉及的数据均由案例撰写者提供；如无特别说明，案例中有关“目前”“现在”等均指培养单位提供案例的时间。

本书案例分为五部分，前四部分为高校案例，每部分按照专业学位类别排序，同一部分里面按照高校代码排序。第一部分有 11 个案例，包括经济、法律、教育、文物与博物馆等专业学位类别；第二部分有 13 个案例，为工程专业学位类别；第三部分有 7 个案例，包括农医专业学位类别；第四部分有 9 个案例，为管理、艺术等相关专业学位类别；第五部分有 2 个案例，为省域专业学位研究生教育规划发展案例，以上海市专业学位研究生教育发展案例为典型代表。

本次专业学位案例集的撰写是深入研究我国专业学位研究生教育的一次有益尝试。这些案例充分展现了我国专业学位研究生培养单位积极探索、创新培养模式的热情，集中体现了在我国全日制专业学位研究生教育发展初期的试点经验是教育创新推进的历史记录，期望为其他培养单位提供参考与借鉴，并为专业学位研究生教育的未来改革和发展提供经验教训和创新依据。本次调研和案例征集工作得到了教育部学位管理与研究生教育司以及各省份学位办和众多高校的鼎力支持，以及教育部哲学社会科学研究重大课题攻关项目“创新专业学位研究生培养模式研究”、北京市哲学社会科学研究生教育改革与发展研究基地的支持，获得北京航空航天大学人文社会科学文库的出版资助。在此一并表示感谢！

编　者

2021 年 12 月

目录

Catalog

第二部分 / 71

第三部分 / 151

第四部分 / 195

目录

Catalog

第 一 部 分

Part 1

上海立信会计金融学院审计专业学位培养案例

The Cultivating Case of Auditing Professional Degree of Shanghai Lixin University of Accounting and Finance

一、案例简介

1）案例特点：学校与实务界密切协同，全过程联合培养专硕（以下简称“专硕”）。

2）案例启动时间：2012 年。

3）案例合作方：立信会计产学研基地、上海市浦东新区审计局、上海市松江区审计局、沪港国际咨询集团。

4）案例主要创新点：“诚信为本、学验并重”、研究生培养与行业发展全面融合、创新思维培养融于教学全程。

二、具体案例撰写

（一）案例背景

上海立信会计金融学院是上海市人民政府举办的全日制普通高等学校，由“中国现代会计之父”潘序伦先生创办于 1928 年，是中国现代会计教育的发源地之一，也是国内较早设置审计学专业的院校之一。2011 年 10 月，该学院成为全国首批审计专硕培养单位。

学校秉承“诚信为本、学验并重”的办学特色，加强产学研基地建设，组建高水平双导师团队，为保证审计硕士的培养质量奠定了坚实基础。审计硕士培养所依托的会计学（审计学）专业是国家级特色专业，立信会计人才培养模式创新实验区是国家级人才培养模式创新实验区，立信会计产学研基地是国家级大学生校外实践教育基地，上海市一流学科工商管理（会计）在 2014 年被评为“五星潜力学科”，有效地保障了审计硕士培养工作的顺利开展。该学院审计硕士首届毕业生实现了 100%的就业率和 100%的专业对口率。

（二）培养定位与培养目标

1. 培养定位

培养适应国家特别是上海经济社会健康发展所需要的高层次审计实务人才。

2. 培养目标

培养具备良好政治思想素质和职业道德素养，系统掌握现代审计理论与方法，具有国际视野与创新思维，职业判断能力较强，审计业务技能熟练的高层次、复合型、应用型审计专门人才。

与全国审计硕士专业学位教育指导委员会的培养方案相比，学校的审计硕士培养目标结合上海国际化大都市的建设要求，提出学生应具有国际视野。

（三）主要流程及运行

1. 制度建设

学校坚持将制度建设与工作规范贯穿于研究生工作全过程，制定了 60 余项研究生工作制度与工作规范，涵盖了招生录取、学籍学位、培养管理、奖惩资助等研究生培养全过程。通过开展导师培训、工作人员研讨、编印《研究生管理制度汇编》《研究生招生制度汇编》《研究生手册》等方式提高研究生培养工作相关人员及学生的制度意识与规范意识。在日常管理中，相关部门和岗位人员严格按照规章制度执行，以保障研究生工作的有序开展。

2. 招生工作

1）生源结构。录取的学生中，来自“985 工程”“211 工程”高校的占 12%左右，外校考生占 80%左右，应届生占 70%左右。

2）保证生源质量的主要举措。在招生环节，通过现场、网络、电话开展招生咨询以及多种形式的宣传活动，不断提高学校的知名度；完善研究生奖助体系，鼓励优秀生源报考，学校审计硕士最高可获得 4.8 万元/年的奖励资助；积极探索推免生招生工作，力争提前锁定优秀生源。

在录取环节，学校加强对工作人员的业务培训，完善录取工作体制；建立网络信息平台，提升录取工作的信息化水平；制定严密有效的复试工作制度和工作规范，确保录取工作公开、公平、公正。

3. 师资配备

（1）师资队伍整体情况

截止到 2015 年 10 月，学校审计硕士教师团队有 129 人，其中校内教师有 78 人，校外实务界专家有 51 人。

校内教师中，教授有 20 人，副教授有 37 人；高级专业技术职务教师占 73%；具有博士学位者 54 人，占 69%；45 岁以下者 50 人，占 64%；有海外经历的教师占 50%以上；有实务工作经历、注册会计师（certified practising accountant，CPA）等审计及相关行业职业资格、实践基地践习经历的教师占 70%以上；主持或参与决策咨询等课题研究的教师达 100%。

校外实务界专家中，会计师事务所合伙人 20 人，占 39%；政府审计机关高级审计师 12 人，占 24%；上海证券交易所高级管理人员 5 人，占 10%；其他来自金融机构、大型企业的财务总监、审计总监等高级管理人员占 27%。

（2）双导师队伍建设情况

制度建设。学校根据专业学位研究生培养的要求，制定了导师遴选及管理相关制度和规范。

导师培训。每年不少于 2 次的集中培训；为导师订阅《导师论导——研究生导师论研究生指导》《学位与研究生教育》等书籍杂志，以使导师了解研究生教育政策，明确自身职责和学生培养要求。

考核激励。学校明确校内导师为研究生培养工作的第一责任人，在制订培养计划、开展专业实践、指导学位论文、学术行为规范等方面对导师进行考核，且每年会评选优秀导师。

4. 课程建设

（1）课程体系

根据全国审计专业学位研究生教育指导委员会的培养方案，学校审计硕士课程体系由公共必修课、专业核心课、专业方向选修课、任意选修课和实践环节五部分组成。与全国审计专业学位研究生教育指导委员会的培养方案相比，学校审计硕士培养方案在下述三个方面进行了调整。

一是学分。实践环节和专业方向选修课各增加 2 学分，共计增加 4 学分。

二是专业核心课。根据审计实务技术发展需求，将审计法律研究与案例、审计史两门课程调整为现代审计技术与方法、审计职业道德与法律责任，但学分不变。

三是专业方向选修课。学校在保持与全国审计专业学位研究生教育指导委员会培养方案专业方向选修课内容基本相同的前提下，对部分课程进行了整合、拆分和调整，调整后的专业方向选修课为 10 门。

（2）课程与案例建设

近年来，学校开设审计硕士专业课程 26 门，累计开课 60 门次。采取校企合作的方式，在 10 门专业核心课程和专业方向选修课中，引入实务领域专业人员参与课程教学，增加了实践教学内容的比重；与立信会计师事务所实务专家组建研究团队，合作开发具有自主知识产权的“企业并购与合并会计报表”实验教学软件，出版配套教材；与政府审计机关合作，提炼案例素材，完成 4 个综合独立案例；专任教师通过践习，累计完成 14 门课程的配套案例。

学校积极推进双语课程建设，在课程教学中引入原版经典教材；聘任 2 名外籍教师任教英语课程，以提高学生的英语听、说、读、写能力；积极组织学生进行海外访学，提高学生的国际交流能力；与国际注册内部审计师（certified internal auditor，CIA）、国际信息系统审计师（certified information systems auditor，CISA）、特许管理会计师公会（Chartered Institute of Management Accountants，CIMA）等国际行业协会取得联系，为学生参加国际证书培训和考试提供条件。

（3）教学方法探索

学校注重案例教学、情景模拟教学、现场教学、团队学习等多种教学方法和方式的运用，强调“请进来、走出去”，让实务进课堂，让学生进现场，强化理论知识与实务的结合。实务专家为主或参与教学的专业课程占全部专业课程的一半左右，采用案例教学的课程占全部专业课程的70%。近年来，学校邀请审计署、上海证券交易所等政府审计机关、会计师事务所、大型企业等部门、行业的审计专家为学生开展审计专题讲座27次；组织学生到产学研基地参与审计项目、研讨实务问题、开展实践课题研究，增强学生分析及解决实际问题的能力；鼓励学生结合实践，以团队的方式开展创新实践项目研究，提升学生的团队协作能力，增强学生的创新实践意识。

5. 实践安排

（1）专业实践基地情况

学校有立信会计产学研基地、上海市浦东新区审计局、上海市松江区审计局和沪港国际咨询集团4个市级审计硕士实践基地，与审计署上海特派办、上海市审计局、上海汽车集团股份有限公司（简称上汽集团）等单位保持着紧密合作关系。实践基地能够100%满足研究生的实践需求，并为毕业生提供就业岗位。

立信会计产学研基地是学校与立信会计师事务所和上海证券交易所合作共建的，被财政部会计司誉为“为我国会计后备人才的培养、会计理论创新搭建了广阔的平台”，中国注册会计师协会称之为“注册会计师人才培养的‘立信模式’”。学校在该基地投资建设了80间安装电脑的教室和20平方米的案例分析室3间，为学生参加基地的专题研讨、学术交流、案例分析、现场教学、创新研究等活动提供了良好条件，审计硕士实践教学成效显著提升。

学校还在校内建设了60间审计实验室，用来开设合并报表等实验课程。

（2）实践教学计划与执行

实践教学环节包括审计专业实践、课内实践和实验选修课程。2012级的培养方案中，实践教学环节共13.5学分，占总学分的32.1%，其中，审计专业的实践教学为8学分，要求实践时间累计不少于半年。学校制定了审计专业实践教学计划，将专业实践分成两个阶段：第一阶段安排在12月至下一年3月，为期4个月；

第二阶段安排在 7 月至 9 月，为期 3 个月。

专业实践以审计项目为抓手，依托实践基地，在校内外导师团队的指导下，学生制订实践计划，提交实践报告。

上市公司年报审计项目的主要实践内容包括重大错报的风险评估与应对的分析和判断、销售与收款循环等基于公司业务循环的审计，集团合并报表的审计、会计估计与会计政策等特殊事项的审计，持续经营假设的评估与判断或有事项、期后事项、比较信息等出具最终审计意见时的考虑事项。

经济责任审计项目的主要实践内容包括任中经济责任审计、离任经济责任审计等。

内部控制审计项目的主要实习内容为内部控制审计业务。

（3）实践创新训练

1）实施导师助研计划。共有 10 名学生作为导师课题组的成员，参与到 14 项科研课题研究中，有效地提升了学生的科研创新能力。

2）实施创新项目计划。两年中，学校资助研究生开展创新计划项目研究 48 项，鼓励学生围绕审计实务部门关注的热点问题开展调查研究，引导学生提出自己的观点和解决方案。

3）实施创新学分。鼓励学生考取职业资格证书、参加专业竞赛、开展研究生学术论坛等活动。两年中，参与各级各类专业竞赛、学术论坛的学生达到学生总数的 70%，并取得第三届美国管理会计师协会（Institute of Management Accountants，IMA）管理会计案例大赛全国二等奖、第十届全国研究生数学建模竞赛三等奖等；有多名学生获得国际注册内部审计师、国际信息系统审计师、特许管理会计师公会等各级各类职业资格证书。

（4）实践经费

学校通过上海地方本科院校“十二五内涵建设项目”和上海市“专业学位实践基地建设项目”，累计投入 200 万元开展实践基地建设，支持研究生开展专业实践。

6. 论文工作

（1）论文选题及论文形式

1）论文选题。首届审计硕士的论文选题全部来源于审计实践，涵盖注册会计师审计、政府审计、内部审计、审计信息化等方向。

2）论文形式。学位论文形式主要为案例分析和专题研究，其中 28 篇论文为案例分析，17 篇论文为专题研究。案例分析论文主要针对资本市场、注册会计师审计的典型案例的成因和对策展开讨论；专题研究论文主要针对审计相关领域的实务问题、企业或行业管理过程中的审计相关问题以及企业或行业所面临的审计实务问题等展开对策研究。

（2）论文质量控制情况

学位论文质量控制制度建设。学校出台了《上海立信会计金融学院硕士研究生学位论文“双盲”评审办法》等近 10 项规章制度和实施细则，明确了学位论文工作中导师的指导责任和学生的主体责任，规定了学位论文工作的质量要求，规范了学位论文工作流程。

7. 学位授予

学校审计硕士培养学制为 2 年，学习年限最长不超过 4 年，其中专业实践时间不少于半年。第一学年完成课程学习并参加产学研基地活动。其中，跨专业攻读学生需在第一学期结束前完成审计本科专业核心课程补修；寒假实践以注册会计师审计实践为主，暑假实践以政府审计、内部审计实践为主；第二学年参加综合实践并撰写学位论文。在规定时间内，完成培养方案的课程学习，取得规定学分，达到专业实践要求，通过学位论文答辩，颁发硕士研究生毕业证书。经校学位评定委员会审核通过，授予审计硕士专业学位。

8. 就业去向

首届审计硕士毕业生实现了 100%的就业率和 100%的就业专业对口率。其中，27.27%的学生进入审计署驻上海特派办、中国保险监督管理委员会（简称保监会）、中国银行业监督管理委员会（简称银监会）、地方审计局、税务局、国务院国有资产监督管理委员会（简称国资委）等政府部门就业；36.36%的学生进入普华永道、毕马威、安永、立信等会计师事务所就业。从就业单位看，与学校所确定的培养方向相吻合；从就业岗位看，与所学专业 100%对口。

三、案例述评

根据全国审计硕士专业学位教育指导委员会培养方案的要求，学校参照国际职业资格与欧洲质量改进体系（European Quality Improvement System，EQUIS）标准，彰显“诚信为本、学验并重”的特色，注重研究生创新实践能力培养，初步构建了与实务界全程共同培养的专业学位研究生教育模式。

（一）坚持将“诚信为本、学验并重”贯穿于研究生培养的每个环节

学校恪守“信以立志，信以守身，信以处事，信以待人，毋忘立信，当必有成”的“立信”校训，通过研究生入校时开展诚信教育，毕业时进行诚信宣誓，将诚信教育贯穿于研究生培养的每个环节，培养学生的诚信品质。

学校与上海市审计局、立信会计师事务所、上汽集团等实务部门共同制订培

养方案，设计课程体系，实现了教学计划安排与实务部门业务进展的无缝对接；基地实务专家与行业优秀人才共同参与和指导研究生培养的全过程，将研究生的专业学习从校园延伸到实务环境；根据会计师事务所、审计局等的审计业务在时间上的差异，灵活安排研究生的实践时间，保证研究生可以完成一个完整的审计项目实践；以经济责任审计、公开募股（initial public offering，IPO）审计等审计项目为载体，有效提升学生的职业判断能力和解决实践问题的能力；通过校企合作开发教学案例与实验软件、学生专业实习等形式，实现专硕培养由知识教育向高层次职业素养培养的转化。

（二）坚持将研究生培养与行业发展全面融合

学校与审计署、审计署驻上海特派办、上海市审计局、上海市浦东新区审计局建立了紧密的合作关系，有30%左右的学生参与了这些部门的审计项目实践；学校与中国注册会计师协会、立信会计师事务所有悠久的合作历史，90%的学生深度参与了立信会计师事务所的审计业务；学校与上汽集团等世界500强企业达成了在人才培养上的共识，有20%的学生可以获得在这些企业进行专业实习的机会；学校与政府审计部门、中国注册会计师协会和会计师事务所、先进制造业企业等组建了审计硕士人才培养共同体，实现了硕士专业学位人才培养与行业发展的全面融合。

（三）坚持将创新思维培养融于教学全程

首先，学校为新生搭建创新项目研究平台，设立创新计划项目，鼓励学生通过调查研究、文献分析等途径发现审计实务的新热点，并有针对性地提出自己的观点和解决方案，对学生提出问题、分析问题、解决问题的能力加以系统训练。其次，为学生构建参与导师科研项目的助研计划平台，鼓励学生作为导师课题组成员参与导师各类科研课题和实践项目的研究，在科研实践中，培养学生的创新思维和创新意识，提升学生的创新能力。最后，在审计硕士培养方案中设置创新学分，将创新学分的取得作为学生获得学位的必要条件，鼓励学生参加各类专业竞赛、学术论坛和发表应用研究论文，在创新实践过程中提升独立思考与团队合作能力。

案例撰写联系人：

唐庆银、牛培源、沈晓欢、禹小慧（上海立信会计金融学院研究生处）[①]

---

① 本书中案例撰写人所在单位为撰写时提供，近期如发生变更，请以学校官网为准。

北京大学法律专业学位培养案例

The Cultivating Case of Law Professional Degree of Peking University

一、案例简介

1）案例特点：以实践型卓越法律人才培养为导向、以学生全方位发展为目标、以教学培养等环节为重心、尊重教学规律、引领与示范。

2）案例启动时间：1996 年。

3）案例合作方：美国斯坦福大学法学院、哥伦比亚大学法学院、纽约大学法学院、康奈尔大学法学院，不列颠哥伦比亚大学法学院，英国伦敦大学法学院，日本东京大学法学院等众多国际知名高校法学院。

4）案例主要创新点：注重实践能力培养、总分式授课模式、培养体系具有针对性。

二、具体案例撰写

（一）案例背景

北京大学法律硕士主要依托北京大学法学院培养。[①]作为中国近现代法学高等教育的发源地，北京大学法学院学科齐全，拥有 10 个博士点和 13 个硕士点，是教育部首批法律硕士专业学位教育试点院校之一。经过 20 多年的探索与实践，学院已在法律硕士（非法学）项目下开设 18 个专业化较强的培养方向，法律硕士（法学）项目下开设 6 个方向。

（二）法律硕士项目格局及概况

北京大学法律硕士项目共招收三类学生：全日制法律硕士（非法学）、全日制法律硕士（法学）、非全日制法律硕士（法学）。

全日制法律硕士（非法学）项目的招生规模为每年 230 人，其中推荐免试生（简称推免生）约 120 人，全国联考生约 110 人。

2014 年起开始招生的全日制法律硕士（法学）项目的招生规模为每年 50 人，全部实行推荐免试制招生。

---

① 本案例中，北京大学法律硕士所有数据及资料均来自北京大学法学院。

2017 年起，根据教育部政策，由原单证在职攻读法律硕士学位项目转型而成的非全日制法律硕士（法学）项目的招生规模为每年 80 人。①

上述项目均发展有序，较国内其他开设法律硕士的院校而言，师生比相对合理，学生生源质量高，培养效果好，学生毕业去向及用人单位后续评价理想。

（三）主要流程及运行

1. 招生机制

1）率先实行推荐免试制度。优质生源是后续高质量培养的必要基础。北京大学在招生选拔方面历来重视招生关口的科学设置。在法律硕士招考方式方面，北京大学率先实行推荐免试制度，从全国本科生（非法学）中直接选拔优秀的学生进入法律硕士项目。

2）引领性地优化招生考核内容。在招生考试内容方面，法律硕士联考一直因其面向非法学专业背景的考生但考核法律专业知识而饱受诟病。北京大学多年来基于尊重法律硕士项目受众自身特点的考虑，在全日制法律硕士（非法学）项目推免考试及联考复试中不以法律知识作为考核重点，而是采取类似于美国法学院入学考试（Law School Admission Test，LSAT）的考试内容，通过逻辑分析、演绎推理、材料阅读及自命题作文等方式，对学生的逻辑能力、思辨能力和综合素质等方面进行考核与筛选，旨在通过较科学的考试内容，将综合素养优异的学生选拔出来，而不是单纯地要求学生死记硬背。

3）招生项目立足实际、特色鲜明。在启动新的招生项目时，北京大学力争摆脱盲目、低端或重复建设。项目的前期调研力争详尽，各招生项目的定位、目标力争清晰，项目彼此各具一格的同时又兼顾学院的整体协调发展。例如，2014 年，学院在契合应用型、复合型的实践法律人才基地及涉外型法律人才基地建设目标的基础上，开辟了全日制法律硕士（法学）招生项目，全部采用推荐免试制招生，并对招生、培养与毕业等环节开展了全新探索与示范引领。

2. 人才培养模式

北京大学法律硕士项目在全国率先提出并推行了多项有益培养举措，例如，依托较为均衡的学科师资力量，率先对学生开展分方向培养；率先实行双导师制，聘请法律实务部门专家担任法律硕士兼职导师，又在此基础上开设了一批高质量的法律实务课程；率先将专业实习纳入学生的培养计划中，并在实践中不断发展完善；率先开设案例研习课；等等。

---

① 本案例主要讨论全日制法律硕士（既包括非法学也包括法学）项目。

从 2014 年全国法律专业学位研究生教育指导委员会秘书处与麦可思公司合作开展的“全国法律硕士毕业生就业现状与能力评价”反馈的数据来看，北京大学法律硕士毕业生对母校教学满意度以 91%的比例位居全国第一。

（1）办学目标与特色

北京大学法律硕士项目一直致力于培养学生具备以下五种能力：第一，非常扎实的法律知识，即牢固的法律基础；第二，很强的思辨能力和研究能力；第三，能够熟练地将所学知识进行实际应用的能力；第四，全球化的视野和思维；第五，法律职业道德和职业认同感。

在上述能力的培养中，北京大学针对学生群体的不同特点注重差异化培养，力争使各分项目下的学生具备不同的特色，尤其是全日制法律硕士（非法学）与全日制法律硕士（法学）项目。

对于全日制法律硕士（非法学）项目的学生，除了充实学生在学期间的学业安排，严格学生各种基础课程、实务课程的学习，以及落实其他教学配套培养措施外，学院还积极探索如何最大限度地发挥学生本科专业背景优势，通过教学培养变短处为长处。对于全日制法律硕士（法学）项目的学生，学院并不像其他一些高校那样简单套用 3 年制的学习年限，为该项目学生开设法学基础课程，而是改用 2 年制，直接为该项目学生开设更加专业化、实务化、国际化的课程。

（2）课程体系及教学规范建设

2011 年起，北京大学法学院提出并逐步推进法学实践教育课程改革，如增设了一系列与法学基础理论课程配套的案例研习类课程及高质量的实务类课程，加强法律写作训练等。这些改革举措旨在通过实践与理论相结合且并行推进的路径，大力提升学校法律硕士学生法律逻辑思维能力及实践应用能力，使其能够真正学以致用，达到专硕培养高层次实践应用型职业人才的目标。

1）契合法律硕士培养特点，不断开发新课程。实践课程创新开发是在夯实学生法学基础理论的同时，训练并强化学生思辨能力，帮助他们将理论转化为实际应用能力，是一种由授之以鱼到授之以渔的改革。

2）全面梳理课程库，整合课程资源。2013—2014 年，法学院组织各学科教师对本学院所有课程进行了全面梳理，并在此基础上打通研究生课程，改变原本根据学生类别分别重复设课的局面，在一定程度上盘活了师资。在课程梳理的基础上，法学院重新讨论、调整了法律硕士教学计划，放开了限选及任选类课程的选择范围，赋予了学生更多的选课自主权。

3）重新确定课程分类方式，依据课程特点进行分类规范与管理。法学院将原来必修、限选、任选等较为主观的课程分类方式，调整为依据课程自身特点进行分类的全新方式，即把课程主要分为基础类、专题类、实务类、英文类。同时，法学院开始逐步推进课程规范化管理工作，即依据新的课程分类方式及各类别课程的特点确立、制定相应的开课标准、教学规范及考核要求等，依据制度对课程进行规范化管理。

4）高质量特色课程逐步体系化。在课程建设方面，近年来法学院始终强调建设并完善一整套内容全面、针对性强、适应社会发展需求且具有前瞻性的课程体系。基于此，考虑到法学专业实践性强的特点，学院依托扎实的学科建设基础陆续推出了一系列高质量新建课程，包括与法学基础课程相配套的案例研习课程、涉及更多专业领域的实务类课程和英文类课程、法律写作系列课程等。

3. 国际化培养

近年来，北京大学法学院除鼓励院内各学科推出具有专业特色的英文课程外，还围绕"走出去"和"请进来"两大国际合作和交流原则，通过与欧美、亚太、港澳台等地区高校或研究机构签订合作协议等形式，加速推进诸如学生海外交换学习、开设国际和比较法律课程、辅导学生参与国际化专业赛事、开辟学生海外实习机会等多种形式的国际化培养途径。

在派出学生赴海外交流交换学习方面，北京大学法学院已与美国斯坦福大学法学院、哥伦比亚大学法学院、纽约大学法学院、康奈尔大学法学院，不列颠哥伦比亚大学法学院，英国伦敦大学法学院，日本东京大学法学院等众多国际知名高校法学院设立了近 50 项学生国际交流项目。每年派出 90 名学生参与国际交流项目。法律硕士学生国际交流项目日益多样化，如学期交换学习、学位交换学习、暑期学校等。除此以外，北京大学每年都积极推荐应届法律硕士学生通过国家留学基金管理委员会（简称国家留学基金委）的项目出国继续攻读博士学位。

在创造条件鼓励学生"走出去"的同时，北京大学也在积极推进将国际知名学者专家"请进来"的国际化培养工作。2014 年，法学院设立"众达全球化与法治讲席教授"席位，定期从全球聘请最知名的学者担任讲席教授来学院讲学。2011 年以来，法学院已聘请了 30 余位来自美国、欧洲等地知名大学及研究机构的优秀法律学者、实务专家担任访问学者。在此基础上，法学院还充分发挥国际访问学者的学术资源优势，为包括法律硕士在内的各类学生开设了"全球化与比较法"（Global & Comparative Law）系列课程。

为丰富学生国际化交流、学习的形式，法学院还通过开设系列化法律实践实务课程，为学生参与各种国际、国内大型专业赛事提供理论辅导及专业赛事训练。学生通过参加各种国际、国内大型专业赛事活动，不仅提升了学习兴趣，更切实锻炼了个人思辨能力，开阔了眼界，提高了个人综合素养。

除了上述形式外，法学院还通过商洽不断为在校生提供更多高质量的境外实习机会，如与日本住友化学株式会社合作推出的海外实习、香港大律师公会为普通法精要课程的优秀学员提供的境外实习机会等。通过这样难得的实习机会，学生有望以优异的实习表现获得未来的工作岗位。

4. 导师遴选与管理（含实务部门兼职导师）

作为中国法学教育的引领者，北京大学法学院始终致力于建立一支科研能力突出、教学水平优异、年龄学历结构合理的高水准师资队伍。除全职教师外，学院自 2002 年起制定办法，率先在全国从法学界与法律实务界聘请高水平的校外专家担任兼职教师，法学院每届兼职教师约 150 人，结构日益均衡。兼职导师所承担的责任涉及教学、培养、实习、就业等各环节，每位兼职导师侧重的环节有所不同，但就兼职导师整个群体而言，他们所发挥的总作用十分显著。

5. 毕业实习及社会实践

除了为学生提供货真价实的实务类课程及实践活动资源外，法学院还格外重视通过实习、实践等加强在校生的实践能力。学院大力推进与实务部门的合作，共建了一大批教学实践基地，协议商洽了许多高质量的实习机会。

与此同时，为增强法律硕士学生的实践动手能力，同时考虑未来与毕业论文改革相结合，法学院在调研、讨论的基础上，修订了原有的毕业实习制度，在整体制度设计上规范了实习过程管理，鼓励学生在毕业实习过程中将所学理论知识运用于实践操作，积极对实习过程中遇到的实务难点、困惑等进行提炼，并在实务操作过程中基于中国国情寻找理论落脚点，为实际问题的解决提出切实可行的论证与具体方案。

6. 学生就业

优质的生源、扎实的培养确保了北京大学法律硕士项目毕业生每年基本实现100%的就业率，就业竞争力在全国名列前茅。

根据 2014 年全国法律专业学位研究生教育指导委员会秘书处与麦可思公司合作开展的“全国法律硕士毕业生就业现状与能力评价”，综合考虑各高校毕业生月收入相对水平、工作与专业相关度、司法考试通过比例、毕业时掌握的职业通用能力和就业现状满意度等五项指标，北京大学法律硕士毕业生就业竞争力在全国各高校中居第一。该项评估还显示，北京大学法律硕士毕业生月收入水平以 12 959 元居全国第一，对母校法律硕士专业满意度以 96%居全国第一，对母校教学满意度以 91%居全国第一，其他各项指标也基本排名前列。

7. 近年来改革的主要举措及成果

针对法律硕士培养工作中的新情况、新问题，近年来北京大学法学院以学生法律综合素养全面提升为核心，着力实践能力培养，多管齐下，系统、深入、扎实地推进改革，取得了以下重要成果。

1）在全国率先开设案例研习课程，并逐步系列化、精品化。案例研习课程契合应用型学科的特点和法律人才培养的目标，为学生搭建起了从理论知识到实践应用的桥梁，在深化学生对基础理论知识理解的同时，传授了方法论并有效地训练了学生的法律逻辑思维，已成为兄弟院校借鉴学习的模板。

2）重点支持与建设了一批效果好、影响大的实务类课程。例如，合同法实务、刑事辩护实务等实务类课程，涵盖领域广，角度新，课程设计和实施到位，切实训练和提升了学生的实践能力，深受学生欢迎，并获得了极好的口碑和社会效果。

3）持续优化课程体系，打破依学生类别设课的传统做法，确立了基础类、专题类、实务类、英文类等四大类课程体系，按照课程的客观特点而非必修、选修等人为标准来规范课程管理事务。英文类课程与法律写作类课程也不断得到丰富和完善。

4）进一步厘清了各类学生的培养目标，相应调整了研究生招生规模和结构，开设了全日制法律硕士（法学）专业学位招生项目，依托学院研究中心进行分方向精致化培养，为实践型卓越法律人才塑造吸引到更多优质生源，且培养质量和就业状况理想。

5）作为配套环节，学生管理服务同步改进创新，制度日益规范严格，方式逐步丰富多样，部门间在分工基础上的协作越来越默契。

在探索实践的过程中，学院积极将有关想法和经验与全国各兄弟院校进行分享与交流。迄今为止，北京大学法学院已连续成功举办三届“全国法学教育高端论坛”，汇聚我国乃至亚太地区的主要法学院，围绕“学术型研究生培养”“案例教学与实务课程”“外文法学教育”“变革中的法律职业和法学院”等议题深入探讨，凝集智慧，寻求共识。

三、案例述评

北京大学法律硕士专业学位近年来的改革措施的创新点主要体现在以下几方面。

（一）革新教学方式，注重实践能力培养

案例研习课一改传统“满堂灌”的讲授方式，引入苏格拉底教学法，教师通过对学生作业及讨论提纲挈领、画龙点睛式的讲评，帮助学生深入理解基础部门法领域知识原理，同时学习援引、解释与适用法律条文、法学原理的方法；在立

场切换中，学会分析、比较、权衡与评价。同时，在案例研习课的基础上，开设视角各异的专题课、实务课和英文课，校内外、境内外师资合作，精心设计授课体系，淡化知识讲授，强化实践应用能力的拓展训练，进一步加强对学生法律职业能力的训练。

（二）成功转换学生角色

总分授课模式及小班教学彻底改变了学生参与程度低的局面，同时引入并训练了庞大的助教团队。针对一两百人的大课，总分授课模式有效地调动了每位选课学生的主观能动性，使他们从通常的围观式课堂角色转换为深度参与者。通过十几次课程的高强度训练，学生能够深刻领悟法律思维方式，并掌握法律适用的方法。

（三）依据专业需要、课程特点重新建构培养体系，课程设置精品化、系列化

课程体系的合理构建及质量保障直接影响人才培养的最终效果。新的课程分类标准更加客观科学，体现了课程的不同功能层级，打破了简单依学生类别设课的低效率资源配置局面，解放了部分师资力量。法学院亦依据新的课程分类标准，不断完善各类别课程，使课程设置更加合理化、规范化，并增强了课程的互补性、协同性。

（四）国际化培养别具一格，培养辅助支持环节扎实有效

开辟了开设国际和比较法律课程、辅导学生参与国际化专业赛事、增加学生海外实习机会等多种形式的国际化培养途径。在学业辅导体系的基础上筹建创业沙盘、实务工作坊等法科学生社区，促进第二课堂平台与第一课堂实践教学的有机融合。

2015—2017 年连续三年，在 QS 世界大学排名的法学专业排名中，北京大学法学院稳居亚洲三甲、中国第一。该项排名根据学术领域同行评价、雇主对学生就业的评价、学术成果引用比率、师生国际化水平等评价指标计算，是全球三大最具影响力的大学排名体系之一。在该排名中，北京大学法学院毕业生的全球雇主评价不断攀升，2017 年名列亚洲首位。

未来，北京大学将继续以学生培养质量为中心，不断在法律硕士专业学位工作实践中探索符合教育规律的教学培养举措。

案例撰写联系人：

潘剑锋、郭雳、乔玉君、张晶（北京大学法学院）

上海交通大学法律专业学位培养案例

The Cultivating Case of Law Professional Degree of Shanghai Jiao Tong University

一、案例简介

1）案例特点：双导师制、国际交流、实践性。

2）案例启动时间：2010 年。

3）案例合作方：杜克大学、康奈尔大学、乔治敦大学等。

4）案例主要创新点：针对高层次法律职业人才特别是司法和涉外法务人才的需求进行专精化本硕贯通培养。

二、具体案例撰写

（一）案例背景

上海交通大学（简称上海交大）法律硕士（法学）专业学位简称“法科特班”，是上海交大凯原法学院为推动新形势下的法学教育改革，对接教育部、中央委员会政法委员会实施的“卓越法律人才教育培养计划”，培养真正适应社会需要的高层次法律职业人才而开办的带有试点性质的研究生教育类型。试办法科特班是在通识教育和专业教育并重的理念下，在办好法学本科教育的基础上，为建立高层次法学学术人才与高层次法律职业人才分类培养模式而进行的一种探索。法科特班在性质上对接教育部新设的全日制法律硕士（法学）专业学位研究生，因此其培养方案也属于法律硕士专业学位研究培养方案中的一种类别。为推动和规范试办阶段的法科特班的人才培养，尤其是适应自 2012 年起面向校外招生的新形势，制订本培养方案。

（二）创新理念与培养目标

法科特班是针对高层次法律职业人才特别是司法和涉外法务人才的需求而进行的专精化本硕贯通培养，即选择优秀生源从法学本科四年级开始，提前进入硕士研究生阶段的法律职业课程学习，接受较为长期的体系化、专精化的高层次法律职业教育。具体说来，法科特班是指上海交大凯原法学院从修满三年的法学专业本科生中选拔一定数量的优秀生源，从本科四年级开始提前进入硕士研究生阶段的学习，以本硕贯通培养的方式让学生接受高层次法律职业教育，以包括本科阶段合计六年的连续时间获得法律硕士学位。法科特班的基本定位是主要面向司法和涉外法务方向的高层次法律职业教育，特别强调以下三方面能力的培养：①法律分析和判断能力的培养；②作为法律高端职业从业者的实务技能的训练；③作为法律秩序担纲者的职业自觉性和精神的陶冶。相对于目前体制内较为便捷的“4+2”模式，“3+3”模式的法科特班避免了法学专业本科生第四年的粗放式实习等，使高层次法律职业教育在时间上更好地得到衔接，在内容上更精深、更充实，并为实务训练以及海外名校留学或研修提供了体系化的合理安排。这样高层次法律职业教育的培养目标，不仅要增强学生的就业能力，而且要培养出真正具有国际视野的、适应 21 世纪中国发展新形势的高层次法律职业人才。具体而言，法科特班培养的高层次法律职业人才是富于正义感、责任感和高尚情操，具有深厚的教养和专精学识，娴于法律技术，善于进行创造性思考，具有国际眼光的法官、检察官、律师、跨国公司法律顾问、国际机构以及其他处理法律实务的专业人员。

（三）主要流程及运行

1. 制度建设

法科特班以法学本科专业为背景，并且实行“3+3”的模式，因此无法通过全国统一的硕士研究生考试选拔学生，只能通过免试推荐的方式在本科三年级结束时进行选拔。在试办的前两年，法科特班的学生限于上海交大凯原法学院的优秀法学本科生，从 2012 年的第三届开始，法科特班也开始面向校外招生。对被遴选为法科特班的校外学生，实行在学分制基础上的入学与修读课程时间可自主选择的制度，即校外学生可以根据条件选择在法科特班第一学期、第二学期或者第三学期入学。

2. 培养方式

法科特班按照法学一级学科进行培养，不按法学二级学科划分专业，但在第二学期结束前，学生可在导师的指导下，根据自己的兴趣、职业规划和学位论文选题等选择专业方向。法科特班着重培养学生的法律职业能力，包括：①对复杂的事实关系进行整理、发现事实的重要性和关联性的能力；②根据事实关系，正确调查和判例的能力；③为了满足客户的需求而正确地把法律适用于事实的能力；④碰到伦理问题和棘手问题能够妥善处理的能力；⑤以书面或口头形式对事实和意见进行适当表达的能力；⑥在有限的时间里有效完成工作的能力。为此，法科特班特别强调教学方法的创新，如对话教学法、案例教学法、模拟教学法、诊所教学法、解决案件工作坊。对主要专业课程采取专题研究、比较分析、逐步深化法律思维的教学方式，并加强对话式教育、判例研究、分组攻读切磋以及有计划、有步骤的实务训练，充分调动学生自主钻研和参与比赛的积极性，着重于基本法律理论知识的讲授和实务能力的培养。在课程教学上，具备规范化要求，每门课的授课教师都按照统一的格式撰写课程概要（主要包括讲义要旨、授课内容、教科书和参考书、考试方法和评分标准、面谈时间、给学生的赠言等）和编制教学资料。改革法科特班考试的方式和内容，试题的基本类型主要包括三种：①将有关法律规则适用于具体事实的问题；②就法律现象进行政策判断的问题；③将前两种问题结合起来，在要求将法律适用于事实的同时，还要求考虑如何改善和变更现有规则的问题。在考试内容上，适当增加从法官、检察官、律师、当事人等不同立场进行“争点整理”的内容，以及从立法和行政的角度进行政策判断的内容。

3. 生源遴选与规模

凯原法学院依据学院本科学生前三年的成绩积点排名和综合素质测试，选拔一定数量（15 名左右）的学生进入法科特班，提前接受侧重于司法和涉外法务方向的高层次法律职业教育。从 2012 年的第三届开始，法科特班除继续招收本院优秀本科生外，还通过每年 7 月的卓越法律人夏令营和 9 月的推免复试选拔一定数量的来自国内其他名校法学专业的优秀本科生。每年法科特班的学生数量在 30—35 人，2018 年有所增加。

4. 师资配置

法科特班实行双导师制，除本院的教师担任导师外，还挑选一定数量的相关实务部门的专家担任导师，并成建制地安排学生到法院、检察院、高端律所和跨国公司法务部门进行为期半年的一对一指导的专业实习。

法科特班学生在第二学期课程结束后，可根据本人的专业兴趣和职业规划在本院具有硕士研究生资格的教师中选择导师，被选择的导师可以根据自身情况决定是否接受。每位指导教师指导的法科特班学生每届不得超过 3 人。

5. 课程设置

基于学生已经过法学本科三年比较系统的基础课程学习，法科特班的课程设置比较独特。其要点主要有以下几点。

缩减概说性的或纯理论性的课程，一些已经在本科阶段开设、与实务关联不大的课程在硕士阶段就不再涉及，相应地增设法律操作技巧课程和法学前沿领域课程。

鉴于上海交大已经实行本硕博课程贯通互选，专业选修课和非专业选修课可以跨院系、跨年级选修，部分采用外语授课的专业课和研讨课可以与国际班学生共同开班。

不分设专业，如果学生对某一艰深领域特别感兴趣，可以采取由导师单独指导、跨院系选修课程的方式完成学习过程，或者在论文写作阶段通过文献研究的方式予以解决。

对课程教学的整体学分进行控制，以为学生留下足够的课外时间进行阅读、思考、讨论、预习和复习，以及在特定专业方向上拓展自我发展空间。

专业实习为期 6 个月，主要到法院、检察院、高端律所和跨国公司法务部门，在带教老师的指导下，熟悉主要的法律业务。在本科期间已经进行有效实习的时间可凭实习单位和带教老师的证明相应冲抵。

在模块课程的定位上，民法、刑法和程序法构成课程设置的核心，经济法、商法强调与其他学科知识的交叉，基础理论法学课程强调学生法律人格的完善、对法律运行的总体把握和法律思维方式的训练、熏陶，法律职业技能课程强调全面性、实用性，以促使学生积极参与，并在这一过程中进行自我职业规划。

法科特班的专业课教师在课程安排中应当聘请所在学科兼职教授和兼职硕士导师进行专题讲座，着重从相关法律事务的技巧方面进行讲授、交流。每门课每学期插入的这类专题讲座不少于 2 次，且包含在相应课程的评教内容中。

公共课包括英语（达到标准者可免修）（3 学分）、政治（3 学分）。其中政治包括中国特色社会主义理论与实践研究（2 学分）、自然辩证法概论或者马克思主义与社会科学方法论（1 学分），在第三、第四学期修读。

非专业选修课在会计学类、企业管理类、公共管理类、国际关系类、心理学类中跨学期任选 4 学分。这些专业类的课程实际上又包括若干具体的课程，选课时只要选属于该类下的课程即可。本科期间修读了第二专业且获得相应证书的可免修 4 学分的非专业选修课。

在第一、二学期开设的中国法国际班全英文专业课中至少要任选 4 学分，或者在学院安排的其他全英文课程或者法律英语课程中选修 4 学分。

6. 论文工作

法科特班学生在第三学期进行中期考核，并在该学期结束前完成学位论文的开题报告工作，由各导师组成的中期考核小组，分别对法律硕士生的专业学习情况进行考察，包括其对专业理论知识的掌握情况以及发现、分析和解决法律问题的能力，以确定其是否有资格进入下一阶段（即学位论文的准备和撰写）的培养。中期考核除考察课程学习完成的情况外，还考察和督促学生课外阅读情况。法科特班学生在读期间至少应当阅读 20 部非教材类专业书籍，撰写学位论文应当研读与论文主题相关的著作不少于 10 部，论文不少于 50 篇。

7. 学位授予

学位论文内容应着眼实际问题，面向法律实务，深入法学理论。论文的形式可以多样化，不限于学术论文的形式，还可采用社会实践调查报告和案例研究型论文（在一定程度上还可以构成今后学生学习的案例，丰富法科特班教学资源），但应当符合法律硕士学位论文的字数、体例等方面的要求。

学位论文的写作应当规范，论文的评阅标准应当统一，论文的字数以 1.5 万字为宜，一般不超过 2 万字，并切实保证学位论文的质量。

学位论文必须由 3 位本专业具有高级职称的专家评阅，其中一位必须为校外专家；学位论文答辩委员会成员中，应有 1—2 位实际部门或校外具有高级专业技术职务的专家。课程考试合格且论文答辩通过者，被授予法律硕士（法学）专业学位。

8. 专业学位教育资质与职业资格认证

调查显示，每年法科特班的司法考试通过率均为凯原法学院的第一，高于法学硕士和法律硕士（非法学）等学位项目的学生。

9. 对外交流（包括国际、国内交流）

凯原法学院与多所国际知名院校建立了交流、交换项目，包括学位与非学位项目，法科特班的学生可以于在校期间申请这些项目，达到毕业要求的话，他们不仅能够获得上海交大的硕士学位，还能获得杜克大学、康奈尔大学、乔治敦大学等学校的学位。

10. 与相近学术型学位的差异性

与相近学术型学位的差异在于学习内容偏重实践、学习时间短。

11. 案例成效

法科特班毕业生的就业率为 100%，且受到用人单位的好评，学生质量远远高于其他相近学位的学生。

12. 案例拓展

拓展的空间在于继续加强与法院、检察院、高端律所等法律实践基地的联系，拓展学生的发展空间，使学生就业实现多元化。

13. 案例中遇到的问题与解决方案

主要问题在于在校时间短，一部分学生不能很好地对接实习和学习，以及制定出国交流的时间规划。

14. 案例的推广性

培养方案可推广；实践环节的培养方式可推广。

三、案例述评

（一）双导师制培养，引导学生发展

法科特班为每位学生配备学业导师和职业导师，分别由学院优秀教师以及校外法院、检察院、高端律所等中具有丰富实践经验的专家担任。

（二）国内外联合培养，强化国际交流

法科特班与欧美20余所著名大学开展交流项目，学生在读期间可申请参加暑期交流、学期交流、学年交流、双学位项目等联合培养项目。校内部分课程采用全英文或双语授课，并邀请国外教师来校授课。

案例撰写联系人：

林彦、蒋红珍（上海交大凯原法学院）

北京城市学院社会工作专业学位培养案例

The Cultivating Case of Social Work Professional Degree of Beijing City University

一、案例简介

1）案例特点：创新办学机制：理论和实践交互螺旋上升。改革培养模式：搭建首都本土社会工作人才培养联盟，联合培养、协同创新。深化培养理念：学生的专业价值观和人文情怀相融合。

2）案例启动时间：2012 年 9 月。

3）案例合作方：北京市委社会工作委员会、北京市人民政府信访办公室。

4）案例主要创新点：对接现实需求、实行真题真做、推动政产学研紧密结合。

二、具体案例撰写

（一）案例背景

2011 年 10 月，北京城市学院等 5 所民办高校首次获批成为“服务国家特殊

需求人才培养项目”——学士学位授予单位开展培养专硕试点工作单位。2012 年至今，已培养 200 余名社会工作专业研究生。

经过五年的教学培养与探索，学校秉承“政产学研用”的培养理念，创建了社会工作硕士（Master of Social Work，MSW）专业学位本土型人才产学融合的人才培养模式，以“一个平台”（首都本土社会工作人才培养联盟）为依托，与北京市社会建设工作办公室、北京市人民政府信访办公室及其下属街道社区、社会组织为主要战略合作单位紧密合作、协同创新，开展基于职业能力导向的联合培养。以“两个系统”（基础理论和实践教学系统）为主体，以科研服务项目为载体，坚持“理论指导不断线、实践贯穿全过程、理论与实践交互螺旋提升”，既强调研究生教育的专业规范，又重视相关行业的需求，基于此模式培养的社会工作专业毕业生，以“适应能力强、实用本领多、综合素质高”的培养质量，创建了享誉业内的用人口碑，为首都社会建设领域培养了大批本土型、应用型高素质社会工作人才。

（二）创新理念与培养目标

学校立足首都社会建设和社会治理发展的现实需要，以培养符合首都区域经济发展要求的社会工作行业本土需求人才为导向，根据社会工作硕士专业学位的特点，对接现实需求，实行真题真做，推动政产学研紧密结合、协同创新，致力于培养高层次应用型社会工作人才，创新研究并实践了特色鲜明的、以首都区域社会工作行业需求为导向的、产学深度融合的社会工作硕士本土应用型人才培养模式。

（三）人才培养情况

1. 基本情况

北京城市学院是全国较早开设社会工作专业的高等院校，是首家与北京市社会建设行业主管部门联合培养社会工作专业人才并建立了全国唯一的国家级社会工作专业人才培养基地的高校，也是国内首家开设信访社会工作方向的高校。2011 年 10 月，学校获批成为“服务国家特殊需求人才培养项目”——学士学位授予单位开展培养专硕试点工作单位。2012 年开始招收社会工作专硕，基于学校“立足北京、面向市场”的办学定位，该专业逐渐形成以研究生教育为引领的多层次人才培养体系。

2. 课程设置

MSW 的课程体系结构分为基础理论教学和实践教学两个系统。基础理论教学倡导问题为本的教学方法，着力培养学生的自主学习能力和创新能力。考核方式以“平时测验+个人论文+小组汇报”的过程性考核为主，学生能够共享学习资源，实现互动性学习，在阶段性动态考核中完成学习过程。

在教学内容设计上，联合行业专家共同授课。共同授课形式主要有两种：一种是融合式授课，即学校教师和行业专家紧密融合在一起，提前共同备课，共同主导课堂；另一种是拼盘式授课，即学校教师和行业专家提前拟定课程涉及的内容专题，共同设计课程模式，分别由学校教师和行业专家讲授不同的专题内容。

实践教学注重达到专业学位的培养要求，将 808 个小时的专业实习贯穿人才培养全过程。通过专业实习深化理论知识、践行社会工作价值；专业讲座从热点问题、国际前沿等角度开阔学生视野，培养学生的研究兴趣。

以实习督导制度为抓手，创新管理手段，坚持实行“两导三会”制度。两导，即校内实习督导、行业实习督导；三会，即学生实习督导会、实习督导老师督导会、实习分享会。以实习实践制度为保障、加强管理落实，形成国内比较完整规范的 MSW 实习实践管理制度。

3. 管理方式

学校实施扁平化二级管理模式，成立校级职能部门（研究生部），管理重心在二级教学单位（MSW 教育发展中心）。在专业建设、学位授予、学位论文管理、课程教学、实践教学、成绩管理、考试管理、学生管理、导师选聘与管理、校内外实践基地管理、项目教学管理等方面制定相应管理措施与工作规范，明确硕士专业学位教育的质量标准与管理要求，建立健全各项管理制度。成立了学校和学部两级教学管理督导机构，开展对教学管理和各个教学环节的经常性检查。初步构建了学位与研究生教育管理信息系统。

4. 生源遴选

学校自 2012 年招生以来，每年的录取人数均满足招生名额，已为首都社会建设和社会治理领域培养输送百余名社会工作专业人才。

在生源遴选环节，首先，精心选聘复试评委，既有来自首都本土社会工作人才培养联盟的学者专家，又有来自国内一流高校的社会工作专业学术专家，行业专家与学术专家结合、校内外专家组队，构成了社会工作专硕复试的评委团队，保证了复试工作职业性与学术性的统一。

其次，精心设置复试考题，结合社会热点和难点问题，体现专业特色。结合首都发展的需要，学校的 MSW 开设了公共服务、社会管理以及信访与社会矛盾冲突管理三个研究方向。根据各研究方向的侧重点，选择近年来的社会热点难点问题以及北京区域性发展问题作为复试试题，并逐步建立复试试题库。其中，专业笔试题型以案例分析为主，通过对案例的判断分析，综合考查考生的价值观、基本素质、理论知识水平以及逻辑分析能力。

最后，根据考生专业背景分类考核，做到公平择优。由于考生专业背景复杂，涉及很多学科，在复试中，学校采用了分组分类面试的方式，将具有相同或相似专业背景的考生安排在一个组，并配备具有相关专业背景的复试评委，通过组内比较的方式来筛选考生。实践证明，这种方式效率更高，也更公平。

5. 实践基地

学校先后与北京市政府机关、非营利性社会组织等共建了一批布局合理、质量较高、相对稳定的校外科研实践基地，共计 23 个。其中国家级实践教育基地 1 个、北京市级校外人才培养基地 1 个、北京市级研究基地 3 个、校级战略合作单位 3 个、校级科研实践合作单位 3 个、学部（中心）级校外实践基地 13 个。此外，还有若干长期友好合作单位没有签署协议或者挂牌。这些校外科研实践基地充分满足了学校 MSW 的培养要求。

除以上校外科研实践基地外，学校还在校内成立了北京市海淀区北城心悦社会工作事务所，该事务所是以北京城市学院为资源载体的民办非企业单位，承办政府委托或各类基金委托的社区服务项目、社工培育、社区需求调研、社区公益服务和专业社区支援服务等。师生可以在校内通过这个平台，为社会弱势群体提供专业的社会工作服务，化解社会矛盾，解决基层问题。

6. 学位论文

学生的学位论文选题 100%直接来源于实践，或者是项目全程制培养中的社会科研服务项目，或者是项目执行过程中发现的社会政策、社会问题、项目管理机制、机构管理模式等各种现实问题，抑或是联合培养单位的指定委托研究。

学生在撰写学位论文的过程中，真正做到了将论文做稳、做实、接地气，实现了“理论指导不断线、实践贯穿全过程、理论与实践交互螺旋提升”。学生的学位论文有一定的理论基础，具有一定的先进性和实用性，基本达到了培养目标的定位。此外，学位论文还体现了学位申请者的学术道德、科学素养、创新精神、严谨的治学态度和认真求实的工作作风。

7. 师资队伍

在学校“人才兴校”战略的支持下，研究生部、人事处和 MSW 教育发展中心共同牵头采取了一系列的改革和建设举措：坚持内培与外引相结合、培养与使用相结合、激励与管理相结合的原则，创新人事管理模式和运行机制；建立健全师资队伍管理制度，对导师资格制度、导师聘用制度、导师工作的考评考核制度、导师培训工作制度等做了明确规定，逐步形成了一支以三个培养方向带头人为核心，以中青年骨干教师为基础，规模基本适中、结构相对合理、爱岗敬业、发展后劲充足的教师队伍，比较有效地满足了人才培养的需要。

MSW 教育发展中心成立五年来，校内专职教师和校外教师共计百余名教师参与了 MSW 的培养工作，该中心师资队伍整体结构合理，数量足够，类别丰富，职称结构、学历结构、年龄结构均趋于合理。

8. 创新培养模式

为培养满足首都社会建设需要的本土型社会工作人才，学校搭建了政产学研合作平台，联盟成员单位与学校紧密合作、协同创新，从招生复试到就业发展等各个环节全程闭环合作，无缝对接，深度融合。

联合创设校外实践教学平台。学校与北京市委社会工作委员会成立国家级校外人才培养基地、与北京市西城区委社会工作委员会成立北京市级校外人才培养基地、与北京市信访矛盾分析研究中心共建研究生校外教学基地等，为产学融合发展提供平台。

联合制订培养方案、招生复试，为选择和培养本土型社会工作人才奠定基础。联合建立师资发展机制，来自联盟成员的专家全程参与教学培养工作，通过开发课程、授课及教材编写等环节联合互补，打造品牌课程；在实践教学中，校外督导对学生实行全方位立体式指导；导师组共同指导学生的毕业论文，力求打造学术高度与实务水平双优的专业学位论文；联盟单位全程参与毕业论文答辩，以考评人才培养质量，优先提供就业机会，真正实现闭环式培养。

9. 对外交流

为进一步提升社会工作专业的教研能力和社会服务水平，充分发挥人才培养联盟优势，创造学校教育与行业发展联动共荣的平台条件，学校积极组织承办各类社会工作专业会议，以研讨会、联盟论坛等形式深入对接行业需求，推动产学研紧密结合。围绕“推动校社同行、服务社会建设”“北京市民办社工服务机构能力建设”“社区社会工作政策与实务”“社区领导力：构建社会治理多元协作机制及社会工作的回应”等主题开展深入交流与讨论，在社会工作教育领域和行业都引起强烈反响，学校的社会工作专业教研成绩得到社会的广泛认可，极大地提升了学校的美誉度。

10. 培养成效

1）为首都输送百余名本土型专业社会工作人才。2012 年学校启动服务国家特殊需求人才培养项目，开展社会工作专硕人才培养工作以来，为首都社会建设和社会治理领域培养输送百余名社会工作专业人才。大量毕业生将所学的社工专业知识运用于实际工作中，他们积极进取，关注民生，心怀社工理想，践行社工理念，实现社工价值，服务于首都社会工作一线，成为社会建设领域的主力军，获得了极大的社会美誉度。其中来自北京市委社会工作委员会系统的近百名学生，全部从事北京市各街道社区及枢纽型社会组织的社会工作，覆盖 15 个行政区 103 个社区；来自信访系统定向培养的 40 余名学生，全部从事基层信访工作者。学生通过专业学习，掌握了社会工作的专业理论、方法和技巧，坚定了助人自助的专业价值理念，服务意识和专业能力都有显著提高，提升了街道社区工作的专业化水平。相继有 3 名学生获得首都最美社工和首都优秀社工荣誉。

2）发挥专业优势，积极服务首都社会建设。教研团队积极发挥专业优势服务首都社会建设，承担北京市社会建设专项资金项目 20 余项，服务范围覆盖西城、海淀、丰台、石景山、朝阳、昌平、房山等街道社区，师生扎根社区为弱势群体开展各类专业社工服务，提升了实务能力，切实感受到了助人自助的力量，坚定了专业价值观。此外，学校还多次为社会建设领域的相关政府部门组织承办干部培训，如 2014 年承办北京市信访系统干部培训班，200 余名基层信访工作者参加培训，通过系统化的信访专业理论培训，提升了信访专业理论水平和信访实务能力。2015 年承办海淀区社区居委会主任高级培训班，来自海淀区所有街道的近 600 位社区居委会主任参加了培训。此次培训拓宽了他们的工作思路，为今后提高社区服务能力、开展专业服务奠定了基础。学校通过组织承办各类政府培训，发挥专业优势服务社会，赢得了良好口碑。

三、案例述评

学校 MSW 教育得到了教育部领导、北京市政府领导、MSW 教育指导委员会专家、国内高校社会工作专业专家、用人单位及毕业生的一致好评。领导和专家多次到学校考察、指导和交流，一致认为学校 MSW 教育各方面均达到了国家的要求，并且已经形成了自己的特色。学生对教学工作及教学效果的满意度高，评价好。问卷调查结果显示，90%以上毕业生、家长和用人单位对学校 MSW 的教学工作满意。毕业生就业紧密结合专业发展前景和城市建设需要，主要集中于国家机关、企事业单位、社会组织和机构中，专业对口率高，毕业生就业率均为 100%。

案例撰写联系人：

姒鹭（北京城市学院 MSW 教育发展中心）

天津师范大学教育专业学位培养案例

The Cultivating Case of Education Professional Degree of Tianjin Normal University

一、案例简介

1）案例特点：综合改革、基地校建设。

2）案例启动时间：1997 年 9 月。

3）案例合作方：天津市翔宇教育基金会等。

4）案例主要创新点：顺应时代发展、创新培养模式、服务社会需求。

二、具体案例撰写

（一）案例背景

天津师范大学是全国首批教育硕士培养单位、全国专业学位研究生教育综合改革试点校。学校积极探索教育专业学位教育工作新模式，在 2013 年综合改革试点校评估工作中获评优秀。学校已经建立了两个国家级教育硕士联合培养示范基地和一个市级校外创新实践基地，旨在培养符合地区基础教育需求的应用型人才，并为天津市乃至全国输送大量优秀教师。

（二）创新理念与培养目标

1. 创新理念

在“转变教育理念，创新培养模式，改革管理体制，提高培养质量”的综合改革试点工作指导思想的指导下，为顺应我国研究生教育从以培养学术型人才为主向学术型和应用型人才培养并重转变的总体发展趋势，学校调动全校力量，转变教育观念，加强应用研究，改革管理体制，积极创新专业学位研究生培养模式，发挥“大学–政府–社会”（university-goverment-society，UGS）联动机制优势，顺应社会发展需求，注重科学研究、理论学习与教育教学实践能力双重培养，探索专业学位教育培养模式，旨在服务国家和天津及周边地区经济建设。

2. 培养目标

培养具备高尚的职业道德和坚定的教育教学信念，具有现代教育理念，掌握扎实的基础理论、系统的教学技能和学科专业知识，能够胜任基础教育教学，了解基础教育学科前沿和发展趋势，具有较强的信息素养和较高的实践能力，能够借助教育技术解决基础教育实践中的问题，灵活应用所学理论开展教育教学实践和研究工作的实践应用型教师。

（三）主要流程及运行

1. 制度建设

将“教师教育特色的教学研究型综合性大学”的定位与教育硕士培养目标紧密结合，将教育硕士专业学位发展作为学校教师教育特色的重要组成部分；将教育硕士培养放置在全社会的层面去考量，开门办教育，发挥 UGS 联动机制优势，配合地方经济建设和社会发展需求，突出特色和优势，以更好地为天津及周边地区经济建设、社会发展和科技进步服务。

2. 培养方式

利用专业学位教育科研培养方案项目，依托 UGS 联动机制，多方征求市教育委员会、区县教育局及中小学意见，力求全面符合基础教育需求。

（1）“3+1+2”培养模式

第一，完成大学本科阶段前 3 年学习任务，成绩优异（符合学校推免相关规定）者通过校内外专家组面试（含教育教学能力、职业观考核），选拔合格后，进入“4+2”学制班学习。第二，大学本科阶段第 4 年，将本科阶段的教师教育课程与教育硕士第一学年的基本理论课程融合，利用 1 年时间完成教育理论基础课程学习，该阶段突出理论学习。第三，在教育硕士研究生学习阶段第 1 年，研究生到中学进行在岗职业融入式实习，同时修读部分专业基础课和选修课，该阶段突出专业学习和实践锻炼。第四，在教育硕士研究生学习阶段第 2 年，学生返回学校进行实践理论总结与学位论文撰写，突出实践总结和补充完善。该模式将本科教学与研究生培养有机衔接，突出教师教育特色，强化教育实践环节，将大学培养、政府指导、中学实习有机结合，凸显了 UGS 联动机制的优势。

（2）“三明治式”培养模式

2010 年起，学校对教育硕士的培养采取加强基础理论与应用知识相结合的“三明治式”培养模式，即在全日制教育硕士培养的两年中，理论学习与实践锻炼交叉进行，具体又有两种操作模式（表 1-1）。

表 1-1 “三明治式”培养模式

模式	第一学期	第二学期	第三学期	第四学期
模式 1	学科专业课程与教育基础理论课程（学校）	见习和预备实习、论文开题（实践基地）	顶岗实习（实践基地）	教育基础理论、学科教学课程、论文答辩（学校）
模式 2	学科专业课程与教育基础理论课程（学校）	见习和预备实习、论文开题（实践基地）	教育基础理论、学科教学课程（学校）	顶岗实习（实践基地）、论文答辩（学校）

“三明治式”培养模式不仅有利于理论学习与实践锻炼的有机结合，同时具有一定的灵活性。

3. 管理方式

整合全校资源，搭建新型培养及管理机构，优化专业学位培养环境，加大经费投入，组建专业能力过硬的专职管理队伍，形成完备的质量保障体系，为专业学位研究生教育提供必要的组织保障和良好的政策环境。

1）成立综合改革试点工作专家指导委员会和领导小组，统筹综合试点改革工作。2011 年，学校成立由沈德立先生为主任委员，相关专业学位全国教育指导委员会委员、兄弟院校同行专家、基础教育业内知名教师等组成的专业学位研究生教育综合改革试点工作专家指导委员会，指导教育硕士专业学位综合改革试点工作。同期成立了由校长任组长，分管副校长任副组长，成员包括相关职能机构部门负责人、学院院长的综合改革试点工作领导小组。

2）组建教师教育学院，对教育硕士加强集中培养。2011 年，学校组建了教师教育学院，将教育硕士学位点和师资队伍纳入教师教育学院集中培养、管理，构建了集中型培养模式，使教育硕士培养形成总体规模效益。

3）成立教育学部，充分整合校内教育资源。2013 年，学校成立教育学部，对与教师教育培养相关的学院及管理机构进行统一管理，以规范教育硕士研究生教育管理机制，适应教育专硕培养新模式，保证教育硕士教学质量。

4）加大经费投入，为教育硕士培养提供充足的资金保障。依托 UGS 联动机制，积极筹措资金用于教育硕士专业学位建设。2010—2013 年，投入专项经费 1200 余万元用于教育硕士基础条件建设，主要包括实践型教师的引进和培养，教育硕士专业学位科学研究，实践基地、专业教室、实验教学中心、图书资料等基础教学设施建设等，实现了教育硕士专业学位教育的可持续发展。

4. 生源遴选与规模

积极探索和改革选拔制度，基于国家招生制度框架，积极探索有利于吸引具有较大培养潜力的优秀生源的考试办法，扩宽推荐优秀生源渠道，保证教育硕士培养规模和生源质量。

1）扩大全日制教育硕士招生名额，保证研究生培养规模。在现有招生机制下，逐年增加全日制教育硕士招生指标，2017 年，学校教育专硕报考人数达到 1376 人，同期教育类相关专业（课程与教学论）学术型研究生招生报考人数为 53 人，专业学位和学术学位报名比例接近 26∶1，实现了将优秀生源吸引到教育硕士专业学位培养体系中的目标。

2）增加教育硕士专业学位推免名额。从 2010 年起，学校每年推荐 40 名左右优秀应届本科毕业生免试修读“4+2”教育硕士，形成本科与研究生培养连读机制，确保优秀本科生源获得培养机会。经过近 3 年的实践总结，2012 年末，学校推出凸显教师教育特色的本科生与教育硕士研究生接力培养的“3+1+2”模式。

3）调整复试阶段内容，选拔优秀考生。在统考复试阶段，加大对考生教育教学能力的考查，以保证录取的考生有明确的成为教师的愿望，能够适应未来教育硕士的学习，确保学位质量。

4）探索与天津市地方教育主管部门的合作机制。近年来，天津市教育委员会将培养教育硕士纳入教师培养计划和评价体系，每年输送优秀基础教育教师来学校进修。2012 年起，学校与滨海新区教育局合作，有计划地联合培养教育硕士，将教育硕士培养与地方政府教师需求紧密结合。

5. 师资配备

学校师资队伍配备齐全，体现了依托 UGS 联动机制共同打造优秀教学团队的优势；制定优惠政策，引进与教育硕士专业学位领域建设相关的专家学者充实教师队伍；聘请中学特级教师担任教育硕士导师或课程主讲教师；提升现有教师队伍实践教学能力，打造基础教育教学团队，体现教学团队建设中的 UGS 联动机制。

6. 课程设置（含案例教学）

课程设置方面具有如下特点：①优化课程体系和知识结构比例，增加与基础教育教学实践关系密切的专业技能课程；②增加选修科目，使教育硕士研究生具备专业基础、专业知识和职业道德操守；③从学科体系的发展趋势和现实社会发展的需要出发，更新或增设前沿类课程，从而合理地构建研究生的知识结构；④将学位基础课与专业必修课进行整合，注重信息技术应用，满足学生需要；⑤重点建设实践类课程，凸显全日制专业学位研究生实践教学培养方式的特色。

7. 实践安排（含校企合作基地建设等）

学校每年投入 30 万元用于支持教育硕士实习实践（生均 2000 元），依托 UGS 联动机制探索在岗职业融入式、“1+1”同伴互助研习等新型教育实习模式；建立长期稳定的实践教学基地，紧密联系各区县教育局，完善实践实习与培训互助机制，适当增加实践基地招生名额并免费为实践基地在职人员提供培训，以满足实践基地培养高层次人才的需求。

8. 论文工作

基于解决实践问题，学校探索新的学位论文形式，制定完整的研究生考核评价体系，推出教师教学评价体系和学生学习满意度评价体系，制定“论文+课堂教学技能评价”学位审核标准，提倡通过行动研究完成学位论文。学校要求全日制教育硕士有半年以上的实践经验，其学位论文选题应来源于应用课题或教育教学实际问题。

9. 学位授予

根据全日制教育硕士培养时间短、实践性强的特点，对学生采取多种方式考查其学位授予资格。一是采取“论文+课堂教学技能评价”方法，在学位论文答辩期间，要求学生在校内做一堂微格示范课，成绩优良者方可被授予学位。二是实践基地评出的实践成绩优秀的学员，可以免做微格示范课。三是探索新型学位授予方式，即结合在岗职业融入式实践教学方式，在学生完成学位论文并通过外审专家评议后，在该生所在实践学校进行随堂随机听课，授课效果良好的可不做口头答辩。

10. 发挥智库作用

依托 UGS 联动机制，2012 年 5 月，学校与天津市翔宇教育基金会联合成立“天津师大翔宇基础教育实践研究所”。该研究所每年出版一本天津市基础教育发展报告（蓝皮书），为天津市政府、市教育委员会的工作发挥智库作用，同时该蓝皮书的研究内容和结果又能够反哺教育硕士的培养。

11. 平台建设

学校积极建设“3 个 1 工程”，即一个平台：教学环境平台；一个案例库：教学案例库；一个中心：天津师范大学教师教育实验教学中心——理科教法综合实验平台，该中心已获批国家级实验教学示范中心。学校投入 100 万元用于改善教育专硕的教学条件；投入 20 万元用于购置全国优秀教师光盘或视频，以进一步丰富专业案例。

12. 专业学位教育资质与职业资格认证

积极应对教师资格证考试，不断丰富教师教育培养形式，争取获得师范类专业认证。

13. 对外交流（包括国际、国内交流）

重视国际交流，帮助教师熟悉国际前沿教育硕士培养概况和国际基础教育改革概况，开阔教育硕士的国际视野；根据国内及国际行业发展趋势，有计划地引进“外脑”，即聘请境外优秀教育专家，举行国际研讨会；利用学校自身的优质资源，积极开展国际交流与合作，促进教师队伍整体水平的提高。

14. 与相近学术型学位的差异性

1）培养目标不同。教育专业学位是培养具有坚实的基础理论、宽广的专业知识及较强的解决实际问题的能力，能够承担专业技术或管理工作，具有良好教育职业素养的高层次应用型专门人才；而学术型学位则主要培养教育学领域的学术研究人才。

2）培养方式不同。教育专业学位的课程设置以实际应用为导向，以教师职业需求为目标，以综合素养和应用知识与能力的提高为核心；教学内容强调理论性与应用性课程的有机结合，突出案例分析和实践研究；教学过程重视运用团队学习、案例分析、现场研究、模拟训练等方法；注重培养学生研究实践问题的意识和能力，学习过程中有实践环节。而学术型学位的课程设置侧重于加强基础理论的学习，重点培养学生从事教育科学研究创新工作的能力和素质。

15. 案例成效

学校累计获批全国教育硕士优秀论文6篇;建有全国教育专硕教育实践基地2个、市级研究生校外创新实践基地1个;有21位教师荣获全国教育硕士专业学位优秀教师称号,13人获评全国教育硕士专业学位优秀教学管理工作者;建设了天津师范大学教师教育实验教学中心——理科教法综合实验平台;承担了天津市基础教育发展报告(蓝皮书)的编制工作,为政府基础教育决策提供服务;主办《数学教育学报》;教师教育教学团队获批天津市市级教学团队;获得国家级基础教育教学成果奖二等奖(天津市一等奖)1项;累计在全国性单学科教学技能大赛中获得各级奖励百余项。

"十三五"期间努力将教师教育专业建设为卓越教师项目,教育硕士专业学位水平评估跻身全国前5%;争取获批教育博士专业学位授予权,提高学校培养高层次应用型教育专业人才的能力;加强文科类专业实践教学平台及教学示范中心建设;争取有10项以上成果入选全国教育专业学位教育指导委员会案例库;建设1门教师教育国家级精品资源共享(慕课)课程;完成10本以上教师教育考试系列教材;获得全国教育专业学位教育指导委员会组织的教育硕士教学技能大赛一等奖5项以上,获得全国优秀教育硕士专业学位论文不少于2篇;获评市级教学名师2名,全国教育硕士专业学位优秀教师5名,全国教育硕士专业学位优秀教学管理工作者2名;重视基础教育方面的大项目、大论文、大奖项的立项、研究和获奖;《数学教育学报》进入国际一流期刊计划等。

16. 案例中遇到的问题和解决方案

1)案例中遇到的问题。第一,教学案例资源有待系统开发。第二,通过"3+1+2"培养模式培养的教育硕士的就业质量还需要进一步提升。第三,国际化办学水平有待提高。第四,支撑教育硕士的基础教育和教师教育科研成果质量还需要进一步提升。

2)解决方案。第一,按照中国专业学位教学案例中心的遴选要求建设本校教学案例库,整合、完善各学科教育教学案例,力争更多案例能够入选全国教育专业学位教育指导委员会的案例库。第二,提升一线优秀教师担任课程主讲教师的比例,加大国家级基地校教师指导实习和研习的力度。第三,加大对国际交流的资金支持力度,加强与世界一流高校的联系,邀请更多一流专家学者前来讲座,并担任一些课程的主讲教师;完善交流生制度,鼓励教师和学生参加国际会议交流学习。

17. 案例的推广性

2015年,南京师范大学到学校学习并借鉴了"3+1+2"培养模式。

三、案例述评

教育专硕教育综合改革试点、"3+1+2"培养模式均是学校教育硕士专业建设的创新点。

（一）注重细部建设，遵循专业学位教育培养规律

专业学位教育直指职业需求，具有明确的培养目标和特定的职业归属，教育专硕的培养，更是为满足基础教育的用人需求。为实现这一需求，学校实施了一系列措施，如稳定招生规模，修订培养方案，调整课程设置，安排实习实践，改革论文形式，完善奖助贷体系等，注重细部建设，遵循专业学位教育培养规律。

（二）目标明确，依托 UGS 联动机制，突破工作重点、难点

1）多方筹措，突破建设资金难点。学校充分利用教育部专业学位教育综合改革试点专项资金，并自筹资金支持科研和基础建设；依托天津市教育委员会“十二五”建设项目，完成教师教育理科综合实验教学示范中心建设任务。

2）组建教师教育学院。为了突出教师教育特色，保证教育硕士培养质量，勇于试点，打破原有的利益结构，组建教师教育学院，该学院已由建院初期的 22 人发展到目前的 57 人。

3）理论是行动的先导。学校成立专业学位教育研究所和天津师大翔宇基础教育实践研究所，务实研究，创新理论，保障综合改革成效。

4）结合地方特点，推出符合区域教育发展的培养模式。天津地处东部沿海发达地区，基础教育条件完善，对师资学历要求已经跃升到硕士层面。学校针对性推出的“3+1+2”本科生与教育硕士研究生连读培养模式以及在岗职业融入式实习方式，正适应了这种区域发展需要。

案例撰写联系人：

孙琳、王光明（天津师范大学教师教育学院）

华东师范大学教育专业学位培养案例

The Cultivating Case of Education Professional Degree of East China Normal University

一、案例简介

1）案例特点：体制创新、持续发展、改革驱动、标准引领、对接需求、服务社会。

2）案例启动时间：1996 年 6 月。

3）案例合作方：上海市曹杨第二中学、上海市闵行中学、华东师范大学松江实验高级中学、上海浦东新区辅读学校、深圳实验教育集团、江苏省太仓市明德高级中学、西安交通大学苏州附属中学、上海市崇明中学、上海市崇明区莺莺艺术幼儿园、华东师范大学附属东昌中学、华东师范大学第三附属中学、上海市中山北路第一小学、苏州工业园区星海实验中学、上海外国语大学尚阳外国语学校。

4）案例主要创新点：体制创新、改革驱动、服务社会需求。

二、具体案例撰写

（一）案例背景

华东师范大学教育硕士项目的发展历程可分为三个阶段。

第一阶段是1996—2005年。这一阶段是试办教育硕士的初创期，学校教育硕士的发展主要集中在规模上，学位点内涵发展的自觉性较弱，基本遵循教育学研究和教育学研究生培养的路径，社会、学界、业界及研究生本人都无意识地认同这样一种路径和模式，独立发展的教育硕士研究生教育尚未形成。

第二阶段是2006—2009年。这一阶段，在职攻读教育硕士的招生规模趋于稳定、制度基本完善，形成了一套在职教育硕士的培养模式，在一定程度上适应了社会和行业的发展需求，但问题也日益凸显，突出表现为：人才培养主动对接行业需求的动力不足，课程设置、论文要求等与教育学学术型学位研究生高度趋同，难以体现自身特色，无法适应人才培养需求。

第三阶段是2010年至今。以2010年教育部开展研究生专业学位教育综合改革试点工作为开始的标志，这一阶段被称为大发展期。2009年，全日制教育硕士研究生进入规模性招生阶段；2010年，免费师范毕业生在职攻读教育硕士项目启动，每年陡增千余人的培养量。面对新体量、新项目，培养模式、评价体系、教师队伍等方面的矛盾突出起来，2010—2013年，以教育部研究生专业学位教育综合改革试点工作为契机，学校对教育硕士研究生的培养模式进行了重点突破。2015年10月，在教育部深化专业学位研究生教育综合改革的带动下，学校在教育硕士体制机制、培养模式改革等方面又制定了新的改革方案并开展了实践探索。

（二）改革理念及指导思想与改革目标

1. 改革理念

用体制机制创新带动项目变革；标准引领贯穿改革始终。

2. 指导思想与改革目标

如何在学校中长期战略发展规划中体现教育硕士学位点建设，如何推进人才培养与教师教育事业的协调发展，办好既符合学科发展规律又服务于社会和行业需求，既引领教师教育发展又体现华东师范大学特色的教育硕士项目，是近年来及未来一段时间内学校教育硕士研究生教育改革和发展的指导思想。为此，改革的目标可概括如下：一是在办学理念、管理体制、培养模式和评价机制等方面取得重要突破，逐步形成与教育学学术型学位研究生培养相对独立、互为支撑、各具特色的培养体系，共同支撑和实现学校建设世界知名的、高水平研究型大学的战略目标；二是巩固、提升教育硕士的项目品牌，在培养特色、培养质量与社会声誉等方面保持国内领先，争创国际知名。

（三）主要流程及运行

1. 培养目标

按照“提升素养、关注品质、聚焦实践、走向世界”的育人观，夯实教育硕士研究生的人文科学素养、学科专业素养和教育教学素养等三大基础素养，培养学生的专业品性、专业悟性、专业技巧和应变性专长，努力使之成为具有坚定的政治信念、宽厚的人文科学素养、扎实的学科专业知识和高水平教育应变能力的专家型教师。

2. 培养项目与培养方式

（1）培养项目

按照培养结果的表现形式，学校教育硕士研究生的培养大体上分学历教育（双证）与非学历教育（单证）两种类型。按照培养方式，则分全日制和非全日制两种。按照培养项目，除了包括传统的在职人员攻读教育硕士专业学位项目外，还包括全日制教育硕士项目、免费师范毕业生在职攻读教育硕士项目（简称“免费师范生项目”）、上海市教育硕士专业学位教育与中小学（幼儿园）见习教师规范化培训结合项目、教育部与商务部的发展中国家教育硕士项目以及教育部、中国科学技术协会（简称中国科协）推进培养高层次科普专门人才试点、科学与技术教育领域教育硕士项目。

（2）培养方式

以体量最大的免费师范生项目为例，其培养方式为非全日制培养；学习年限为 2.5—5 年；在课程设置上，以全国教育专业学位教育指导委员会的指导性培养方案为基本框架，课程学习主要通过远程教育和暑期集中面授方式进行，实行学分制；集中的专业实践一般在第三学期，主要由学校组织实行；学位论文环节要求独立完成一篇系统完整且能解决具体问题的应用型论文，论文形式包括专题研究论文、调查研究报告、实验研究报告和案例研究论文等。

3. 专业实践与实践基地建设

（1）实践形式

教育硕士研究生的实践教学包括教育实习、教育见习、微格教学、教育调查、课例分析、班级与课堂管理实务等形式。全日制教育硕士研究生的专业实践原则上不少于1年，其中到中小学进行实践活动的时间不少于半年。

（2）基地建设

学校从2009年起陆续建设了近20个专业的实践基地，切实保障了教育硕士研究生专业实践活动的开展。经过几年的建设，已建成全国示范性实践基地2个（上海市曹杨第二中学、华东师范大学松江实验高级中学）、上海市优秀示范性实践基地1个（上海市曹杨第二中学）、上海市实践基地1个（上海市闵行中学）、华东师范大学实践基地1个（上海浦东新区辅读学校）。其中，上海市曹杨第二中学实践基地的建设最具特色，创建了基地建设的成功范式。

2015年8月，在全日制教育硕士培养院校实践教学与实践基地建设工作暑期研讨会上，学校以华东师范大学曹杨二中实践基地为例做了关于全日制教育硕士实践教学与实践基地建设的主题报告，反响热烈。

2014年起，德国柏林洪堡大学共计派出10余名教育硕士研究生到曹杨第二中学实践基地，与华东师范大学的教育硕士研究生一起开展教育实践；与此同时，学术交流与互访也在三校教师间展开。该项目运行三年，提升了华东师范大学研究生培养的国际化水平，获得了显著的社会效益。柏林的报纸及上海主流媒体如《文汇报》《新民晚报》等均对此进行了相关报道。2015年9月，该基地被德国柏林洪堡大学认定为教育硕士研究生海外实习基地。2016年12月，学校选派教育硕士研究生赴德国柏林洪堡大学教育实习项目获得国家留学基金委“创新型人才国际合作培养项目”的资助，教育实践全面进入联合培养阶段。

4. 国际交流与合作

除与德国柏林洪堡大学的合作项目外，“发展中国家教育硕士项目”也别具特色。该项目在教育部、商务部的支持下于2010年创办，旨在为各发展中国家培养具有扎实的教育专业知识、批判性教育政策分析能力的教育决策者和研究者，以及具有高度责任感、研究能力和问题解决实践能力，能够领导教育变革、促进国家发展的教育领导管理人员。该项目在培养上具有以下特点。

1）本土实践与国际规范相结合。从课程设置到教学评价，既体现中国特色，又吸收如哈佛大学、斯坦福大学、曼彻斯特大学等世界名校同类专业之长。

2）学术性与实践性相结合。在培养环节中，模块式教学、案例研究与深度实践并重；在教学中，针对各发展中国家教育中存在的实际问题开展探讨与交流。

3）以本国教学力量为主构建国际教学团队，同时邀请来自联合国教科文组织、哥伦比亚大学、纽约大学等机构和大学的国际知名专家学者开设课程、参与教学。

5. 案例特色与成效

在教育部2010—2013年的研究生专业学位教育综合改革试点工作中，华东师范大学教育硕士项目在答辩验收中获得“优秀”并名列第一。总结该项目运行的特色与成效，有如下三个方面。

（1）体制创新、持续发展

设立教学及管理专门机构。早在21世纪初，学校就在研究生院设立了独立的专业学位管理办公室，多年来在专业学位管理工作上发挥着积极的统筹协调作用。2008年，成立教育硕士管理中心，具体负责教育硕士从课程学习到学位授予的全过程。2015年，以教育专业学位管理中心为基础组建教师教育学院，实现了教师队伍和研究生培养工作的集合，推进了教育硕士学位点和人才培养的持续发展。

建立学位评定专门机构。2009年，学校成立专业学位评定分委员会，负责统筹协调专业学位授权审核和学位点建设、导师遴选及学位授予审查等工作，是学校专业学位的议事、咨询与审议机构；该委员会下设教育硕士专业学位评定小组，由19名成员组成，负责审议教育硕士教育的各项重点与难点工作。

（2）改革驱动、标准引领

“十二五”期间，学校以教育部开展研究生专业学位教育综合改革试点工作为契机，在教育硕士研究生教育中开展了一系列改革。

改革启动，标准即行。结合优秀教师专业标准研究的国际经验、我国知名教师的原型研究及基础教育实践的前瞻性要求，学校研制了全国第一个“优秀教师专业标准”，主要包括专业品质与责任、专业知识与领悟、专业技艺与实践、应变性专长与发展四个方面的要求。

标准牵引，课程落地。在“优秀教师专业标准”的指导下，学校按照分类指导的原则，以不同项目的培养目标为统领，将该标准分解成若干能力要素，再将这些要素与各个课程的内在知识结构融合在一起，课程与课程之间既体现知识的完备，又体现教育教学的普遍规律，还体现课程设计的实践性和专业性。在具体路径上，整合现有资源，提升课程质量，规划形成了6个相互衔接的课程模块。

学位论文：新形式、新评价。在大发展时期，改革发展的一项成果便是开创了教育硕士学位论文的“论文包”形式。“论文包”包括实践论文和专题研究（学位论文）两个部分。实践论文必须在教育实践中完成，成绩由校外导师评定，占40%权重。专题研究（学位论文）部分侧重于运用所学理论知识对教育教学实际问题进行研究，是对实践论文的深化和拓展，由校内导师负责指导并做出等级评价，占60%权重。学生在论文答辩时，需要口头陈述教育实践研究与学位专题论文的关联，陈述通过后，方可进行专题研究部分的答辩。

此外，学校还在全国首创并推行“教育硕士不同形式学位论文标准及评价指标”，从论文性质、论文选题、文献综述、理论方法、论文结构、体例与规范、论文形式等方面规定论文的质量要求。论文形式包括专题研究、调查研究、实验研究和案例研究等，每一种形式都有其基本要求、框架和指标体系。论文标准的推行，有效提升了华东师范大学教育硕士研究生的学位论文质量：2011—2013 年，教育硕士获得校级专业学位优秀论文的数量始终保持第一；2012 年，第三届全国教育硕士优秀论文评选中，学校入选 9 篇，位居全国第一；2015 年上半年揭晓的第四届全国教育硕士优秀论文评选中，学校又以入选 8 篇的成绩蝉联（并列第一）。

（3）对接需求、服务社会

华东师范大学始终坚持高等学校的社会属性，始终把服务国家及地方基础教育、引领中国教师教育发展视为学校办学的核心理念。早在 2006 年，学校就实施了“华东师范大学教师教育创新计划”，提出服务上海基础教育改革与发展的十四点建议，包括积极推进职前、入职、在职一体化的教师教育模式，探索师范生选拔和培养方法等，并切实采取措施加以落实。

进入大发展时期，学校主动对接社会和行业需求，在提供咨询建议、发挥教育智库作用、开展教育普及、服务地方师资队伍建设等方面均做出了成绩。

第一，广泛参与国家中小学课程标准的制定、修订工作，全面承担上海中小学课程标准的修订工作，并在不同版本的中小学教材编写中担任主编。

第二，充分发挥教育智库作用，为多个国家教育专业标准的制定提供了调研、咨询和拟定工作，为国家教师教育事业的科学发展贡献了智慧和力量。

第三，为教育科学研究和学科教学研究成果的普及与推广做出贡献。2015 年，学校成功申请到第 14 届国际数学教育大会的主办权，这是世界数学教育大会首次将主办权交给发展中国家，彰显了学校在数学教育领域的专业成就和管理能力。

第四，深度参与地方教育人才的培养与队伍建设工作。2014 年起，学校承担了上海市教育委员会（简称上海市教委）规范化培训教育硕士项目的试点工作，通过“三个结合”的设计与实践，在地方职初教师的专业成长和职业发展方面发挥了重要作用。

三、案例述评

作为全国首批 16 所试点单位之一，华东师范大学教育硕士学位点建设与人才培养工作从 1996 年至今，从最初的 2 个专业方向发展到 20 个专业领域，从最初二三十人的招生规模发展到目前 1400 余人的录取规模，为国家和上海市基础教育事业的建设和发展培养了大量高层次、应用型人才，贡献了智慧与力量。2013 年，学校在教育部研究生专业学位教育综合改革试点工作验收中以第一名的成绩获得

“优秀”；试点工作集中代表性成果“标准引领的教育硕士研究生培养模式改革”获2013年上海市教学成果奖二等奖；分别获选第三届、第四届全国教育硕士优秀论文9篇、8篇，数量分别居全国第一。

案例撰写联系人：

华春燕、陈佳（华东师范大学研究生院）

吴刚（华东师范大学教育学部高等教育研究所）

周彬（华东师范大学教育学部教师教育学院）

北京航空航天大学教育专业学位科学与技术教育领域培养案例

The Cultivating Case of Science and Technology Education of Beihang University

一、案例简介

1）案例特点：校馆协同共建培养方案、构建全方位的实践教学体系并基于科普行业实际需求和真实问题开展学位论文工作。

2）案例启动时间：2012年9月。

3）案例合作方：中国科学技术馆、中国科学院网络研究中心。

4）案例主要创新点：注重培养学生解决实际问题的能力，明确人才需求。

二、具体案例撰写

（一）案例背景

为了推进和加强高层次科普专门人才培养工作，教育部、中国科协决定选择6所高校和7个科技场馆，联合开展培养高层次科普专门人才试点工作。北京航空航天大学作为试点院校之一，从2012年起招收科普教育专业方向全日制专硕。

（二）创新理念与培养目标

专业学位强调培养高层次应用型人才，突出学生解决实际问题的能力，试点项目更需要明确人才需求。北京航空航天大学作为试点高校之一，在项目启动之初要解决的首要问题是：摸清用人单位需求，紧密结合需求开展研究生培养工作。

通过深度调研，学校确定了三种高层次科普专门人才，即教育活动人才、展览设计人才、媒体从业人才。明确了科普专门人才的培养目标，主要表现在三个方面：一是掌握科学知识和科学原理、扎实的专业基础，以及跨学科的专业知识结构；能够将教育学、心理学、传播学、市场营销学等理论和方法，运用于教育活动的策划、开发与实施之中。二是要具有较强的实践能力，胜任科技场馆教育活动的开发与设计工作，在科学教育理论、教育学理论、心理学理论的指导下运用所学知识、方法和技术，解决科普教育活动中的实际问题，创造性地开展教育活动设计工作。三是具有较强的教学器具开发能力，能够运用所学的教育技术理论、现代教育技术手段，把各种科学概念、知识点开发为教学、实验器材。

在科普人才知识体系上，学生需要熟悉教育学、心理学、传播学的基本理论，了解博物馆学、艺术学等多领域的专业知识；掌握科学技术的基本原理，了解科技场馆和科普企业的经营管理模式；了解科学技术前沿和发展趋势。在能力体系上，学生需要能将相关理论和方法运用于科普教育活动和展览的策划、设计与实施中；具有科技场馆现场教学活动的策划、组织和管理能力，熟练掌握语言表达和与观众沟通、交流、互动的技巧；具备独立完成科学实验和科技制作的能力；有一定的科普写作、科普教材和教学器材开发的能力；了解科普展览策划的基本程序，能够提出科普展览的创意；具有设计展示内容和展示方式的初步能力。

（三）主要流程及运行

1. 制度建设

学校科普教育专业方向的研究生教育由学校和学院分级管理、分工负责。研究生院作为学校的研究生教育主管部门，在招生办公室、培养处都设专门岗位，有专人负责专业学位研究生的招生和培养工作。科普教育专业方向的研究生教育依托人文社会科学学院开展，人文社会科学学院统筹全院和校内相关资源，开展高层次科普专门人才培养。

2. 培养方式

2012 年，根据学校统一部署，教育硕士专业学位点制定了科普教育专业方向研究生培养方案。首先，研究了全国教育专业学位研究生教育指导委员会发布的《科学与技术教育专业攻读全日制教育专硕指导性培养方案》；其次，到中国科学技术馆、上海科学技术馆、广东科学中心等国内最好的 7 家科技馆调研，与西部 9 省份的科技馆馆长座谈，向 16 家科技馆的工作人员发放近 300 份调查问卷，并利用各种场合听取其他科普企事业单位负责人的意见，充分了解用人单位的需求。在此基础上，该学位点确定了制定培养方案的两个“基本满足”原则，即基本满足全国教育专业学位研究生教育指导委员会对教育专硕培养的原则规定，基本满足用人单位对高层次科普专门人才的需求。

3. 管理方式

学校是第一批设立研究生院的高校，人文社会科学学院培养研究生也有 30 年的历史，因此，研究生教育管理体制和运行机制已相当成熟。

学校专业学位研究生教育由学校和学院分级管理、分工负责。学校研究生院在招生办公室、培养处和学位办公室都设有专门岗位，负责专业学位研究生教育的相关工作。教育专硕依托人文社会科学学院开展，该学院于 2013 年成立了科学教育研究中心，负责统筹校内外相关资源，开展教育专硕培养和相关领域的科学研究。

4. 生源遴选与规模

学校科学与技术教育专业学位点从 2012 年开始招生，到 2017 年共招收研究生 72 名。该专业要求考生本科所学专业为理学、工学、农学、医学门类，考试科目和其他要求可以在北京航空航天大学研究生招生信息网查询。该专业同时接收具有推荐免试资格，并符合学校推荐免试要求的本科生。招生录取均按国务院学位委员会办公室（简称国务院学位办）和教育专业学位教育指导委员会的有关规定进行。

5. 师资配备

学校承担教育专硕培养的教师分为专职和兼职两种。专职教师的数量基本满足研究生培养的要求，教师职称、年龄、学科等结构合理，并具有较高的学术水平、较强的实践能力和丰富的培养研究生的经验。学校还从北京航空航天大学附属小学、北京学生活动管理中心（北京市少年宫）、中国科学技术馆、中国科学院网络中心等单位聘请了 15 名兼职教师，他们都有副高级以上职称和多年的实际工作经验。兼职教师主要负责指导研究生实习，与专职教师共同指导研究生的学位论文，此外还参与招生复试、举办讲座。兼职教师在研究生培养过程中特别是指导研究生参加实际工作中，发挥了重要作用。

6. 课程设置

1）构建多学科交叉融合的课程体系。根据科普行业高层次人才的知识结构和能力结构，开展科普行业高层次人才培养的课程建设。基于理论与实践课程结合、宏观课程与微观课程均衡、自然科学与人文科学课程交叉融合、教育活动类课程与展览设计类课程互补的理念，学校将科普教育人才培养模式的课程设置分为四个模块，并覆盖了科学教育类、技术方法类、人文社科类、展览设计类等专业知识。课程模块注重结构的全面合理，突出实践性和灵活性，在内容上着重科学教育实践。

2）构建以实践为主体的教学模式。课程内容灵活多变，重视培养学生的自主性、创造性，开设各种专题讨论课和专题实践课，并把科技场馆作为第二课堂，来促进学生理论知识与实践知识的结合。课程设置采用专题讨论课、体验式教学、案例式教学、项目式教学等形式。教学组织形式采取两个“结合”：一是课堂教学与学生课外自学相结合，课堂教学与学生课外自学的时间比例通常为 1∶1—1∶3；二是课堂教学中教师的讲授、点评与学生协作小组之间的讨论、互评、总结相结合，两者各约占一半课时。学生的学习方式主要是自主学习与协作学习相结合。

3）邀请科普行业专家参与课程共建。学校从北京航空航天大学附属小学、北京学生活动管理中心（北京市少年宫）、中国科学技术馆等单位聘请了 15 名兼职教师，这些教师都有副高级以上职称和多年的实际工作经验，与本校教师进行课程共建和研究生指导。例如，邀请科普行业专家为研究生讲授“科技场馆概论”一课，邀请机械学院教师为研究生讲授“展品设计与策划”一课，等等。科技场馆有实际经验的教师到学校系统讲授研究生专业课程，能够使课程教学与科普实践更加紧密结合。

7. 实践安排

学校高度重视专业学位研究生的实践环节，并从政策和经费上给予了很大支持。教育硕士专业学位点建立了 3 个稳定的实践基地，能够很好地满足实践教学的需要。实践教学有 3 种形式：一是第一学年结合课程学习，研究生利用课余时间到实践基地参与有关工作；二是第一学年结束后的暑假，研究生到实践基地进行为期 3 个月的顶岗实习；三是研究生到实践基地开展学位论文研究。后两种形式的实践教学时间累计可达到 6 个月。学位点制定了研究生实习大纲，各实践基地都指派了指导教师，学校专职导师也定期到实践基地检查研究生的实习情况，并与兼职导师交流。顶岗实习结束后，研究生要写实习总结，并在实践基地召开的考评会上逐个汇报实习情况和体会，由专职和兼职导师对其进行考核，实践基地需要为每个研究生写出鉴定意见。基于与实践基地合作，通过课程实践、项目研究、顶岗实习和学位论文研究四个部分，实现了实践环节贯穿整个研究生培养过程的目标。

8. 论文工作

学位点编写了《科学与技术教育专硕学位论文工作指南》，在研究生开题前专门举办讲座，讲解论文选题、研究过程、学术规范等问题；在开题和中期检查后，全体导师集中交流学位论文工作中的共性问题，发挥导师组集体指导的作用。每个研究生除有校内导师外，在实习单位还有兼职导师。校内导师主要负责学位论文选题的把关和理论基础、研究思路、研究方法、论文撰写等方面的指导；兼职导师主要负责提出研究课题的总体目标和具体技术要求，提供必要的研究条件，从实地调研、成果应用等方面给予指导。

9. 联合培养

作为培养高层次科普专门人才试点项目，学校的教育硕士专业学位点得到了国务院学位办、中国科协科普部的关心和支持。两部门经常召开会议，研究和协调解决学校办学过程中的问题。学位点不仅与中国科技馆、中科院网络中心、北京航空航天大学附属小学等单位建立了实践实习基地，还与中国科技馆、各省级科技馆、科普行业内多家企事业单位建立了密切联系，经常听取用人单位对人才需求的意见。

10. 案例成效

虽然培养高层次科普专门人才试点项目开展时间不长，但学校的教育硕士专业学位点在研究生培养方面所做的工作得到了教育部、中国科协相关部门和领导，以及科普行业内多家单位的高度评价。中国科协组织调研组调查了 6 所试点院校培养研究生的情况后认为，学校是试点工作开展得比较好的两所高校之一。该学位点负责人受聘担任全国高层次科普专门人才培养指导委员会委员兼副秘书长；多位教师应邀参与指导委员会各专题组的工作，并在相关会议上汇报培养研究生的经验。具体的成效如下。

1）实践能力。2012 级 6 名研究生申报的“中国科协研究生科普能力提升计划”全部入选；2013 级 8 名研究生申报的项目有 9 个入选，2014 级 10 名研究生申报的项目有 7 个入选。项目结题时的优秀比例在各院校中名列前茅。2014 年，全国科技馆发展论坛共邀请 15 名研究生宣读论文，其中有 7 名为该学位点的研究生。

2）学位论文。2015 年，有 3 名毕业生的学位论文获得校级优秀论文。该学位点学生的论文选题全部来自科普行业实际项目，研究成果全部在实际展教活动中试用，其中部分成果直接被应用，且效果突出，得到了相关部门的高度评价。

3）学生就业。2012 年实施科普教育专业方向全日制专硕教育以来，该学位点已为科普领域输送几十名高层次科普应用型人才，就业率均达到 100%，对口就业率超过 80%。

4）用人单位反馈。该学位点毕业生在工作岗位表现出较好的专业素质。例如，2014 届毕业生孙伟强在中国科技馆工作半年，即获得第四届全国科技馆辅导员大赛北部赛区一等奖和全国二等奖。

11. 案例中遇到的问题与解决方案

加强科普工作是建设创新型国家战略的重要组成部分。科普行业具有广阔的发展前景，对高层次专门人才有大量需求。为进一步加强该学位点的建设，不断做好高层次科普专门人才培养工作，学位点要在以下几方面持续改进。

1）进一步明确人才培养目标，突出人才培养特色。在研究生培养过程中，通过与用人部门的深入交流，学位点发现科普行业涉及的知识面非常广，对高层次专门人才的知识和能力的要求呈现多样化特征，但研究生的学制只有两年，很难完全满足各方面的需求。学位点在认真分析这一矛盾，以及高层次科普专门人才的本质特征后认为，该学位点的优势在于工程学科与教育学科的交叉融合，学位点应继续坚持培养科学教育活动人才的目标。下一阶段，学位点将深入调查科普行业相关岗位人才的知识、能力结构，进一步细化人才培养目标并明确其内涵，突出系统思维和系统设计能力培养的特色。

2）进一步优化课程教学内容，改进教学方法。从总体上看，该学位点的课程体系符合全国教育专业学位教育指导委员会的规定和人才培养目标的要求，但从自评中发现的问题来看，该学位点在课程的教学内容和教学方法上还有优化、改进的空间。一是把细化的培养目标具体落实到课程中，使课程体系更加完善，课程之间更好地衔接；二是组织任课教师开展教学方法的培训和交流，提高教师的教学能力；三是从科普行业的实践和毕业生的学位论文中收集典型案例，出版案例集或建立案例库，更加广泛地开展案例教学；四是利用学校的实践讲堂计划，聘请科普行业有丰富实践经验的专家承担部分授课任务。

3）进一步规范学位论文，提高专业学位研究生学位论文的质量标准。经过指导三届研究生的学位论文，特别是最近一届规模较大的研究生的学位论文，学位点对专业学位研究生学位论文的选题、研究内容、研究方法、论文撰写等有了一定认识。今后，学位点还要组织指导教师深入研讨和总结专业学位研究生学位论文的特点和具体要求，修订学位论文工作指南，进一步明确质量标准，使学位论文更加规范，达到更高的水平。

4）加强与用人单位的合作交流，更加准确地掌握人才需求信息。科普行业有很多事业单位，而当前事业单位的人事制度改革相对滞后，人才招聘渠道不顺畅，加之供需双方信息不对称，导致该学位点毕业生就业面临一定困难。学位点一方面要继续呼吁中国科协等部门重视毕业生就业问题，帮助破除体制上的障碍；另一方面要更加密切与科普行业相关单位的合作交流关系，促进这些单位与毕业生的相互了解，为毕业生就业开辟更多的渠道。

三、案例评述

以校馆联合培养为核心，从人才需求调研、培养方案制订到课程与教学共建、实习实践、学位论文指导，校馆双方全程参与顶层设计和培养过程；以实践为导向，通过与科普行业的专家共建课程体系、共同承担教学任务，以及全方位的实践教学，构建科学合理的实践能力培养体系；以真实项目为载体，该学位点学生的论文选题全部来自行业的实际需求和现实问题，并紧密结合中国科协研究生科普能力提升项目。

案例撰写联系人：

任秀华、雷庆（北京航空航天大学高等教育研究院）

上海外国语大学翻译专业学位培养案例

The Cultivating Case of Translation and Interpreting Professional Degree of Shanghai International Studies University

一、案例简介

1）案例特点：高端化定位，项目目标定位为培养高层次、应用型、专业化的翻译硕士人才。国际化办学，遵循国际翻译标准，建立国际合作平台，打造国际师资队伍，开展国际组织实习。实践性保障，课堂教学与翻译项目实践相结合，建立国际、国内翻译实践基地，凸显案例的实践性特征。

2）案例启动时间：2008 年 3 月。

3）案例资助方：上海外国语大学、上海市学位委员会办公室（简称上海市学位办）。

合作方：联合国、欧盟委员会、欧洲议会、国际大学翻译学院联合会（Conférence Internationale permanente dInstituts Universitaires de Traducteurs et Interprètes，CIUTI）。

4）案例主要创新点：将国际专业化、职业化理念引入翻译人才培养体系，根据国际专业翻译的用人标准制定专业人才培养目标、教学模式和评价方法。

为实现培养目标，创新专业教师的评聘机制，建立了一支专兼职相结合、专业实践和教学相结合、国内外相结合的师资队伍。

引进国际合作机制，建立了国际合作平台。学校高级翻译学院（简称高翻学院）分别于 2008 年、2010 年与联合国、欧盟口译总司、欧洲议会口译服务司签署了合作备忘录，于 2009 年加入国际大学翻译学院联合会。高翻学院还分别于 2005 年和 2011 年成为国际会议口译员协会（International Association of Conference Interpreters，AIIC）中国唯一的一级培训学院（英汉语组合）。

通过与国际专业界合作，高翻学院建立了学生入学、升级和毕业考试体系。

学生必须在毕业考试中完成由国际组织（联合国和欧盟）的专业译员提供的多任务专业翻译测试。学生的翻译质量评判工作都由国际考官承担。

新的论文评价指标体系针对专业翻译人才培养的要求和学生毕业后在专业岗位上的可持续发展而制定。学生通过对自身翻译实践中的问题进行剖析，寻找出解决的途径与方法。

二、具体案例撰写

（一）案例背景

我国传统外语教学缺乏培养符合国际专业翻译标准的人才培养体系，专业翻译人才的培养主要依赖国外的专业翻译院系。专业翻译教学的缺失使得我国现有的外语人才难以胜任专业翻译工作，难以满足社会对专业翻译人才的巨大需求，尤其是难以满足具有国际水平的高端专业翻译人才的需求。我国迫切需要建立突破传统外语教育、有别于学术型研究生培养、具有国际水准的专业翻译高端人才培养体系。在此背景下，上海外国语大学以培养具有国际水准的高层次、应用型专业翻译人才为目标，以高翻学院为项目开展的主体单位，逐步摸索出了一条符合学科发展规律、适应专业人才培养的翻译专硕的教育教学之道。

（二）创新理念

上海外国语大学高翻学院以国际翻译水平为标准，建立国际合作平台，结合我国语境和教育规律，制定了专业培养方向，并配建了一套适应专业翻译人才培养的课程体系，成为国际顶级专业教学界的重要成员。签约合作对象包括联合国、欧盟委员会、欧洲议会、国际会议口译员协会、国际大学翻译学院联合会等国际组织和专业机构，以及法国、俄罗斯、美国、加拿大等国家的顶级高翻学院等。

（三）培养目标

上海外国语大学的翻译硕士专业学位旨在培养适应国家经济、文化、社会建设需要的高层次、应用型、专业性的高端口笔译专业人才。专业发展定位于建设成为培养中国高级专业翻译的摇篮。

（四）主要流程及运行

1. 制度建设

学校高度重视专业学位组织和制度建设，制定了一系列专业学位研究生管理文件，明确了专业学位的招生、学籍、培养、学位、就业、学生管理等各个环节的规章制度，并严格执行，以确保专业学位研究生教育质量。

2. 培养方式

在专业翻译人才培养体系中，高翻学院建立了入学考、升级考和毕业考的完整专业考试体系，以对学生的培养潜质、学习阶段性成果和专业能力进行全面测评。入学考中加大了复试所占比例，注重对学生专业培养潜力的考察。学生入学经过一年的学习后，学院会实施由外部从业人员参加并担任考官的升级考，以此来确保学生能根据自身的特点和专业特长进入最适合其自身发展特点的专业方向中去。毕业考中引入国际合作机制和学界业界合作机制，把考试同职业岗位的执业要求结合起来。以国际翻译标准设立的专业方向以国际考试成绩为最终专业水平确认。

3. 管理方式

上海外国语大学的翻译硕士专业学位坚持集中化管理的原则，培养主体为高翻学院。学校于 2011 年 9 月在研究生部正式设立专业学位办公室，设置专门岗位进行管理。12 月，由主管校长签发，经校长办公室发文，专门成立了上海外国语大学专业学位领导小组，由主管校长担任组长，成员包括学科办、科研处、人事处、财务处、外事处及研究生部等学校相关职能部门的主要负责人，从而在校级层面为翻译硕士的培养提供了有力的支撑和指导。

4. 生源遴选与规模

学校自 2007 年招收翻译硕士以来，生源质量良好，且生源数量日益增加。学校秉承教学质量第一的理念，在优质生源中精挑细选，严格控制招生规模。在全日制翻译硕士的复试中，根据国家“分类复试，分别进行，各有侧重”的要求，学校制定了翻译硕士的复试方式，包括专业课笔试和专业面试。2016 年，全国高考生报名学校翻译硕士的人数为 950 人，录取人数为 56 人；另外，直录生为 71 人，该年共招收录取 127 人。

5. 师资配备

鉴于翻译专业教学对教师的母语与工作语（外语）的组合有很高的要求，组建不同母语背景的国际专业教师队伍成为教学成功的关键。学校首先着手建立了一支既能从事高端口笔译实践，又能进行专业教学的师资队伍。高翻学院在学校的支持下突破体制上的局限，不以博士学历作为引进师资人才的唯一标准，采取国内外相结合、校内外相结合、专兼职相结合、校企相结合、培养和引进相结合等一系列措施，打造具有很强翻译实践能力、掌握翻译教学方法、能有效传授翻译专业技能的一流专业教师队伍。

目前，高翻学院 40%的专业教师为外籍资深口笔译专家，他们具有丰富的会议口译、项目管理和专业笔译从业经验。学院还为专业教师开展专业实践提供了充分空间，以培养起具有国际一流水平的口笔译年轻师资队伍；同时，注重以老带新，培育青年专业师资。

6. 课程设置（含案例教学）

按照国际标准编制培养方案与课程体系。高翻学院依照国际做法，结合我国的语境和教育规律，制定了专业培养方向，并配建了一套适应专业翻译人才培养的课程体系。从学生专业理念的确立到专业岗位的实践，完成了专业教学的四个阶段：理念（专业翻译是信息的传递）、专业技能（交替传译、同声传译、文本笔译、法律概要、经济术语、专文写作）、模拟实习（实习工作坊）和专业实践（实践基地面对真实客户）。每个阶段的教学和阶段间教学的衔接都遵循国际翻译人才的培养规律，并结合不同学生的特点进行，如课堂教学与课后训练相结合、学校训练与岗位实践相结合等。

团队教学的课程安排。按照国际标准，专业翻译教师应具备工作语言组合特征、国际专业翻译实践经验、专业翻译教学能力和相关专业知识。为此，学校聘请国际组织、国际语言服务业的专业译员作为教师，建立了专业师资队伍。现有的师资队伍既能从事专业翻译，又能进行课堂教学，还能对教学和学理进行研究。此外，高翻学院还调整了教师的授课结构，改单个教师在一个学期上一门课为团组教师（2—3 名）授课。

7. 实践安排（含校企合作基地建设等）

通过政产学研结合，高翻学院建立起了学生专业实践基地。基地的建设为学生提供了挑选岗位、熟悉业务流程、开展翻译实践、质量监控、技术运用和实践评估的系统岗位实践机会。很多学生具有承担国际、国内专项任务的经历，包括翻译实务及支撑业务如平行语料库建设等。通过实践，学生全面了解并掌握了符合国际翻译岗位的各项工作及其要求。

高翻学院建立了实践基地遴选、管理和评估制度。实习基地已达十余个，包括与联合国、欧盟委员会、《上海日报》、上海市人民政府外事办公室、上海市浦东新区外事办公室（简称上海市外办）、昆山市政府外事办公室、华为技术有限公司翻译中心（简称华为翻译中心）等合作的基地，其中与联合国、《上海日报》以及华为翻译中心、上海文化贸易语言服务基地合作的 4 个实践基地已获得上海市专业学位研究生实践基地立项。

8. 论文工作

高翻学院突破传统学术型学位论文基本要求和评价指标体系的桎梏，探索了一条不同于研究型学位论文的、符合翻译硕士培养目标的新的论文形式。学院以高层次、应用型专业翻译人才培养目标为中心，探索用案例分析报告代替传统学术型学位论文，案例来源于学生参与的真实的翻译实践。学生在论文写作过程中对在实践中所积累的丰富的实战经验和大量的实践案例进行整理和分析，通过综合运用所学知识，发现和提炼问题，并找出相应的解决方案，总结出某些规律性的翻译现象。学院为上海市教育研究院研制了“上海市翻译硕士专业学位论文基本要求和评价指标体系”，并以上海市学位办文件的形式在上海 11 所 MTI 院校试行。

9. 学位授予

根据翻译硕士专业学位的特点，高翻学院制订了目标明确、特色鲜明的翻译硕士专业学位培养方案和教学计划，学生必须完成培养方案中所规定的学分要求，修完包括专业实践在内的全部学分，达到专业实践能力标准，撰写论文（实践报告），通过论文答辩，并完成学校其他各项要求后，方可毕业，获得硕士学位。

10. 对外交流（包括国际、国内交流）

高翻学院 2003 年起就与联合国日内瓦办事处签订了合作备忘录，后又陆续与欧盟委员会口译总司、联合国内罗毕办事处、联合国维也纳办事处签署合作备忘录，2008 年与联合国总部签署系统合作备忘录。2005 年和 2011 年，学院的会议口译专业被 AIIC 评为国际最高等级会议口译人才培养单位。目前，上海外国语大学是联合国全球签约高校之一、国际翻译高校联合会会员，也是欧洲议会在中国唯一的专业翻译人才培养的签约高校，同时还与国务院新闻办公室、外交部等国家部委，上海市政府各委办局，其他地方政府，国内外大型企业集团等保持着密切交流和合作关系。

11. 案例成效

通过培养方案的制订与执行、课程设置的优化、国际合作的开展、专业师资队伍和学生实践基地的建设、专业考试和评价指标体系的运行，高翻学院高质量的高层次、应用型翻译人才培养体系得到了国际社会的普遍认可。例如，学院多次受欧盟和美国国务院的委托培养了十多位欧美翻译专业学生，也使学院成为诸多国际知名大学，如美国的马里兰大学、俄罗斯的赫尔岑国立师范大学等寻求合作的对象，学校也因此成为联合国国际签约高校合作平台唯一的中国理事单位和国际大学翻译学院联合会中的唯一的中国理事高校。

学院的毕业生有在联合国从事专业口笔译工作的专职译员；也有在我国外交外事部门如外交部和上海市外办从事专业口笔译工作的专业译员，如目前在上海市外办工作的专业译员中，80%是本学院的毕业生；还有在很多中外资企业中担任主要翻译的，包括汇丰银行、花旗银行、迪士尼度假区、平安集团、德勤会计师事务所等；已毕业的外国留学生有在欧盟和各国使领馆中担任翻译工作的。

12. 案例的推广性

2006 年起，高翻学院凭借翻译专业人才培养的国际经验，协助国务院学位办完成了翻译硕士专业学位的建设论证工作。2007 年，国务院学位委员会批准设立翻译硕士专业学位，高翻学院成为首批兼具口译和笔译方向的 MTI 人才培养单位。

2010 年，教育部在全国设立专业学位综合改革试点，高翻学院被选为全国两个翻译硕士专业学位综合改革试点单位之一，承担着引领和探索翻译专硕人才培养道路的开路先锋责任。2011 年 10 月，受国务院学位办委托的翻译专硕教育指导委员会专家评估组对高翻学院的翻译硕士专业学位的试点改革进行了中期考核，并给予了高度肯定，认为该学院的专业翻译人才培养体系具有很大的创新性、应用性和推广性。

2011 年，上海市学位委员会将高翻学院的翻译硕士专业学位综合改革作为上海市研究生教育创新计划的亮点，将学院的专业翻译人才培养体系在上海市 11 所翻译硕士培养高校中进行初步推广，并将学院研制的“上海市翻译硕士专业学位论文基本要求和评价指标体系”作为上海市翻译硕士院校的翻译硕士专业学位论文的评价指标体系。

13. 案例中遇到的问题与解决方案

遇到的问题：①师资队伍建设方面。由于我国翻译硕士专业建设时间较短，无论是业界还是学界，都缺乏相当数量的合格专业师资，加上高翻学院对专业师资的聘用要求又很高，学校的人才招聘政策也存在一定的瓶颈，这样在学生招生规模不断扩大的情况下，学院的师资数量难以完全满足现有和即将扩大的教学规模需求。②语对组合方面。与国际同类高翻学院相比，上海外国语大学翻译硕士专业学位的语对类别还不够多，还不能充分满足社会对各语种组合的高层次翻译人才的需求。③场地设施。教学、办公和学生联系场所不足，教师办公条件艰苦，学生上课和课后练习场地没有保障。

解决方案：首先，学院将进一步探索专业师资评聘机制，拟在现有师资队伍的条件下，进一步探索多语言结合、国际国内结合、学界业界结合、专职兼职结合、培养和引进结合的师资队伍建设措施，打造翻译专业学位的师资队伍。其次，学院将进一步充分利用已有的国际合作平台，特别是联合国签约高校和国际大学翻译学院联合会成员这两个国际平台，继续探索国际合作下的多语言翻译人才培养模式。学院正积极扩展国际国内、校际校内多层次合作，继续逐步壮大翻译硕士专业学位的教育语言组合。最后，学校相关职能部门想方设法，通过虹口校区教室流动等制度，切实解决一些问题。

三、案例述评

上海外国语大学高翻学院作为全国两个教育部翻译硕士专业学位综合改革试点单位之一和上海市研究生教育创新计划改革试点单位，在教育部“专业学位教育改革综合试点”、“2010 上海市研究生教育创新计划实施项目”、“211 工程”课题“二十一世纪多语言国际化创新人才培养基地”、上海市研究生教育创新计划“翻译专硕实习实践基地平台”等项目的支持下，围绕高端专业翻译人才这一目标，探索出了具有国际先进水平的新思路和新做法。

案例撰写联系人：

张爱玲、李朝飞、周方舟（上海外国语大学高级翻译学院）

主要合作单位案例撰写联系人：

李正仁（联合国驻日内瓦办事处会议管理司）

南京大学翻译专业学位培养案例

The Cultivating Case of Translation and Interpreting Professional Degree of Nanjing University

一、案例简介

1）案例特点：以培养高层次、应用型、专业翻译人才为办学目标，以“开放办学、实践为重、协同发展”为办学特色。

2）案例启动时间：2008 年 9 月。

3）案例合作方：外语教育与研究出版社、蒙特雷国际研究院、墨尔本大学等。

4）案例主要创新点：培养模式创新和管理机制改革。

二、具体案例撰写

（一）案例背景

南京大学英语系的翻译硕士专业学位旨在培养与国家改革开放、经济建设、社会发展密切联系、具有扎实英汉双语翻译功底和相关理论知识的实用翻译人才。

该学位点为 2007 年全国首批翻译硕士专业学位（含笔译方向和口译方向）授予点之一，主要依托于南京大学外国语学院英语系。该系具有百年优良学术传统，其英语语言文学专业是国务院学位办于 1981 年批准的首批博士点，2002 年、2007 年获批为国家重点学科；英语专业亦是江苏省高校品牌专业，入选教育部高等学校特色专业建设点，多次获国家级教学成果奖。南京大学英语系师资队伍结构合理，其中教授、副教授为 22 人（博士生导师 13 人），专业课教师均拥有博士学位，以及丰富的翻译实践经验。此外，学生的业务素质也较高，在国内外各类专业比赛中屡获佳绩。

（二）创新理念与培养目标

在遵循翻译硕士培养的一般规律的基础上，根据专业学位教育的特点，该学位点借鉴、吸收国外高层次翻译专门人才培养的有益经验，结合我国国情特别是翻译实践领域的实际情况，积极探索具有中国特色的翻译硕士研究生教育体系。

该学位点以培养德智体全面发展的英语笔译人才为目标。学生毕业后能够承担多种工作：①外交外事部门、党政机关涉外单位的文化翻译、宣传、公务工作；②高校和科研机构的翻译、教学、研究工作；③对外经济贸易部门和对外经济贸易企业的业务工作和行政事务；④新闻出版单位的编译、编辑及其他相关工作；⑤国际驻华及海外机构事务工作；⑥其他涉外和国际交流的业务工作。

（三）主要流程及运行

1. 制度建设

该学位点制定了一系列翻译硕士管理文件，编制了南京大学全日制翻译专硕专业实践考核表等表格，从制度上保证了翻译硕士专业学位教育的顺利开展。

2. 培养方式

1）学分制。学生必须通过规定课程的考试，成绩合格方能取得相应学分；修满规定学分，方能撰写学位论文；学位论文答辩通过，方能申请翻译硕士专业学位。

2）实践与教学相结合。注重翻译实践和翻译案例分析能力的培养；翻译实践贯穿教学全过程；部分翻译实践课程采用项目翻译的方式授课：教学单位承接翻译任务，学生课后完成翻译任务，教师在课堂进行讲评；要求学生累计完成至少 10 万—15 万字的笔译实践。

3）导师组集体培养。导师组以具有指导硕士研究生资格的教授为主，并邀请外事与企事业部门具有高级专业技术职称（务）的翻译人员参加，逐步实行由学校教师与译员或编审共同指导的双导师制。

3. 管理方式

该学位点注重机构管理和服务工作的规范化，不断完善教育工作制度和管理条例。

1）设立翻译硕士管理机构。南京大学翻译硕士专业学位教学指导委员会由主任委员 1 人、副主任委员 3 人、委员 11 人组成。该委员会下设翻译硕士教育中心，设有中心主任、副主任和秘书，并聘有一名专职工作人员负责日常工作。

2）强化教学管理。该学位点建立了任课教师—中心秘书—中心副主任—中心主任逐层负责、监管的教学管理制度，每学期及时进行教学档案归档整理，以规范教学过程和课程建设。

3）严控毕业论文质量。该学位点制定了详细的毕业论文撰写指南，对毕业论文进行全过程质量跟踪与监控。论文答辩后，学生须根据答辩意见在规定期限内完成修改，修改稿经审合格后方能获得学位证书。

4）充分服务学生。该学位点为翻译硕士提供了良好的教学条件和学习资源，除设有翻译硕士专用翻译实验室外，还设有翻译硕士专用图书资料室。此外，该学位点还注重通过广泛运用现代通信手段，以及学生沙龙、协会等方式，与学生保持密切联系，为其学习、实践提供及时有效的组织和指导。

4. 生源遴选与规模

该学位点根据全国翻译专业学位研究生教育指导委员会对招生考试的规定和要求，结合南京大学现有科学学位研究生招生考试制度，确立了翻译硕士专业学位招生考试制度。2010 年以来，已招收培养了 7 届全日制翻译专硕。2013—2016 年，报考人数逐年上升，招生规模持续扩大，生源质量不断提高。

5. 师资配备

该学位点重视开发高水平专业翻译教师资源，根据南京大学外国语学院英语系教师的翻译成果和实践经验整合调配师资力量，积极吸收来自涉外企事业部门具有高级专业技术职务和丰富实践经验的专业翻译人员参与教学，建立了一支致力于专业学位教学、结构合理、梯队完备的教学团队。

翻译硕士教育中心有近 10 名实践经验丰富、教学水平高、专业背景好的校内教师，同时还聘有 7 位来自翻译实践第一线、熟悉翻译市场、有专业翻译经验和一定教学经验的外聘教师。外聘教师通过讲座、集中授课、独立承担课程、合作承担项目、合作指导论文等方式，直接参与教学全过程，实现了校企共建。

为规范外聘教师的聘用和教学管理，翻译硕士教育中心制定了《南京大学翻译硕士专业学位教育中心外聘兼职教师聘任及管理办法》，对外聘教师进行岗位培训，并指定联系教师，以确保与学校教师间的信息共享和联系沟通。

6. 课程设置（含案例教学）

课程分为 A（公共基础课）、B（专业基础课），C（专业实践课）、D（各类选修课）四类，其中 C 类课程包括案例课程、工作坊课程、行业嵌入式课程，

B、D 类课程根据培养方案可安排案例课程或实践课程，总学分不低于 38 学分（含实习）。翻译硕士的实习可采用在（顶）岗工作或实习等多种方式进行。

7. 实践安排（含校企合作基地建设等）

1）实践时间。翻译专硕在学期间，必须保证不少于半年的实践教学，一般在二年级进行专业实践。

2）实践安排。实践可采用集中实践与分段实践相结合的方式。培养单位根据培养要求，结合社会需要，具体明确教学实践、工程实践或社会实践的任务，并落实实践单位和校外指导教师。翻译专硕需提交实践学习计划，撰写实践学习总结报告，填写“南京大学全日制翻译专硕专业实践考核表”，并分别由实践部门、导师和院系审核评定。实践环节的成绩采用等级制，成绩合格者获得相应的学分；成绩不合格者，不能进入毕业论文撰写阶段。

3）实践基地。在改革试点过程中，该学位点摸索出了一套可操作性强的“学企共建合作模式”，即由翻译硕士教育中心联系可靠的实习单位，为学生提供实习岗位，以校企合作的方式推进学生实践。与业界的合作不仅有益于帮助学生确定毕业论文选题，也有益于提高他们的学习积极性，还有益于获得第一手的实践经验。

8. 论文工作

学位论文是全日制翻译专硕培养的重要部分。学位论文的写作时间为一学年，学生一般从第四学期开始论文的准备工作。

该学位点结合办学实际和教学特色，针对翻译能力培养应用性强的特点，强调论文选题应来源于现实问题，突出对学生翻译应用能力的培养和评估。翻译硕士教育中心制定并逐步完善了《南京大学翻译硕士专业学位论文写作规范》，确立了学位论文以翻译实践为基础、以翻译评注为中心的基本原则；规定、详解了学位论文的撰写过程、组成部分、格式、文献引用等。为确保论文的整体质量，该学位点全面监控学位论文的撰写过程，从选题、开题、初稿、盲审到答辩等各个环节，通过论文研讨课、导师审查、院系盲审和论文答辩等方式，严控论文质量。这一系列措施取得了良好的效果，如有毕业论文入选江苏省优秀学位论文。

9. 学位授予

翻译专硕只有完成课程学习及实习实践环节，取得规定学分，并通过学位论文答辩，经学位评定委员会审核后，才能获得翻译硕士专业学位，同时获得硕士研究生毕业证书。

10. 就业发展

近年来，该学位点毕业生的就业率达到 100%，且毕业生由于在校期间接受了充分的翻译实践训练，受到了用人单位的广泛好评和欢迎。

11. 学术交流（包括国际、国内交流）

（1）国际交流

该学位点积极探索国际合作培养模式，与蒙特雷国际研究院、墨尔本大学确定了合作培养关系。已有多名学生参加校际交换留学项目，并获得蒙特雷国际研究院和墨尔本大学的硕士学位。

（2）国内交流

翻译硕士专业获批成为教育部开展专业学位研究生教育综合改革试点单位以来，根据《教育部关于开展研究生专业学位教育综合改革试点工作的通知》中“通过支持部分高等学校先行试点，创造具有推广价值的好经验、好做法，进而发挥典型引路、示范带动的作用”的指示，南京大学有意识地发挥该学位点对驻宁高校中的引领作用，努力推广“校企共建双赢”的办学理念，尝试创建培养实用高层次翻译人才的“南京模式”。

为此，该学位点成立了“南京翻译硕士联合会”，在驻宁高校翻译硕士培养单位和企业之间开展交流和合作，不定期召开校企联合会议，帮助在宁翻译硕士培养单位及时了解企业紧缺的翻译人才需求，从而向企业输送优秀翻译人才，达到校企共进双赢。已成功举办六届的“南京翻译硕士联合会”拓展为“江苏翻译硕士联合会”，为各实习基地的良性运作提供了更有力的保障，也便于江苏高校翻译硕士培养单位间互通有无，推动区域内翻译硕士教育事业的共同发展。

该学位点还鼓励并帮助学生参加国内各类翻译交流活动，并在核心期刊等刊物上发表论文 4 篇，出版译著 30 余本，多名学生的译著已由国内知名出版社出版。学生还积极参与了江苏省公共场所公共标志英文译写实况调查，且调查报告被《江苏省公共服务领域英语使用监测与研究》收录。

12. 与相近学术型学位的差异性

翻译硕士专业学位与学术型学位的差异体现在培养目标、课程设置、培养过程、培养模式、论文要求等方面。

1）从培养目标看，学术型学位偏重学术研究与创新能力的培养，而专业学位则偏重翻译实践能力的培养。

2）从课程设置看，学术型学位不设置专业实践课程和案例课程，主要偏重专业理论学习，而翻译硕士专业学位则设置了专业实践课程和案例课程，注重实践能力的培养。

3）从培养过程看，学术型学位的学生主要是在校内导师的指导下开展理论研究和论文写作，而专业学位的学生则是在校企双导师的共同指导下开展翻译实践并完成学位论文。

4）从培养模式看，学术型学位学生主要依托学院或学科的校内导师的指导培养，而专业学位实行的则是校企协同、深度融合的全过程培养模式。

5）从论文要求看，学术型学位论文强调理论研究与创新，要求具有一定的理论深度和较高的学术水平，而专业学位论文则偏重实际翻译问题的解决及翻译原则和理论的应用性研究。

13. 案例中遇到的问题与解决方案

1）翻译硕士专业学位培养目标需紧扣应用。在培养目标方面，所有翻译硕士培养单位都面临一个挑战，即与传统的英语语言文学专业翻译方向硕士的培养形成区分和互补。该学位点在翻译硕士的培养上，紧扣“实践”和“应用”，以市场对人才的需求为导向，以培养具有国际竞争力的多层次复合型高级人才为目标，以提升学生的综合能力为标杆，通过课程设计、实习实践、课外指导等多种模式和环节，培养知识与技能相结合、技术与管理相结合、能力与素质相结合的学生。经过多年的积累，南京大学翻译硕士专业学位学生已形成品牌效应，获得企事业单位的广泛认可和欢迎，不少毕业生已经成长为所在单位的骨干，更有佼佼者已任部门负责人。

2）翻译硕士专业学位师资需加强建设。由于尚未建立专门针对从事专业学位教育的专业教师的考核和晋升机制，这在一定程度上影响了教师的教学投入和改革热情，因此需探索并建立科学合理的教学评价和教师激励机制，关注专业学位教师的成长与发展。该学位点在师资队伍建设过程中，一方面积极提升专业教师的认同感，通过各方面的激励来激发教师的主动性，通过实施教改项目增加教师的教学投入，保证教师的教学热情；另一方面积极引进行业师资，如与华为南京研究所合作开设翻译项目管理与实践课程，实现产学研的全面对接和协调，助力翻译硕士教育中心的师资队伍建设。

今后，该学位点将继续积极探索和完善翻译硕士专业学位培养模式，推动翻译硕士教育的可持续发展。

14. 案例的推广性

该学位点的管理文件制作规范，各类文件、表格齐全，师生查阅、使用方便。在招生工作中，该学位点注重扩大优质生源，科学选拔。在校企共建工作中，该学位点制定了共建单位准入条件：国家正式企事业单位；具有相当规模及知名度；设有专业翻译机构及专业高级译员；具有教学设施及能力；有专人负责指导实习工作。华为公司、江苏省工程技术翻译院有限公司、译林出版社、外语教学与研究出版社、上海译文出版社、江苏电视台国际频道、《英语世界》杂志社等七家共建单位，既为学生提供了实习机会，也便于它们挑选人才。

随着该学位点工作的展开，管理、招生宣传、实习实践基地建设等工作都在不断完善，具有较强的推广性。

三、案例述评

2010 年 10 月，南京大学翻译硕士专业获批成为教育部开展专业学位研究生教育综合改革试点单位；2011 年 10 月，通过中期评估；2013 年 4 月，顺利结项，成为首批通过全国翻译专业学位研究生教育指导委员会评估的学位点。

翻译教学离不开实践。该学位点秉持实践教学的理念，注重应用型人才培养的社会效益，将课堂教学内容延伸至课后学生实践，用实践成果加强课堂学习效果。近年来，该学位点通过对笔译教学的资料库和相关翻译软件系统的完善，积极组织学生利用笔译教学辅助设施参与包括 2014 年南京青奥会翻译工作、国际大型会议翻译工作在内的各类翻译活动。同时，该学位点进一步整合教学资源，加强实习实践基地建设，开展与企事业单位的合作，与翻译公司合作建立实习实践基地，通过顶岗实习等方式为学生营造真实的翻译工作环境，帮助其尽早熟悉实际翻译工作流程，缩小教学目标与未来岗位需求间的差距。

该学位点通过探索和实践，不断改进机构设置、招生考试、课程设置、教学模式、教师聘任与教学评估、翻译实验室建设、实习基地建设、国际合作培养、学位论文写作、地区辐射作用等工作，以达到培养模式创新和管理机制改革的目标。

案例撰写联系人：

何宁、仇蓓玲、陈星（南京大学外国语学院）

北京大学新闻与传播专业学位培养案例

The Cultivating Case of Journalism and Communication Professional Degree of Peking University

一、案例简介

1）案例特点：适应学科与应用发展需要、适应产学研发展需要、尊重研究生教学规律。

2）案例启动时间：2011 年。

3）案例合作方：英国牛津大学，新加坡理工大学，美国纽约大学、密苏里大学新闻学院、斯坦福大学、加利福尼亚州立大学等。

4）案例主要创新点：适时新增和调整专业方向、尊重学生的主体地位、善于整合学术资源和行业资源。

二、具体案例撰写

（一）案例背景

北京大学新闻与传播专业学位研究生主要依托北京大学新闻与传播学院和北京大学新媒体研究院培养。[①]北京大学是中国新闻学和新闻教育的摇篮，是国内最早开设新闻学课程的高等学府，也是新中国成立初期全国院系调整后第一个新设新闻学专业的大学。2001 年 5 月 28 日，北京大学恢复成立新闻与传播学院，学院下设 4 个系：新闻学系、传播学系、广告学系、新媒体与网络传播系。2014 年 2 月，为适应学科和社会发展需要，北京大学在原新媒体与网络传播系的基础上，成立了新媒体研究院。新媒体研究院致力于新媒体传播、新媒体产业政策、新媒体经营管理、网络用户行为分析、新媒体教育、新媒体技术、网络安全、数据挖掘等领域的教学与科研。

北京大学设有新闻与传播学一级学科博士点，新闻学、传播学、新媒体学 3 个二级学科博士点，是教育部首批新闻与传播专业学位教育试点院校之一。历经实践与探索，新闻与传播专硕下设 3 个专业方向，分别是新媒体、健康传播、财经新闻。

（二）新闻与传播专硕项目概况

如上所述，北京大学新闻与传播专硕招收新媒体、健康传播、财经新闻三个方向的研究生。其中，新媒体方向每年的招生规模为 40—45 人，包括推免生约 25 人，全国联考生约 15 人。该方向学生生源质量优异，培养质量突出，首批 40 名毕业生在各类学术竞赛中取得优异成绩，在学术期刊发表论文 10 余篇，在国家级或行业类学习、科研竞赛中获奖 10 余项，多数就职于相关政府部门、事业单位及一线互联网企业的核心岗位工作。

健康传播方向每年的招生规模为 15 人，包括推免生约 10 人，全国联考生约 5 人。在当前媒介化社会中，媒体特别是新媒体传播发展速度加快，北京大学借助多年培养专硕的经验，整合学科资源，占领学术制高点，发挥强强联合的优势，开展健康传播方向专业学位研究生的培养，力争为社会培养出一批既懂医学又掌握传播规律的高质量的复合型人才。

① 本文案例中所有数据及资料均来自北京大学新媒体研究院和北京大学新闻与传播学院。

（三）主要流程及运行

1. 招生机制

1）兼顾推荐免试与全国联考的选拔方式。北京大学新闻与传播专业学位在招生中兼顾推荐免试与全国联考等不同选拔方式的优势，保证不同类型和特质的优秀生源均能够进入该项目学习。其中推免生与全国联考生的比例接近 1∶1。

2）鼓励跨学科和交叉学科学生报考。为适应学科发展和人才培养目标的需求，北京大学鼓励不同学科背景的学生报考新闻与传播专硕。其中，新媒体方向的研究生的学科背景涉及文学、史学、法学、政治学、社会学、经济学、管理学、数学、统计学、计算机与信息科学等。跨学科的背景与新媒体学科的多学科属性相吻合，具有不同知识背景的优秀学生更能够在硕士阶段的学习中交融互鉴，从而更好地适应文理兼容的培养方案。

3）逐步建立和完善招生考核内容与标准体系。在招生考核方面，该学位点逐步建立起规范化的考核内容与标准体系。考核不设推荐书目，不以考核知识点和单一理论知识为重点，而是依托基础知识和阅读材料，注重对事实判断能力、理论分析能力、逻辑思辨能力以及文字与口头表达能力的考核。

2. 人才培养模式

北京大学新闻与传播专硕在实践中探索出了一系列较有特色的培养模式。

1）双导师制。该学位点聘请了 42 名来自政府机关、媒体和互联网企业等具备丰富业界经验和系统理论知识的业界导师，在此基础上开设了一批高质量的实务课程，并在实践过程中不断发展完善。

2）跨学科的师资队伍。发挥北京大学综合学科优势，根据学科发展需要和人才培养目标，积极吸纳校内不同学科背景的教员参与新闻与传播专硕的教学工作，师资队伍的学术背景横跨传播学、情报学、管理学、社会学、心理学、计算机科学、哲学、史学、政治学、法学等学科。

3）文理兼备的课程体系建设。课程设置坚持前沿性与基础性、理论性与应用性、技术性与思想性的统一，致力于培养既掌握不断发展着的媒介技术又具有新闻传播专业素质和不同行业学习潜力的复合型人才。

3. 办学目标与特色

北京大学新闻与传播专业学位致力于培养学生以下素养和能力：具有国家情怀与人类使命感；兼具人文素养与科学素养；具有思辨能力及分析能力；具备现代传播观念及专业写作与分析能力；树立职业道德及职业认同感。

1）新增和调整专业方向。北京大学率先在全国成立新媒体与网络传播系，最早开始培养新媒体方向研究生，2014 年将新媒体方向作为新闻与传播专硕的一个重要研究方向，并明确了该方向的教学科研内容、目标和培养方案。

2）因材施教，注重增强学生学习的自主性。例如，学院实施的模块教学，将教学计划分为理论模块、实践模块、实务模块三部分，学生只需要在各模块修够相应的学分即可，在兼顾理论与实践素养的基础上，切实增强了学生学习的自主性，使学生的特长及兴趣得到了充分施展及培养。

3）以研究引领教学。坚持科研、学科、人才三位一体，研究项目关切社会现实，具有鲜明的问题导向，以服务国家、机关、企业实际需求为基础，将实践性、理论性研究项目或问题带入教育，注重方法训练，培养学生研究问题、解决问题的能力。

4）文理兼容跨学科。在招收阶段，秉持宽口径、文理兼收原则，重视学生的基本学术素养；在教师队伍构成方面，强调教师的跨学科、多元学术背景；在课程设置方面，培养方案全面、灵活，既有偏重互联网技术领域的数据挖掘、程序编写课程，也有偏重互联网传播、互联网伦理的社会科学训练，还有充满哲学思辨气息的理论研讨课程和行业前沿的讲座课程。

5）注重实践的同时引领实践。学生可通过课堂教学、科研项目、社会实践等多方面了解行业前沿动向，除业界导师直接指导学生实践外，也邀请一线创新者进行课堂讲座。学校创办产学研联合实验室改善科研环境，促进科研成果转化，现已与企事业单位合作建立了舆情管理与产业情报实验室、信息交换与网络安全实验室、新意互动互联网战略实验室等多个实验室和研究基地及实习基地。

4. 课程体系及教学规范建设

课程设置坚持前沿性与基础性、理论性与应用性、技术性与思想性统一；课程体系模块化从理论、方法、应用三个维度建构学生的知识结构。

新闻与传播学科发展迅速，北京大学引领性地开设了一套核心课程体系，在全国相关学科中具有示范性作用。北京大学在对学科课程体系、培养方案以及教学方式等方面进行了充分调研，并分析了国内外经验的基础上形成的课程体系得到了业内的认可，引进的小学分制、集中授课、联合授课以及模块化教学等方式取得了良好效果。

5. 国际化培养

近年来，北京大学致力于整合学术资源，通过实施人才国际化战略，积极与美国、英国、日本等国家的机构共同筹建国际合作基地，与国外知名大学、研究机构开展项目合作、交流学习，以形成良好的人才合作、共同培养机制，建设国际一流的学术研究队伍。

北京大学致力于与美国印第安纳大学开展联合培养新闻与传播专硕（新媒体

方向）双学位项目。两校学分互认，学制为3年，学生修满项目规定的学分并通过论文考核后，将获得北京大学新闻与传播专硕（新媒体方向）学位和印第安纳大学传媒艺术与科学硕士学位。该项目单独招生，每年约招收10人。

此外，北京大学已经建立的国际合作交流项目包括：与英国牛津大学共同举办暑期课程班；与新加坡理工大学交换留学生；丹麦政府资助学院学生赴哥本哈根大学学习；与日本电通公司的中日营销传播交流项目，如举办电通广告讲座，派遣教师赴日进修；与美国、日本、英国、俄罗斯、法国等国的多所名校合作教学、讲学和研究；与教育部留学服务中心共同举办北京大学留学预备班。

6. 导师遴选与管理（含实务部门兼职导师）

作为新闻与传播专硕教育的引领者，北京大学致力于建立一支科研能力突出、教学水平优异、年龄学历结构合理的高水准师资队伍。师资队伍由三类导师组成：一是北京大学新闻与传播学院内的导师；二是北京大学校内其他学科的导师；三是经北京大学研究生院审核通过的校外兼职导师，并对校外兼职导师进行一年一度的考核，考核不合格者，停止聘用。北京大学新闻与传播专硕点已有导师 79人，其中教授22人，副教授13人，讲师2人，校外兼职导师42人。

7. 毕业实习及社会实践

在培训时，高度重视通过实习、实践等经历强化学生的实务能力。

1）通过共建、合作等方式建立一批实习实践基地，已经建成的或长期合作的教学实践基地有20余个，既包括新华社、中央电视台、《人民日报》等传统媒体，也包括腾讯、新浪、百度等新媒体形态的互联网公司。学生通过短期实习、参与业界合作课题等方式，极大地提高了分析问题、解决问题的能力。

2）开放各类研究机构和产学研平台，鼓励研究生以学生助理或研究助理的身份参与实践、实习互动。北京大学互联网发展研究中心、北京大学新媒体研究院社会化媒体研究中心、舆情管理与产业情报实验室、信息交换与网络安全实验室、新意互动互联网战略实验室等常年为专硕提供实习、实践岗位。

3）指导学生积极参与院校两级单位组织的各类研究生实习和社会实践活动。例如，组织新闻与传播专业学位研究生赴香港参加香港国际创客节。

8. 学生就业

优质的生源、扎实的培养使得北京大学新闻与传播专硕毕业生除继续读博深造外，基本实现每年 100%的就业率，就业竞争力在全国名列前茅。值得指出的是，在国家“大众创业，万众创新”的引导下，涌现出一批自主创业并取得成功的毕业生。

9. 近年来改革的主要举措及成果

针对新闻与传播专硕培养工作中出现的新机遇、新挑战，近年来，北京大学新闻与传播专硕项目以全面提升学生综合素养为核心，着力发现问题，探索改进方法，取得了一些新进展。

1）发挥校内外资源的优势，重点支持和建设了一批学科跨度大、应用性强、影响力大的课程。北京大学集合不同学科的师资力量，建设了一批精品跨学科课程，并充分利用校外导师资源，建设了一批优质的实务课程，切实训练并提升了学生的实践能力，深受学生欢迎，并获得了极好的口碑和社会效益。

2）认真总结过去专硕培养的两种不良倾向，即要么过于重视知识和理论轻视实践与实习，要么过于重视实践过程中的操作和应用忽略研究性探索。北京大学新闻与传播专硕项目的定位在于研究性学习、探索性实践，鼓励学生以问题为导向，熟练使用理论与方法的双重“武器”，提升在实践中发现问题、解决问题的能力，做引领未来的传媒人。

3）将新闻与传播专硕的培养任务交由不同院系执行，以便不同院系根据各自既有学科优势和教学资源形成各具特色的专业方向。

三、案例述评

北京大学新闻与传播专硕项目近几年改革措施的创新点主要体现在以下几个方面。

1）因势利导，尊重学科发展规律，适时新增和调整专业方向。根据技术、应用和学科发展需要，结合培养单位特色，新增了新媒体方向和健康传播方向，且新媒体方向的首届毕业生得到了社会各界的广泛好评。新媒体方向的设立在全国范围内起到了示范效应，促进了新闻与传播专硕的不断发展和完善。

2）因材施教，尊重学生的主体地位，改变传统的必修与选修模式，转而采用模块教学，学生在达到基本的专业要求的基础上，可根据自己的兴趣特征和发展方向组合学习单元，突出个体差异和特色培养。

3）依托培养单位，整合北京大学的学术资源和新闻与传播行业资源，选拔优秀师资，建构更加合理、规划、精品的课程体系。

未来，北京大学新闻与传播相关院系将继续以培养引领行业的高质量人才为目标，不断探索新闻与传播专业学位工作实践中符合时代需要与教育规律的教学、培养举措。

案例撰写联系人：

谢新洲、李星怡（北京大学新媒体研究院）

首都师范大学文物与博物馆专业学位培养案例

The Cultivating Case of Cultural Heritage and Museology Professional Degree of Capital Normal University

一、案例简介

1）案例特点：理论基础、实践技能、创新型人才。

2）案例启动时间：2013 年 2 月。

3）案例合作方：中国社会科学院考古研究所文化遗产保护研究中心。

4）案例主要创新点：管理制度与机制创新、招生环节创新、培养过程创新、论文环节创新。

二、具体案例撰写

（一）案例背景

文物与博物馆硕士（简称文博专硕）是社会急需的专业，国家最新修订的《中华人民共和国文物保护法》《博物馆条例》中都有相关人才培养和建设的内容。我国考古文博类人才主要为学术型学位研究生，缺乏面向基层、实践性强的人才，而文物修复与保护、文物鉴定、博物馆展陈设计、文化遗产保护和规划等专门性复合型人才是各级博物馆、文物管理部门及文物研究和鉴定机构所急需的。

鉴于此，学校文博专硕自设立之初，即从产学研人才培养模式出发，面向行业急需人才，开展学科规划与设计，设定并招收文物修复与保护、博物馆学、文化遗产学等方向的研究生。结合多年的培养经验，积累了大量相关专硕培养的实践经验，总结出了不少应用性案例。这些案例可以广泛应用于田野考古中文物的提取与修复、馆藏文物的修复与保护，以及物质文化遗产和非物质文化遗产的保护、利用与研究。

本案例基于首都师范大学历史学院和中国社会科学院考古研究所文化遗产保护研究中心的长期人才联合培养实践，主要论述实验室考古、文物修复和文物保护、文化遗产规划等内容。

（二）创新理念与培养目标

文博专硕旨在培养掌握一定专业理论与方法，具有扎实实践技能的，可以从事室内发掘、文物修复、文物保护、文化遗产保护规划与博物馆展览设计等工作的复合型人才。掌握实践技能是文博专业人才的核心基础。

（三）主要流程及运行

1. 制度建设

围绕学生专业实习和实习基地的特殊情况，首都师范大学历史学院和中国社会科学院考古研究所文化遗产保护研究中心签订了长期合作协议，同时就学生实习计划、专业课程、导师聘任、成果鉴定、毕业论文选题和写作等方面制订了一系列方案，以保障实习的长效性和实际效果。

2. 培养方式

人才培养方式主要是校内外导师负责制，校内外导师合作培养的方式，取得了良好的效果。

3. 管理方式

采取校内管理和基地管理并行的方式，在校期间，学生的主要任务为上课和写作毕业论文，由学校统一管理；在基地实习期间，学生一方面要遵守学校规章制度；另一方面要严格遵守实习单位的规章制度。

4. 生源遴选与规模

学院根据导师的建议和学生的兴趣以及毕业论文的选题，来选拔专业对口、方向合适的学生赴基地实习，基本上每年选拔 8—10 人。

5. 师资配备

在教学师资上，学生在基地实习期间，原则上主要由基地导师负责指导实践，同时，校内导师也会经常和学生交流，以帮助学生解决实习中遇到的学术问题，多数是关于如何依据实习内容确定毕业论文的选题和构思等问题。这也真正体现了人才培养方案中的校内外导师负责制原则。

6. 课程设置（含案例教学）

校内授课课程主要包括考古学理论与实践、博物馆与文化遗产专题、博物馆展览设计、青铜器鉴定、文物学概论、陶瓷鉴定、玉器鉴定、书画鉴定等。实习基地授课课程主要包括实验室考古理论与方法、现场文物保护与处置、文物修复、文物保护学、文化遗产保护规划等，主要是现场教学或参与项目，真正做到理论与实践相结合，从实践中提升专业技能。

7. 实践安排（含校企合作基地建设等）

在实践安排上，学院主要根据学生研究方向（主要包括实验室考古、金属器修复与保护、陶瓷修复与保护、文化遗产保护与规划方向）安排不同的实习场所，配备不同的指导教师。一般来说，至少是 6 个月的实践，有的根据项目进展情况，实践时间长达 1 年半到 2 年，以达到更好的效果。

8. 论文写作

在实习期间，学院鼓励学生从实习内容出发，撰写实习报告和经验总结，并取得了良好效果，表现为学生的多篇论文被直接发表在期刊或论文集中。

9. 学位授予

学生如果通过培养计划中的课程学习、专业实践、毕业论文及答辩等环节，便可申请文博专硕学位；如果不能按照培养计划通过这些环节，则需要延期，直至完成规定任务。

10. 联合培养

学校提供理论学习平台和师资、学术等资源，校外基地提供实习场所、师资配备、实习机会及实践指导。毕业论文的选题、论文框架以及论文所需要的实验条件和实验设备等，由双方导师共同商议决定，并为学生顺利完成毕业论文直至通过答辩提供全程指导和保障。

11. 专业学位教育资质与职业资格认证

文博专硕尚不具备教育资质认证的条件，在将来职业资格认证的条件、政策保障等方面成熟的前提下，会考虑专业学位与职业资格认证的相关度和联系，这有利于提高专硕报考人员的积极性，大幅增加专硕人才培养中的生源质量和数量，也可以推动专硕的人才培养由理论型向实践型过渡。

12. 对外交流（包括国际、国内交流）

文博专硕学位点基于学校历史学院和学校的对外交流渠道，积极推荐学生赴境外访学，如英国、意大利、美国、日本以及中国台湾地区，并已有数名学生赴意大利威尼斯大学、英国伦敦艺术大学、日本广岛大学等大学访问交流，还有多名学生赴美国参加暑期学校，获得了很好的实践体验。

国内的学术交流主要通过学术会议、访学、学术考察等方式进行。学校配有专项经费支持学生参加全国高校学生考古论坛和北京高校考古研究生论坛等，还与京内的北京大学、中国社会科学院考古研究所、中央民族大学、中国人民大学等高校和研究所，京外的山东大学、西北大学、南京大学、复旦大学等高校，以及京内外多所博物馆和文博机构开展专业考察与学术交流活动，拓宽了学生视野，取得了很好的培养效果。

13. 与相近学术型学位的差异性

学校考古学学术型学位主要培养从事基础研究的理论型人才，包括考古学理论、考古学研究、博物馆学理论、文化遗产理论等。与文博专硕的培养方式相近的专业主要有博物馆学、文化遗产学和科技考古学等。博物馆学学术型学位偏重理论研究，如博物馆学概念、博物馆发展史、研究对象、藏品研究、博物馆功能等，而博物馆学专业学位偏重实践性和可操作性，如博物馆展览设计、博物馆藏品管理等；文化遗产学学术型学位偏于文化遗产学学科构建、研究对象、价值认知等，而专业学位主要培养实践型人才，偏重于遗产管理、旅游利用、遗产保护规划、文物保护等。

14. 案例成效

部分实习学生以此为基础，完成了毕业论文选题和设计以及论文所需材料的实验和写作等。多位学生毕业后在相关文博机构工作，如国家博物馆文物修复中心、故宫博物院文保科技部、首都博物馆文物保护实验室，也有4—5名学生毕业后留在研究中心的纺织品修复与保护、实验室考古中心、青铜器修复与保护、文化遗产保护与规划等部门工作，并取得了很好的效果，得到了用人单位的肯定评价。在基地，还有多位学生将持续开展实验室考古学、文化遗产保护规划等专业实践，且他们的毕业论文选题大多与此相关。学校和研究中心从招生、培养到实践等各个环节，已经形成良好的合作模式，取得了很好的持续性人才培养效果。

15. 案例拓展

在研究中心开展人才联合培养的专业方向为实验室考古、文物修复与文物保护，并取得了一定成效。而研究中心仍然有很多值得双方进一步深入合作的研究领域和方向，如博物馆展览设计、文化遗产保护与规划、考古地理信息系统、科技考古等，双方也有进一步的人才合作培养计划。学校已经派2015级、2016级3—4名学生在该基地参与博物馆展览设计和文化遗产保护规划项目，并取得了很好的效果，并且已经和中国社会科学院考古研究所科技考古中心商定，充分利用该中心国家级研究中心的资源优势和实验室优势，以及国际化的人才优势，鼓励文博专硕学生积极参与项目实践，学习实验技能，掌握科研方法，在科研实践中不断成长。

16. 案例中遇到的问题与解决方案

该案例的人才合作培养模式在实践过程中也遇到了一些问题，如学生的专业基础薄弱、学术背景差异较大、学习积极性不高、实习过程中生活上的问题，以及实验的成功率问题，如金属器的修复和保护要做大量的保护性实验，以探索金属器腐蚀机理，从而为其保护提供科学依据，但这样的实验需要反反复复，而有些学生耐力不够。

针对这些问题，学校、学院和学校导师及基地导师都积极寻求解决方案，如学校为零基础和弱基础的学生补习专业课程，以为学生专业技能的提升奠定扎实的基础；学院积极为学生邀请名师，开展内容丰富、形式多样的专业讲座，从多角度、多渠道为学生提供学习机会；学校导师为学生积极争取其他高校的专业课程，鼓励学生到校外补课；基地导师针对学生实习过程中出现的问题，从不同角度为学生提供帮助，还经常为学生提供参与项目的机会。

17. 案例的推广性

从全国 33 家高校文博专硕人才的培养现状来看，除北京大学、吉林大学、山东大学、西北大学等老牌大学外，师资问题、实践条件、实验室、高校定位等问题仍然困扰着很多高校，甚至有些高校至今仍按照学术型学位的培养模式来培养文博人才，积极探索文博人才培养模式问题仍然是相关高校积极努力的重中之重。首都师范大学和中国社会科学院考古研究所文化遗产保护研究中心的人才合作培养机制和模式，放到全国高校文博专硕人才培养的大环境中仍然是值得借鉴和推广的，如果双方能更加深入合作，未来 3—5 年，学校的文博专硕必然能在全国 33 所开设文博专硕的高校中突出自己的特色和优势，为全国文博人才的培养贡献智慧与力量，并将大大提升学校在文博领域的地位，从而更好地发挥社会作用。

三、案例述评

2013 年首都师范大学和中国社会科学院考古研究所文化遗产保护研究中心签署合作协议以来，双方共同努力，克服困难，在人才培养模式上积极探索创新，为学生创造了良好的学习环境，注重学生理论与技能的双重提升，并以此为基础，为学生毕业论文的选题、实验、写作和答辩等提供全程指导。通过毕业论文的训练，学生在理论与技能方面均取得了很大进步。

该案例在实施过程中也体现出很多创新之处，主要表现在以下几方面。

1）管理制度与机制上的创新。合作双方均报以积极的态度，专门成立了管理机构，以协商和及时解决文博专硕培养过程中出现的问题；同时双方建立了良好的沟通协作机制，双方均一切以学生学习和实践为第一要务，遇到困难，及时沟通协商，为学生创造良好的条件；学生在申请硕士研究生学位时，除了必须完成学校的课程外，专业实践也是必修环节，否则无法毕业，这为文博专硕实践型人才的培养提供了制度上的保障。

2）在招生环节上的创新。学校和学院均出台了多条相应的鼓励措施，如高层次人才培养计划、奖学金制度、生源调剂政策、赴外校招生宣传等，为争取优秀生源给予了制度上的保障。

3）培养过程上的创新。在课程设置上，既开设了理论性课程，如考古学理论与方法、博物馆与文化遗产专题等，又开设了大量实践性课程，如书画修复与鉴定、玉器鉴定、陶瓷修复与鉴定、青铜器修复与鉴定等。同时积极聘请校外导师在实验室内、工作场地为学生开设相应的课程，如实验室考古、文物修复、文物保护、金属器修复、纺织品修复、考古物探等，取得了很好的效果，为后期实践环节的顺利实施奠定了理论基础。

4）论文环节上的创新。始终秉持理论与实践并行的人才培养理念，既重视对学生理论与实践上的双重培养，也重视理论在实践中的应用。通过实践，导师鼓励学生总结经验，尝试创新，撰写论文，且一些优秀论文都已经发表。导师还鼓励学生在实践的基础上，依托项目，选择合适的选题撰写毕业论文，这不仅是对实践经验和实习成果的总结，更是实践在理论中的升华和提升。从论文选题、开题、实验数据获取到论文修改和定稿，再到答辩等各个环节，校内外导师均通力合作，从理论与实践上为学生把关，直至论文达到理论性和实践性的要求。这些环节的实施也正是文博专硕与考古学学术型硕士的最大差异。

总之，学校文博专硕取得的良好人才培养效果，既得益于学校、学院和合作方的共同努力，也得益于校内外导师的辛苦付出。从人才需求趋势来看，学校除了继续提供更多的政策保障和扶持外，还要向优势高校学习，充分利用校内外资源，积极拓展新的实践领域，不断扩大文博专硕在全国的影响力。

案例撰写联系人：

袁广阔、钱益汇（首都师范大学历史学院）

第 二 部 分

Part 2

上海电机学院电气工程领域工程专业学位电气工程领域培养案例

The Cultivating Case of Engineering Professional Degree in Electronic and Electrical Field of Shanghai Dianji University

一、案例简介

1）案例特点：校企深度合作，职业化、国际化培养，德智体全面发展。

2）案例启动时间：2012 年 9 月。

3）案例合作方：上海市教委、上海电气集团股份有限公司。

4）案例主要创新点：校企深度合作的“三双六共同”制度。

二、具体案例撰写

（一）案例背景

1. 风电产业发展前景向好，技术人才紧缺

风能行业是我国要大力发展的新兴行业。“十二五”期间，风电产业（尤其是海上风电）是上海培育的战略性新兴产业及推进高新技术产业化的重点方向之一。企业需要大量能够从事风电设备系统集成、故障诊断等工作的高级工程技术人才。上海电机学院正是基于此类国家特殊需求，开展了工程硕士人才培养。

2. 上海电机学院具有培养此类人才的基础和优势

1）相关本科专业基础雄厚。电气工程及自动化专业，是学校专业历史最长、综合实力最强的专业。2007 年，该专业获学士学位授予权，是上海市本科教育高地、上海市特色专业、全国首批实施 CDIO[构思（conceive）、设计（design）、实现（implement）、运作（operate）]教学改革的试点专业；2011 年，该专业又成为“教育部卓越工程师教育培养计划”试点专业。

2）各项资源基础扎实。校内研究生导师团队既能够按照培养方向有所分工，又能够互相支持有效合作。现有 90 名校内和企业研究生导师。学校建设了可供研究生教学和科研使用的实验室，以及一批市级以及校级工程硕士实践基地。已出版的《大型风力发电机组状态监测与智能故障诊断》等 3 本研究生特色教材得到了广泛应用。

3）校企合作源远流长。学校由上海市教委与上海电气集团股份有限公司共建，在此基础上，学校与上海电气集团股份有限公司及其下属大型企业建立了长期合作关系，与上海电气风电设备有限公司、上海电气输配电集团、上海电气集团上海电机厂有限公司等企业共建了上海市级工程硕士实践基地。

（二）创新培养理念与人才培养目标

1. 创新培养理念

实践了“需求驱动、工学交替、定制培养”的人才培养新模式，全方位、深层次、制度化开展产学研合作。

2. 人才培养目标

根据学校实际情况和行业实际需求，培养具备电气工程领域基本理论知识及相关应用能力的复合型专门人才，此类人才既掌握电气传动、电力电子、控制理论、测控技术等方面的专业知识，又具有风电与电力设备系统集成、整机调试、设备测试与故障诊断等方面的综合能力。

（三）主要流程及运行

1. 制度建设

学校现有研究生教育管理文件 25 份，基本覆盖研究生培养的各个环节，为研究生培养工作提供了制度保障。

2. 培养方式

采用全日制学习方式；实行学分制；学校与企业共同完成课程教学、工程实践、毕业论文指导等工作。学制 2.5 年，即按照在校学习课程 1 年+企业实践 0.5 年+学位论文 1 年（在企业做专题实验 0.5 年+在学校 0.5 年）的模式，进行螺旋交叉、循序渐进式培养。

3. 管理方式

1）建立校企联合的管理机制。在与上海电气集团股份有限公司签订《战略联盟框架协议》的基础上，又签订了《上海电气集团与上海电机学院联合开展电气工程领域（风电技术）工程硕士研究生培养协议》，并成立了以校长为主任委员的研究生工作委员会和以分管副校长为组长的研究生培养试点工作小组。

2）实行校院两级管理模式。推行并逐步完善责、权、利相统一的校院两级研究生管理；设研究生处（学科建设办公室）负责研究生的教育管理和服务工作。

4. 生源遴选与规模

1）招生规模。2012 年起，该专业每年分别招生 40、80、80、80 人，连续四年 100%完成研究生招生指标。

2）行业专家参与招生，突出对学生实践能力的考核。学校组成由学校教师、企业技术专家共同组成的复试工作小组，并突出对学生实践能力的考核，以选择优质生源。

5. 师资配备

1）任课教师队伍实力雄厚。担任研究生专业课的教师共 13 人，其中 12 人拥有博士学位，他们均具有丰富的专业教学经验并长期与企业进行合作，参与企业项目；担任公共课的教师共 15 人，其中外籍教师有 3 人。

2）校企双导师队伍结构合理。学校每年按规定遴选合格的校内导师和企业导师，现有校内导师 38 人和企业导师 52 人。其中校内导师中有 30 人拥有博士学位，28 人有在企业工作的经历或在企业挂职半年以上，13 人具备一年及以上海外学习经历。企业导师全部具有高级职称，其中教授级高级工程师 20 人，高级工程师 32 人。

6. 课程设置（含案例教学）

1）确定培养方向。根据风电产业链各环节对人才的需求，该专业确定了 4 个培养方向：风电设备系统集成、控制与优化，风电设备状态监测与故障诊断，电力电子与电力传动，电力系统及其自动化。

2）校企共同制定课程体系。按照学位标准要求，结合实际工程领域情况，突出宽、广、新的特点，校企共同制定课程体系。课程总学分不少于 33 学分，包括公共课程、基础理论课程、专业基础课程、专业选修课程、新技术讲座、文献检索与专利查新等；此外，学生需完成不少于 6 学分的实践环节。

3）以案例教学法为核心开展课程改革和教学改革。学校每年投入约 10 万元用于鼓励教师开展教学改革。近年来，学校共立项建设 9 门校级研究生课程和开展 13 个研究生教育改革项目，以鼓励教师进行研究生教育创新。

4）企业专家参与课程教学。学校定期邀请企业专家来校开设讲座，介绍行业企业发展情况及技术研发最新进展。学校开展的“企业专家进课堂”研究生课程教学改革计划，旨在鼓励任课教师邀请相关企业专家加入课程建设和课堂教学，将企业实践经验融入课程理论知识，进而促进研究生理论与实践水平的同步提升。

7. 实践安排（含校企合作基地建设等）

1）落实培养方案要求，严格执行实践教学计划。根据培养方案要求，研究生按照自己选定的培养方向完成不少于一年时间的实践教学。首届（2015 届）研究生全部完成企业实践教学，并取得了令人满意的效果。另外，学校每年选拔约 30 名研究生赴瑞典开展为期 3 个月的风电与创新海外学习。

2）鼓励研究生开展实践创新训练。研究生通过参加校内导师和企业导师的课题研究，在企业接受实际锻炼，获得解决实际问题的能力。学校通过投入专项资金开展研究生创新项目，来增强研究生的科研创新意识和创新能力。

3）加大投入力度，保障实践经费到位。学校已投入用于实践基地建设的经费达 378 万元，其中用于国内实践基地建设的为 190 万元，用于瑞典海外实践基地建设的为 188 万元。

4）基地建设初见成效。与上海电气集团股份有限公司下属企业建立了 4 个上海市工程硕士实践基地（其中 1 个获批上海市示范级专硕研究生实践基地），在瑞典的哈姆斯塔德大学建立了 1 个上海市工程硕士海外实践基地。现有校外实践基地的容纳能力为每年约 300 人，为保障不少于一年的研究生实践教学提供了充足的条件。2013—2014 年，各级实践基地开展的实践教学活动总计 174 次。

8. 论文工作

1）论文选题反映行业企业需求，凸显专硕论文特色。实行双导师制，即由校内导师、企业导师共同指导学生的学位论文。以工程实践为导向，以技术创新为评价标准，强调对企业生产和发展的实际应用价值。

2）论文形式以应用性研究和工程设计为主。工程硕士学位论文可采用产品研发、工程设计、应用研究等形式。首届 39 名毕业生的论文选题都具有明确的工程背景或应用价值，其中涉及解决企业工程实际问题的论文有 24 篇。

3）狠抓论文质量，严格论文评审制度。为确保论文质量，采用开题报告、中期检查、预答辩、双盲评审、原创性检查等制度进行管理，并对硕士学位论文采取 100%双盲评审。论文开题、中期检查、毕业答辩，均采取其他高校教授主持、企业专家主导、本校导师参加的形式。

9. 学位授予

1）根据人才培养目标，制定学位授予标准。学校明确要求学位申请人必须课程学习成绩为“合格”及以上，完成至少一年的企业实践，以第一作者申请 1 项发明专利或以第一作者公开发表 1 篇学术论文，并通过论文评审和答辩，才能获得相应学位。

2）首届毕业生已获得学位。2015 届有 39 人按照预定的培养方案完成了学业，课程学习成绩合格，学位论文经 100%双盲评审合格并通过了论文答辩，最终获得工程硕士专业学位。

10. 联合培养

学校工程硕士研究生的人才培养方案，由校企双方根据工程硕士专业学位标准，结合企业需求制定。校企“双负责人、双导师、双结对”和“共同确定培养规格、共同制定培养方案、共同招生、共同开课、共同指导企业实践、共同指导学位论文”的“三双六共同”制度得到用人单位的高度认可。

11. 专业学位教育资质与职业资格认证

学校与中国设备监理协会为研究生量身定制了专业设备监理师职业资格对接方案。根据培训过程和考核结果，在研究生提供满一年的企业实习证明后，毕业前即可获得专业设备监理师职业资格证书。

学校已实施两期培训考核与资格对接工作，首届毕业生共有 37 名通过考核并获得专业设备监理师职业资格证书。

12. 对外交流（包括国际、国内交流）

学校与瑞典的哈姆斯塔德大学合作定制了 3 个月的“风电与创新”海外学习项目，依托不同经营领域的风电企业，以世界第一风机品牌维斯塔斯（Vestas）风机为学习对象，依次围绕风电场的规划、建设、运行及并网等开展顺序进行全程学习。2012—2014 级各有 27、30、30 名研究生参加该海外学习项目，占比分别为 67.5%、38.96%和 42.25%。该项目得到了社会的较高关注，《新闻晨报》、上海教育新闻网等 5 家媒体陆续对其进行了报道。

13. 与相近学术型学位的差异性

学校没有与工程专业学位相近的学术型学位教育。

14. 案例成效

1）学生的创新能力得到提升。研究生通过参加校内导师和企业导师的课题研究，在企业接受实际锻炼，获得解决实际问题的能力。首届 39 名学生在校期间全部参与了导师的课题，共参与 61 项研究项目，其中 38 项为企业项目，申请发明专利 38 项并获得授权 1 项，申请并授权实用新型专利多项。

2）毕业生就业率和就业满意度均较高。首届 39 名毕业生的就业率、签约率均为 100%，其中 1 人被南京航空航天大学录取为博士研究生。就业单位包括上海电气集团股份有限公司、上海电气风能有限公司、北京金风科创风电设备有限公司、上海振华重工（集团）股份有限公司等知名企业。

15. 案例拓展

学校在专业学位研究生的培养实践中，总结经验和教训，正在探索以下几方面的改革。

1）促进校内课程教学、企业实践教学及研究生学位论文项目的合理衔接及有效融合。重点包括：探索并完善企业专家和企业导师进课堂机制，并优化相关方案，以使学生一年的企业实践教学获得更好的成效。

2）不断优化海外实践方案，合理、高效利用有限的时间和经费，促进研究生海外实践基地发挥更大的作用。重点包括：将原定在瑞典开设的部分课程，由瑞典的授课教师利用在中国兼职的机会，在国内完成部分授课，最大限度地扩大在瑞典开展企业实习和社会访问的空间。

3）进一步优化校企双导师的合作机制。重点包括：校内导师根据自己的研究方向和研究特长，与学校聘请的企业导师进行双向选择，结成比较稳定的导师组。

16. 案例中遇到的问题与解决方案

1）企业不天然具备参与积极性。解决方案：开展多层次的制度设计，激发企业全程参与的积极性。相关二级学院实行校企双院长制，二级学院的研究生教育指导委员会大量吸纳企业专家参与；鼓励校内导师与企业导师之间结对，形成稳固的伙伴关系，并共同对所指导的研究生负责。

2）教师和导师对专业学位的人才培养定位和特色的认识有待进一步提高。解决方案：加强对导师的培训，实施导师国际访学和全脱产企业践习相结合的培养制度。

17. 案例的推广性

上海电机学院为服务国家特殊需求、开展校企深度合作、职业化与国际化相结合培养德智体全面发展的人才所做出的探索和尝试，具有一定的普适性和推广价值。

三、案例述评

（一）实行“三双六共同”制度，企业深度参与人才培养全过程

学校积极探索校企定制培养专业学位研究生的新模式，企业参与研究生培养的全过程，并实行“三双六共同”制度。

（二）围绕工程实际，螺旋交叉式完成企业项目与学位论文

按照在校学习课程 1 年+企业实践 0.5 年+学位论文 1 年（在企业做专题实验 0.5 年+在学校 0.5 年）的模式，进行螺旋交叉、循序渐进式培养。

2015 届 39 名毕业生的论文选题都具有明确的生产背景或应用价值，其中涉及解决企业工程实际问题的论文有 24 篇。

（三）国际化培养，定制海外学习项目

与瑞典的哈姆斯塔德大学合作，定制开发了为期 3 个月的“风电与创新”海外学习项目。

中外籍双教师进行英语授课，开发了工程硕士英语词汇测试系统，致力于研究生英语应用能力的提高。

（四）对接职业资格，掌握专业设备标准

与中国设备监理协会合作为研究生量身定制了专业设备监理师职业资格对接方案。首届毕业生已有 37 名通过考核，并获得了专业设备监理师职业资格证书。

（五）开发体适能训练，全面对接岗位需求

为适应风电行业野外作业对体能和心理的特殊要求，学校开展了专项调研，建设了“上海电机学院工程硕士体适能拓展实践基地”（上海市级），以此为载体开展了体适能拓展课程，大大提高了研究生的体能和技能，强化了研究生的规则意识、合作意识、创新意识。

案例撰写联系人：

黄兴华、马慧民、陈国初、郭环球、王致杰、刘天羽、王存存（上海电机学院）

东南大学集成电路工程领域工程专业学位培养案例

The Cultivating Case of Engineering Professional Degree in Integrated Circuit Engineering Field of Southeast University

一、案例简介

1）案例特点：重建了覆盖微电子全产业链强化工程实践的课程体系、建立了“来自工程、高于工程、指导工程”的工程实践创新能力培养新模式、构建了面向产业多元化需求的交叉复合微电子人才培养体系。

2）案例启动时间：2004 年开始招生，至 2017 年共招收集成电路工程专硕 1135 人。

3）案例合作方：国家集成电路设计无锡产业化基地、南京江北集成电路研究所有限公司、中国电子科技集团公司第五十五研究所（简称 55 所）、华润微电子

有限公司及江苏长电科技股份有限公司等单位。

4）案例主要创新点：产学融合、协同创新的培养模式。

二、具体案例撰写

（一）案例背景

东南大学江苏省集成电路产学研联合培养研究生示范基地建设的总体思路是充分发挥东南大学在微电子等相关学科专业的特色和科研优势，与地方政府、国家集成电路设计无锡产业化基地、微电子领域龙头企业及国外高水平大学等加强合作，共建协同育人平台，采用全新的办学模式建设示范性微电子学院。

（二）创新理念与培养目标

1. 创新理念

1）凭借微电子与固体电子学和电路与系统为核心的多学科综合优势，形成面向国家战略需求和产业急需的创新型、复合型人才培养特色。

2）以系统集成为引领、理论课程为基础、专业实训为特色，紧密结合理论教学与实践训练，构建适应集成电路技术和产业发展需求的研究生教学体系。

3）以产学研联合培养基地和科研平台为支撑、实践与创新能力培养为核心，构建社会实践与教学科研深度互动的人才培养模式。

2. 培养目标

人才培养目标的定位是：整合东南大学电子与信息领域多学科交叉的优势、优良的实验室条件和优秀的教师队伍，与国家集成电路设计无锡产业化基地及区域微电子领域龙头企业联合办学，构建多类型的人才培养体系，计划年均培养200余名微电子产业急需的设计、制造、封装、测试和应用等专业人才。

（三）主要流程及运行

1. 制度建设

东南大学微电子学院教学与培养指导委员会负责制定产学研合作育人的具体管理办法和运行机制，强调通过高水平产学研合作研究带动人才培养质量的提升。东南大学与共建单位建立了多个长期的产学研平台，并设立技术专家委员会负责学生项目的评审、立项和验收，择优选择学生到其企业进行实习实践和课题研究。

2. 培养方式

根据微电子产业对不同类型人才的需求，东南大学发挥自身在电子、信息、物理等领域多学科交叉复合的优势，构建了 3 层次共 5 种类型的多元化人才培养模式。

3. 管理方式

1）组织构架。东南大学微电子学院是学校领导下的二级单位，独立运行，建立了独立的党政领导班子，实行党政共同负责制。

2）财务和人事管理制度。微电子学院的财务纳入学校预算、独立核算，并严格遵守东南大学相关财务制度和规定。

4. 生源遴选与规模

招生指标方面：学校基于现有招生指标，重点支持微电子学院的人才培养，重点推进一体化人才培养模式改革。工程硕士研究生每年招 200 人，工程博士研究生每年招 5 人。

5. 师资配备

基于多学科的校内外科研合作与学术交流平台，微电子学院逐步构建并形成了校内外联合的集成电路人才培养的高水平师资队伍。现校内指导教师有 66 人，其中教授 21 人，副教授 16 人。校外导师的来源有两种：一是聘请国内外知名专家学者担任兼职教授或客座教授，其中国外专家学者 11 人，国内专家学者 15 人；二是通过国际联合培养和校外企业实习，聘任本行业内有影响力的专家学者、企业工程师为指导教师，现有校外指导教师 32 人。

校外导师开设企业课程 11 门，总授课学时近 200 学时，且会参与到学生的毕业设计过程中来。校外导师及产业教授到东南大学开展讲座年均 20 余次，学院教师到企业开展交流讲座年均 20 余次。

6. 课程设置（含案例教学）

1）注重基础理论与工程实践的紧密结合。集成电路工程硕士课程体系紧密结合产业和行业发展需求，围绕集成电路设计与嵌入式系统设计了两个专业基础不同的专业方向，在每个方向内又根据不同领域的共性特点，设置了具有基础性、代表性的特色专业理论课程、技能和实训类课程，并尽可能增加了理论课程中实验或实践环节的比重，以及实验、实训类课程的比重。

2）注重各类各门课程的内涵建设，提高课程质量。为提高每一门课程的质量，微电子学院设立了课程组，并为每门课程安排 2—3 名主讲教师，定期研讨教学内容，完善课程内部的知识体系结构，创新教学方法，同时做好相关课程之间的无缝衔接。对于重点理论课程和实训类课程，学院提供教学经费鼓励教师进行课程改革，充实教材和典型案例，完善和优化 PPT 课件和相关课外作业等基本教学支撑材料。

7. 实践安排（含校企合作基地建设等）

1）实践类课程。微电子学院除了设置了4门（6个学分）必修实践类课程外，还增加了暑期课程培训，主要目的是开拓学生的专业视野，启发学生的工程思维。电子设计自动化（electronic design automation，EDA）软件工具类与设计方法流程等课程训练学生的基本专业技能，多项目晶圆（multi project wafer，MPW）设计及嵌入式系统综合实训等课程为学生的自主方案设计与验证提供平台和条件，在此基础上，再结合每年一次的集成电路设计竞赛和嵌入式系统设计竞赛，来促进学生动手实践能力的巩固和提高。经不完全统计，近年来，学院针对专业学位研究生开设的专门系列研讨课程为5门，举办暑期课程培训2次，开设技术前沿报告12场次，企业短期课程4门，连续举办嵌入设计竞赛3年，连续举办集成电路设计竞赛2年，参加竞赛的各类各年级研究生超过439人次。

2）实践工作。实践的时间安排不少于半年（6—9 个月），在此期间，学生在导师的指导下完成下述核心任务：①展开专业实践。结合导师所承担的工程项目进入实践环节，并接受导师的多层面指导。②完成学位论文开题工作。主要是结合实践项目，在查阅文献资料和调研的基础上，同步展开基础性和专题性研讨，完成开题工作，为学位论文的撰写做必要的积累和前期准备。

3）企业专家授课情况。微电子学院共开设了7门企业课程，课程内容强调实践应用和职业导向，在讲授内容上涵盖了职业道德、行业规范标准等，在讲授技法上结合系列主题、引入案例研讨和实物分析方式。

4）实践基地建设情况。建设了东南大学江苏省集成电路产学研联合培养研究生示范基地等18家研究生实践基地。

5）研究生专业实践情况。基于“集中实践与分段实践相结合、校内实践与基地实践相结合、专业实践与论文工作相结合”的“三结合”原则，微电子学院根据不同条件和因素选择了各不相同的研究生实践培养途径。

8. 论文工作

学位论文的选题均来源于本领域的实际需求和实际问题，具有明确的应用背景和应用价值。

9. 学位授予

完成全部培养计划并符合学位条件的，学术型硕士获得全日制工学硕士学位；专业型硕士获得全日制工程硕士学位；在职硕士获得工程硕士学位；全日制博士获得工学博士学位。

10. 联合培养

与微电子重点企业人才实践基地、江苏省研究生工作站、联合实验室/研究中心合作，培养一流的微电子工程人才。其中与 55 所、中兴通讯股份有限公司等 16 家企业联合建设了校外培养基地；与江阴长电、无锡芯朋微电子股份有限公司等 18 家企业联合建立了江苏省研究生工作站。

11. 对外交流（包括国际、国内交流）

2009 年，东南大学与法国雷恩第一大学（简称雷恩一大）签订了联合培养微电子领域研究生的协议，并制订了联合培养方案和具体实施办法，确定了课程体系和实践途径，即雷恩一大每年派微电子学、微系统加工、微传感器设计、射频模块设计和微系统可靠性等研究方向的 8 位教授来东南大学给研究生授课（全英文教学），联合培养的研究生可以到雷恩一大的超净微电子实验室进行实验工作，这极大地提高了东南大学研究生的创新能力，扩展了他们的国际化视野，取得了明显成效。

微电子学院与荷兰皇家飞利浦公司开展了近 20 年的合作研究，多项研究成果被应用到飞利浦的产品中；还与摩托罗拉、得州仪器等十余家国际著名的信息产业集团和公司建立了良好的合作关系。此外，学院还与英国剑桥大学、美国加利福尼亚大学伯克利分校等国外著名大学建立了合作关系。

12. 专业型学位与学术型学位人才培养目标定位的区别

1）学术型硕士：人才培养目标定位是本专业博士的后备人才以及集成电路设计工程师（理论与实践结合型）。

2）专业型硕士：人才培养目标定位是本专业博士的后备人才以及集成电路设计工程师（工程实践型）。

3）学术型博士：人才培养目标定位是微电子领域的高级专家。

4）专业型博士：人才培养目标定位是微电子领域的高级工程设计专家。

13. 案例成果

成果一：教学改革、教材、课程建设及教学奖励成果显著。获国家级科技奖励 2 项；获国家级及省级教育教学改革项目 9 项；出版教材 22 本，其中国家级规划教材 8 本；建设国家级精品资源共享课 1 门，国家级精品课程 1 门，教育部 IBM 精品课程 1 门，江苏省在线开放课程 2 门；国家级与省部级教学竞赛获奖 6 项；学生获“全国大学生电子设计竞赛”等国家级学科竞赛一等奖 30 余项，发表论文 100 余篇，发明专利 300 余项，全国优秀博士学位论文提名奖 2 篇，江苏省优秀博士学位论文 4 篇，江苏省优秀硕士学位论文 8 篇，江苏省优秀本科毕业设计 2 篇。

成果二：学生综合素质高，创新能力突出。

（1）毕业生质量

经过 10 年改革与实践，微电子专业学位研究生累计毕业人数突破 1100 人。

年均培养专业人才约200人，就业率达100%，人均年薪20万元（人民币）以上。毕业生大量任职于得州仪器、华润上华科技有限公司、55所等国内外领先微电子企业，并受到所在单位的认可与好评。

（2）学生创新创业成果

纳皮米团队获得2015年“小平科技创新团队”（全国共50个）。

获得“挑战杯”中国大学生创业计划竞赛金奖1项、铜奖1项；“挑战杯”全国大学生课外学术科技作品竞赛一等奖1项、二等奖2项、三等奖2项。

获得其他国际/国家级竞赛奖项80余项。

获得国家级及省部级科技奖励3项。

完成国家级、省级等各级大学生创新实践训练项目300余项。

完成江苏省普通高校研究生科研创新计划项目42项。

（3）对产业的贡献

多年来，东南大学微电子学院毕业生凭借出色的创新实践能力，创建了数十家微电子公司，且部分公司已成功上市。这些公司为微电子行业提供了众多就业岗位，且在各自研发领域内取得了较好的业绩，如无锡芯朋微电子股份有限公司研发了国内首款单片集成的交直流电源芯片，打破了意法半导体有限公司等国际公司的垄断。江苏东大集成电路系统工程技术有限公司研制了“服务三农”金融交易和行业手持两类终端50余款，全国31个省区市、6000万农户、2亿农民足不出村便可享受现代金融服务，行政村覆盖率达68.3%。

成果三：构建高水平校企联合创新实践载体

校企联合建设校外实习基地16家，如与55所、中兴通讯股份有限公司共建了国家级工程实践教育中心（首批），与江苏东大集成电路系统工程技术有限公司共建了江苏省集成电路产学研联合培养示范基地（首批）等，与华润上华科技有限公司等企业共建了校企联合实验室/研究中心5家。企业导师数量为37人，江苏省产业教授为14人。

14. 案例拓展

本案例着重创建的产学研联合的组织保障驱动模式，可以拓展到其他专业领域。

15. 案例中遇到的问题与解决方案

遇到的问题：由于没有自主招生权，受限于教育部招生指标，招生规模难以扩大；学校和企业难以进一步有效衔接。

解决方案：加大对国产中央处理器及电子设计自动化相关人才培养的力度；鼓励教师到企业兼职，提高教师的实践能力。

16. 案例的推广性

本案例在校企合作共赢模式方面的先进经验，具有推广到其他专业学位领域的典型示范价值。

三、案例述评

（一）重建了覆盖微电子全产业链、强化工程实践的课程体系

面向产业需求及微电子领域全产业链技术需求，微电子学院建设了材料专业课 2 门、器件专业课 4 门、工艺专业课 2 门、设计专业课 16 门、仿真专业课 2 门、封装专业课 1 门、测试专业课 1 门、应用专业课 5 门等，极大地拓展了学生的专业知识面及对产业的认知。在此基础上，大力加强工程实践环节，建设了工程素质教育类、实践类及校企合作类课程共 10 门，实现了理论与实践的有机结合。

（二）建立了“来自工程、高于工程、指导工程”的工程实践创新能力培养新模式

和国内外微电子领域龙头企业建立各类高水平校企联合创新实践基地，设立技术专家委员会，开展来自企业实际工程的研究课题。所立课题定期发布，学生自由申请，本专业教师和共建单位的导师共同指导学生的课题研究，校企双方定期开展技术交流，最终由技术专家委员会负责项目的评审和验收，以确保学生“真刀真枪”地参与工程实践与创新，并把技术创新成果反馈于企业，以指导企业的工程项目研发。此模式实现了校企融通的螺旋上升式闭环实践体系，解决了专业知识与企业需求脱节的问题，有效提升了学生解决产业重要技术问题的创新能力。

（三）构建了面向产业多元化需求的交叉复合微电子人才培养体系

根据微电子行业多层次、多元化的人才需求特点，东南大学微电子学院结合自身学科建设底蕴、多学科交叉优势和企业合作基础，修订了工程硕士、工程博士的培养目标。健全专业课题知识体系和创新实践体系，紧密结合企业急需解决的技术问题和国家重大需求，组织创新研究课题，培养国家战略和微电子产业急需的交叉复合型人才。

案例撰写联系人：

徐申、谭乔元（东南大学电子科学与工程学院/微电子学院）

主要合作单位案例撰写联系人：

刘斯扬（东南大学微电子学院）

北京工业大学控制工程和环境工程领域工程专业学位培养案例

The Cultivating Case of Engineering Professional Degree in Control Engineering and Environmental Engineering Field of Beijing University of Technology

一、案例简介

1）案例特点：合作模式从科研项目驱动模式逐步走向组织制度保障驱动模式，合作方式从共同开展科学研究走向企业深度参与学校人才培养全过程、学校深度参与企业人才培养梯次计划的交叉渗透合作模式。

2）案例启动时间：2012 年。

3）案例合作方：北京城市排水集团有限责任公司。

4）案例主要创新点：校企共建、服务行业需求。

二、具体案例撰写

（一）案例背景

产学研联合培养研究生，是贯彻落实《国家中长期教育改革和发展规划纲要（2010—2020 年）》、实施研究生教育创新工程和专业学位研究生培养模式改革的重要举措，也是增强研究生工程实践能力和创新能力的重要渠道。通过产学研合作，高校与企业可以优势互补，共同完成高层次人才的培养。

以往的校企合作多以科研项目驱动模式为主。这种模式在产学研合作之初为校企之间搭建关系发挥了良好作用，但往往会随着科研项目的结束，合作也就终止了，难以可持续发展。为了解决这个问题，北京工业大学与北京城市排水集团有限责任公司共同成立了“工程硕士产学研联合培养实践基地”的领导机构，签署了《北京工业大学与北京城市排水集团有限责任公司产学研合作协议》，本着“优势互补、互惠互利、资源共享”的原则，定期研讨工程硕士产学研联合培养实践基地的发展方向、建设内容、预期开展科研项目的目标等内容，从而形成了长期、稳定的产学研合作关系，并取得了良好成效。

（二）创新理念与培养目标

创新理念：通过校企共建组织机构，将科研项目驱动模式上升为组织制度保障驱动模式，该模式以企业实际问题为导向，实现了以多学科优势解决企业的交叉学科或跨学科问题的目标。

培养目标：通过制度创新和培养模式改革，建立起高校与企业高度融合、相互渗透的产学研合作机制，以及能够体现高层次应用型人才培养特点和规律性要求的、有利于培养创新能力及优秀人才脱颖而出的研究生培养制度与培养模式。

（三）主要流程及运行

1. 制度建设

工程硕士产学研联合培养实践基地制定了一系列管理文件，明确该基地的领导机构每年度研究制订一个基地运行年度计划、每两个月召开一次工作会议，以检查基地的科研项目进展情况、专业学位研究生的工作进度、校企指导教师的指导情况，解决学生实践教育过程中出现的各类问题等。

2. 培养方式

基地采取产学研联合培养的模式，校企双方共同完成对工程硕士的培养。校企联合培养模式包括学生培养实行校企双导师制，即由校企导师共同研讨并制定培养目标和课程体系，共同制定学生入厂实习的实习内容和考核标准；聘请企业的高级技术人员为研究生开设课程；青年教师去企业实习锻炼；学生深入企业，以企业面临的实际问题为对象，开展课题研究工作；等等。

在学制方面，学校全日制工程硕士为 3 年学制，包括 1 年理论课程学习， 0.5 年校内实践和 0.5 年企业课题调研，0.5 年企业定岗实习及课题研究；0.5 年课题总结及毕业论文答辩。通过循序渐进的培养过程，学生可以在注重实践环节的教学过程中，逐步掌握相关工程领域的基础科学、专业基础和专业知识、创新设计与技术开发方法、现代装备性能检测与分析技术、工程科研项目的攻关步骤等相关工程领域的系统知识，最终成长为具备解决生产实际问题能力的高层次人才。

3. 管理方式

一是建立学生参观实习基地，让学生积极参与到现有课题的研究中来；二是建立教师进修和工程研究基地，定期派青年教师前往基地进行参观，并参与相关课题的研究，从而提高其工程能力，并针对实际工程问题开辟新的研究方向；三是与基地工程人员联合指导硕士研究生，研究生的课题方向、内容等由校内外导师共同确定、全程指导。研究生培养过程中所产生的成果归属问题，由基地和学校在国家法律法规的框架内予以协商解决。

4. 生源遴选与规模

近年来，学校逐渐创建了校企联合的办学新模式，如扩大了针对企业的定向委培名额，鼓励与企业签订意向书，从工程实际出发，联合培养非全日制工程硕士，特别是对设立了学校实习实践基地的企业予以政策优惠，实行为企业“定单式”培养模式；对非定向的优秀生源，设立“新生奖学金”吸引优秀生源，从而提高生源数量和质量。

5. 师资配备

1）企业师资队伍情况。企业师资队伍是联合培养实践基地的人员保障。北京城市排水集团有限责任公司聚焦主业、核心技术和核心竞争力，紧紧围绕产业链部署创新链、围绕创新链完善资金链，建有 10 家下属企业，拥有教授级高级工程师 50 余人，高级工程师 100 余人。

2）校内导师分类管理。在 2010 年 11 月修订的《北京工业大学研究生指导教师遴选办法》中，学校率先提出将硕士研究生导师分为学术学位型硕士生导师和专业学位型硕士生导师，并明确要求导师类型与研究生招收类型挂钩。专业学位型导师强调的是专业实践背景和充足的具有较强现实意义的实践课题及经费，并能够为全日制专业学位研究生提供去企业实习的条件。通过导师队伍的分类建设，学校努力打造了一支以双师型教师为主体、以双导师制为培养模式的专业学位研究生导师队伍。

3）校内导师工程化训练。为将大学教师培养为具有专业实践背景的“工程师”，学校积极加强新导师特别是青年教师工程实践方面的训练。例如，每年组织相关职能部门及学院主管研究生的院长开展境外工程教育管理培训；在新导师培训中安排专业学位研究生教育专题，以更好地帮助专业学位型导师深入理解专业学位研究生的培养目标和要求等。

6. 课程设置（含案例教学）

借鉴企业工程师的成长经历，主动对接企业需求，对研究生课程体系，包括课程设置、课程内容进行了优化；构建了以工程为导向，重点培养工程硕士研究生的系统设计与实现技术的，包含基础知识、专业技能、工程知识、综合素养和工程实践训练等五大类的模块化专业学位研究生培养体系。此外，注重应用基础研究、应用研究与开发并重，充分强调教学、科研活动在企业、设计院所与高校之间交替进行，实行多层面管理方式，由各单位共同指导研究生，实现学校和企业的紧密对接，在学科集群与产业集群对接中培养高层次创新人才。

7. 实践安排（含校企合作基地建设等）

实践训练分校内实践（0.5 年）和在企业或产学研基地实践（0.5 年或 1 年）

等几种方式，合作方式由各专业领域自行确定，具体如表 2-1 所示。

表 2-1　基地建设的合作方式

序号	合作方式	具体作用
1	联合做事	通过任务分解、经费划拨等方式共同开展预探索研究或共同承担国家或企业的重大科研项目
2	共谋发展	在充分交流与合作的基础上，联合申请大项目
3	资源共享	科研平台向合作单位开放，互通有无
4	交流指导	以学科群为平台，邀请专家举办系列高水平学术报告，指导学科建设和研究生培养

8. 论文工作

学位论文应结合基地的科研任务进行，选题应具有较大的工程应用价值。研究生的课题方向、内容等由校内外导师共同确定、全程指导。

9. 学位授予

完成全部培养计划并符合学位授予条件的学生，获得全日制工程硕士学位。

10. 联合培养

在校学位评定委员会的领导下，学校专门成立了专业学位研究生教育指导委员会，负责制定工程硕士培养的“工程性”标准；协助创设学生实习实践基地；作为校学位评定委员会的决策咨询机构，提出政策建议。

11. 与相近学术型学位的差异性

与相近学术型学位主要有以下三个不同：培养目标不同、培养模式不同、培养标准不同，具体如表 2-2 所示。

表 2-2　工程硕士与工学硕士的教育方式比较

教育方式比较		工程硕士	工学硕士
“三同”	同等地位	在助学金、宿舍、公费医疗等方面享受同等待遇，在奖学金、科技创新课题、优秀学位论文等方面享受同等激励措施	
	同等待遇		
	同等激励		
“三不同”	不同培养目标	高层次专门人才	教学科研型人才
	不同培养模式	以工程为导向（课程体系、导师）	以学科为导向
	不同培养标准	偏重工程和解决实际问题	偏重研究和发表论文

12. 案例成效

成效一：联合共建、资源互补，服务国家和北京重大工程，校企双方实现合作共赢。校企联合开展科学研究，是校企合作的坚实纽带。双方通过联合开展科学研究，能够更加有效地充分发挥各自优势，取得更大的科研成果，特别是产学研联合培养基地的建设，使得校企双方具备了选择互补性资源建设的基本条件。对于企业而言，促进了企业技术进步和产品创新。对于高校而言，联合开展科学研究提高了教师科研水平并且为专业学位研究生培养提供了真实的工程研究环境和研究内容，使人才培养质量得到保证。

成效二：促进了相关工程领域人才培养模式的提升和教育改革的稳步发展。通过校企共建组织机构，校企合作方式由原来的科研项目驱动模式上升为组织制度保障驱动模式。由于具有稳定、持久的产学研联合培养基地，控制工程和环境工程专业研究生教育培养模式的改革有了稳固的基石，从而推动了控制工程和环境工程的人才培养计划和课程体系的改革。在对接企业需求修订工程硕士培养方案的过程中，从技术发展以及市场需求调研到毕业生的培养质量、培养方案中的模块设置、各模块中应包含的课程内容、实践环节以及培养方案的论证等，都有北京城市排水集团有限责任公司的专家参与，使得所制订的全日制工程硕士培养方案更加适合北京地区控制工程和环境工程领域的人才技术需求。

成效三：构建起完善的校外人才培养质量评价体系。由于有了稳固的基地，控制工程和环境工程专业依托基地内的企业专家参与工程硕士培养的全过程，包括进入工程硕士论文盲审的校外专家库，以及作为用人单位为学校提供毕业生质量评价，构建完善的校外人才培养质量评价体系。

13. 案例拓展

本案例着重创建的产学研联合的组织制度保障驱动模式，可以拓展到其他专业学位领域。

14. 案例中遇到的问题与解决方案

1）专业学位研究生的质量评价形式和标准有待进一步完善。专业学位研究生培养的根本目的是满足社会经济发展对人才的需要，重点在于培养学生解决工程问题的能力。用专利、新产品研发报告、产品设计说明书等形式替代学位论文作为工程硕士“出口”标准，能够激发专业学位研究生教育更大的活力。但如何评价专利、新产品研发报告或产品设计说明书的创新水平，又将是一个新的课题。

2）专业学位研究生国际化培养渠道需要进一步拓宽。现行研究生国际联合培养采取的是与国际著名大学联合办学的模式，即通过选拔优秀研究生到国际著名大学学习的方法，来增强本专业学生的国际化科技合作能力。但因学习年限有限，可否将专业学位研究生到海外学习一年的经历等同为在企业实践一年的经历需要进一步研究。同时，将工程硕士派到外企驻中国企业实习，将是一个值得探索的渠道。

3）完善工程技术讲座教学安排。实践是工程能力培养的重要环节，本专业在课程体系中专门设置了工程技术讲座课堂，内容以校企联合开展的科研课题攻关为主题，聘请企业工程师系统讲授。遇见的问题主要是排课时间不够灵活，不适合工程师的工作规律，因此今后要灵活设置课程，而不是死板地按时间表执行。

15. 案例的推广性

本案例在校企合作共赢模式方面的先进经验，具有推广到其他专业学位领域的典型示范价值。

三、案例述评

该案例的合作模式从科研项目驱动模式逐步走向组织制度保障驱动模式；合作方式从共同开展科学研究逐步走向企业深度参与学校人才培养全过程、学校深度参与企业人才培养梯次计划的交叉渗透合作模式。

基地构筑方式由各自投资建设自己的平台转变为共同投资建立共同的平台，基地人才培养从承接本科生一个月的生产实习这种单层次模式转变为承接本科生生产实习、专业学位研究生一年的实践锻炼多层次模式，构筑出相互融合、多层次渗透的稳固产学研基地。

联合培养实践基地的领导机构有目标、有计划地组织基地开展科研攻关和人才实践培养活动，不仅使基地获得了企业内部开发的课题，也获得了北京市科技计划、国家自然科学基金等一批重要课题，提高了学生和教师在基地开展科学研究工作的效率，并在解决企业面临的实际工程问题的过程中，培养了专业学位研究生独立解决工程问题的能力。许多院校来学校开展调研和学习交流，多家媒体均报道了学校的教育改革内容。

案例撰写联系人：

李娟（北京工业大学高等教育研究所）

杨庆、初旭新（北京工业大学研究生院）

乔俊飞、韩红桂（北京工业大学信息学部）

主要合作单位案例撰写联系人：

阜威（北京城市排水集团有限责任公司）

福州大学计算机技术工程领域工程专业学位培养案例

The Cultivating Case of Engineering Professional Degree in Computer Technology Field of Fuzhou University

一、案例简介

1）案例特点：始终重视专业学位研究生培养机制的改革，全日制专业学位研究生教育经历了从无到有的过程，并大胆探索和创新专业学位研究生教育产学研联合培养模式。

2）案例启动时间：2002 年。

3）案例合作方：福建星网锐捷通讯股份有限公司、福建网龙计算机网络信息技术有限公司等。

4）案例主要创新点：邀请企业参与研究生培养过程、实践教学。

二、具体案例撰写

（一）案例背景

福州大学现有 2 个计算机类工程硕士点，是福建省最早开展计算机类专业学位研究生教育的院校，是全国首批获准软件工程领域工程硕士招生培养单位之一。计算机技术和软件工程领域工程专业学位研究生教育的创办和发展，拓宽了人才培养的渠道，扩大了研究生教育规模，为福建省经济建设和社会发展培养了大量高层次应用型计算机技术、软件工程开发、应用和管理人才。

福州大学自 2002 年开展计算机类工程硕士研究生教育以来，始终注重工程硕士教育的改革与发展，树立工程教育的理念，积极探索工程硕士研究生人才培养新模式。2010 年 9 月，计算机技术领域工程硕士被学校确定为专业学位研究生教育综合改革试点；2010 年 10 月，计算机技术领域工程硕士被教育部批准开展专业学位研究生教育综合改革试点工作；2011 年 4 月，计算机技术领域工程硕士被列入福建省教育改革试点项目——专业学位研究生创新人才培养改革试点。在人才培养模式、课程体系、实践教学、专业实践环节、师资队伍建设、实验室与实习实践基地建设、教材建设、教学管理等方面实施具体改革措施，本案例就是自开展工程硕士教育，特别是开展专业学位研究生教育综合改革试点工作以来，在计算机技术和软件工程领域专业学位研究生培养模式改革创新方面所做的工作。

计算机技术领域专业学位研究生培养模式的改革与创新主要在工程硕士培养

方案及课程体系的设置与建设、实践环节的设计与实施、学位论文的模式与评价等方面进行，旨在探索计算机类专业学位研究生人才培养的新模式，构建适应新的教学模式的培养方案、课程体系和实践体系，积极探索专业学位研究生教育规律，增强专业学位研究生教育的发展活力，提高专业学位研究生教育质量。专业学位研究生培养模式改革已经在 2011 级起的全日制专业学位研究生教育中全面实施，成效显著。2013 年 5 月，计算机技术领域专业学位研究生教育综合改革试点工作通过教育部项目验收。

（二）创新理念与培养目标

学校邀请企业参与专业学位研究生培养方案的制订，并就工程硕士研究生的培养目标、课程体系和教学内容、企业对工程硕士研究生的能力要求等进行交流；发挥研究生教育特色，制订计算机技术和软件工程领域工程硕士研究生培养方案，突出专业特色和工程性、实践性、应用性。

全日制专业学位研究生学制为两年半，实行与学术型研究生有明显区别的“1+1.5”的新培养模式，其中，“1”是指第一学年进行公共基础课、专业基础课和专业课的讲授；“1.5”是指剩下的 1.5 个学年在企业实习实践，完成学位论文或工程项目的研发，着重突出全日制工程硕士研究生工程实践能力的培养。

实践教学是全日制工程硕士研究生培养中的重要环节，一般要求工程硕士研究生到企业实习，采用集中实践与分段实践相结合的方式。工程硕士研究生在学期间，必须保证不少于 1 年的实践教学。学位论文选题应来源于企业实际或具有明确的实用背景。

（三）主要流程及运行

1. 加强教学改革，优化课程体系

根据计算机技术和软件工程的应用情况，采用课程学习、实践教学和学位论文相结合的培养方式。课程设置强调基础理论、实际应用和学科前沿知识，着重突出专业实践类课程和工程实践类课程。

课程系统包括公共必修课（自然辩证法、外语、科学与工程计算基础、应用概率统计、矩阵论等）、专业必修课（算法设计与分析、智能技术、面向对象程序设计、高级软件工程、高速网络原理等）、专业选修课（软件体系结构、程序设计语言原理、多媒体技术、嵌入式系统、计算机系统集成、中间件技术、网络与信息安全、网络信息对抗与安全等）、职业素质课程（信息检索、知识产权、计算机专业素养等）。此外，还包括专业实践环节，该环节由计算机工程训练和计算机工程实践两个层次组成。

在课程内容与课程系统改革方面，基础类课程主要强调理论基础知识和能力，同时尽量凸显工程应用价值或潜力。专业基础课和专业课的设置尤其是专业选修课的设置，遵循放眼计算机技术前沿与产业趋势的思路，注重课程的前沿性和国际性，力图展示计算机技术工程领域的新技术、新应用和新方向，体现计算机教育的最新变化，强调对原理、方法、思路、发展趋势等方面的学习和融会贯通，杜绝出现教学内容严重滞后于学科发展的现象。

加强职业素养教育，开设计算机专业素养课程，主要形式有企业家讲座、读书报告、专题讨论、专题讲座等，旨在使学生具备开展团队合作所必需的沟通技巧和能力，对未来所从事职业有强烈的社会责任感和伦理责任感，以及灵活应变未来技术发展的能力。

2. 实践环节的设计与实施

计算机类专业学位研究生的实践环节主要由校内实践课程学习和专业实践两部分组成。

校内实践课程学习包括两部分：一是加强课堂教学中的实践部分，在传授理论知识的过程中，为了使学生更好地掌握知识点，每门课程均增加了实践教学部分，但实践教学的目标是为课程提供服务的，每门课程自成体系，相对独立。二是建立并行于课堂教学的、专门的计算机技术实践教学环节，即必修的专业实践环节。在加强课程实践教学的同时，开展计算机技术、软件工程实践训练环节。

专业实践环节包括两部分：①计算机工程训练，即将操作系统、编译原理、数据结构、数据库和网络等核心基础课程的内容进行合理整合，让学生在一个学期的有限时间内能够系统地理解和掌握这些知识，同时形成良好的编程风格，提高计算机编程能力。开设的实验有编译系统设计实践、嵌入式系统实践、操作系统设计实践、软件工程实践、智能系统综合设计实验、多媒体综合实验、网络协议分析实验等，要求学生独立完成，重点培养学生的计算机系统开发基本技能。②计算机工程实践。经过计算机工程训练，学生了解了计算机系统开发基本技能，在此基础上结合研究方向的应用，进行独立的专业实践的综合训练，重点培养学生运用系统工程思想进行规范化计算机系统开发和管理的能力，强调开发技能、开发规程规范与文档规范齐全并重，要求学生组成3—5人的团队，分工协作完成。

3. 校内外实践基地的建设

校内实践基地主要依托福州大学离散数学及其应用省部共建教育部重点实验室等一批高水平的科研实验室，来加强计算机类专业学位研究生的科研实战训练，完善计算机类专业学位研究生培养体系，扩大计算机技术和软件工程领域专业学位研究生培养工作的覆盖面。校外实习基地的建设主要通过加强与校外知名互联网技术企业的联合，促进产学研相结合，现有福建星网锐捷通讯股份有限公司、福建新大陆科技集团有限公司、福建顶点软件股份有限公司、福建榕基软件股份有限公司等 16 个稳定的计算机技术和软件工程领域工程硕士研究生校外实习基地。

4. 加强产学结合，创新联合培养研究生的新机制

探索专业学位研究生教育与企业、行业等建立紧密的、实质性的联合培养机制，不断提高专业学位研究生的实践能力和创新能力，推进专业学位研究生教育改革的不断深化和研究生培养模式的改革。学校已经与福建星网锐捷通讯股份有限公司、福建网龙计算机网络信息技术有限公司等 10 家企业签署《校企合作共建福州大学全日制专业学位研究生实习实践基地协议书》。双方密切合作，建设开展计算机工程人才培养的综合平台，积极探索计算机类专业学位研究生实习实践基地建设和管理模式。

学校积极与福建星网锐捷通讯股份有限公司、福建升腾资讯有限公司、福建省集成电路设计中心、福建金科集团、兴业证券、福建鑫诺通讯技术有限公司、福建伊时代信息科技股份有限公司等企业共建计算机技术研发中心、企业技术中心、工程技术（研究）中心、工程实验室，依托重大科技专项，大力开展计算机关键技术研发，提升知识与技术创新水平。

福州大学数学与计算机学院和企业负责实习实践基地的建设和管理。实习实践基地的日常运行由企业负责，主要职责有：①参与制订培养方案，特别是在企业学习阶段的培养方案的制订；②落实学生在企业学习期间的各项教学安排，允许学生参与企业技术创新和工程开发；③建设实习实践基地指导教师队伍，组织企业高级职称以上的技术人员和高级管理人员到福州大学担任兼职教师；④参与对学生的考核和评价，与福州大学共同制定学生在企业学习阶段的培养标准和考核要求，共同对学生在企业学习阶段的培养质量进行评价；⑤与福州大学共同做好学生在企业学习期间的安全、保密、知识产权保护等工作，提供充分的安全保护与劳动保护设备，做好相关的管理工作；⑥定期公布实习实践基地可提供的课程、实习岗位、指导教师等的相关信息。

5. 管理制度及质量保障措施

福州大学始终重视计算机技术领域专业学位研究生培养机制的改革，将专业学位研究生教育纳入学校的正规研究生教育体系中，成立领导小组，专门设立专业学位研究生教育办公室，全面推进专业学位研究生教育改革；制定计算机技术、软件工程领域专业学位研究生学位论文基本要求和评价体系，着力改变学位论文过于理论化的倾向，合理制定专业学位研究生培养目标；制定《福州大学数学与

计算机学院专业学位研究生学位论文基本要求》，学位论文形式有系统研发、软件开发、应用研究、工程设计、项目管理等五种形式。工程专硕必须完成培养方案中规定的所有环节，且成绩合格，方可申请参加学位论文答辩。

论文评审侧重于学生综合运用科学理论、方法和技术手段解决工程技术问题的能力，解决工程技术问题的新思想、新方法和新进展，新工艺、新技术和新设计的先进性和实用性，创造的经济效益和社会效益，以及论文工作的技术难度和工作量等方面。

做好学位论文的组织与选题工作。企业选派本单位高水平的工程技术专家和管理专家作为企业导师指导学生，在进入论文工作（项目）前举行双导师聘任会，为企业导师颁发证书，介绍论文研究（项目研发）工作的规定和要求，解答专业学位研究生论文（项目）阶段的各种问题。由校内导师和企业导师以及企业与学校的专家组共同讨论决定论文（项目）选题。在课题的进展中，鼓励专业学位研究生与导师进行交流与沟通，并充分发挥企业导师对生产过程熟悉、具备工程实践经验、了解论文（项目）动态，校内导师理论基础雄厚、了解学科领域的前沿动态、对论文（项目）整体把握准确的优势，使企业导师、学校导师和专业学位研究生产生良性互动，保证工程硕士学位论文（项目）始终按照课题确定的目标和内容顺利进行。

对工程硕士研究生学位论文环节加强督导检查，针对论文的开题报告、中期考核、学位论文送审、答辩程序等环节，制定相应规范，并形成工程硕士教育管理文件等，坚持工程硕士学位论文盲审制度，实行统一组织论文答辩制度，同时建立警示机制，以提高学位授予率。

6. 师资队伍建设

采取专兼结合的方式，选拔校内具有丰富工程实践经验和课堂教学经验的优秀教师，或从企业聘请有丰富经验的高级工程技术人员作为工程硕士研究生的导师，最终师资队伍由任课教师、校内导师和企业导师三部分构成。

选派教师参加企业实训。例如，开展移动应用开发技术课程建设与人才培养；加入英特尔多核技术大学合作计划，开展多核技术课程建设与人才培养。注重引进有企业工作经历的高级工程师及参与过企业项目研发的博士毕业生，以提高师资队伍整体的工程实践能力，打造“双师型”教师队伍。

学院积极选聘企业中具有丰富工程实践经验的优秀技术骨干人员，经过适当的业务指导与培训，使他们掌握课程教学的一般规律和教学基本技能，从而担任部分课程的教学任务或参与实践指导。同时，在双导师的基础上，学院结合相关企业的研发课题开展研究和设计工作，以加强“双师型”教师队伍建设，此外，还出台了《福州大学数学与计算机学院全日制专业学位研究生校外兼职导师的遴选与管理办法（试行）》。

7. 案例成效

1）专业学位研究生教育的地位得到提升。2013—2014 级计算机类专业学位研究生数首次超过了学术型研究生数，比例达到 1.1∶1，专业学位研究生在学生资助等方面与学术型研究生享受同等待遇。

2）实践教学在应用型人才培养中的重要性凸显。研究生的实践动手能力和职业素养训练得到重视，这是区别于学术型研究生的重要特征。2011—2013 级全日制专业学位研究生的学位论文选题 100%来自企业实际项目，提高了工程硕士的工程实践能力和职业能力。

3）企业参与度提高。合作企业为 31 名 2011 级全日制研究生提供了 51 个岗位，为 39 名 2012 级全日制研究生提供了 81 个岗位；学生的实习实践项目全部来自企业实际项目，企业参与论文选题与指导及学生实践与就业引导，这种研究生培养模式深受合作企业的欢迎。

4）研究生就业竞争力提高。2011—2012 级全日制工程硕士研究生的就业率达到 100%，就业单位有百度、华为公司、联想集团、浪潮集团有限公司、福建星网锐捷通讯股份有限公司、福建网龙计算机网络信息技术有限公司、福建新大陆科技集团有限公司、厦门网宿软件科技有限公司等知名 IT 企业及中国银行业监督管理委员会（简称银监会）等，实现了高质量就业。

5）2011 年 1 月，福州大学计算机技术领域被全国工程硕士专业学位教育指导委员会授予“全国工程硕士研究生教育特色工程领域”荣誉称号；2013 年 4 月，计算机技术、软件工程领域专业学位研究生培养模式改革获福州大学教学成果奖特等奖；2013 年 5 月，计算机技术领域专业学位研究生教育综合改革试点工作通过教育部项目验收，2014 年 5 月以优秀的成绩通过学校验收。

三、案例述评

通过计算机技术领域专业学位研究生教育综合改革试点工作的开展，结合经济和社会发展，特别是海峡两岸经济区建设和发展对计算机技术领域专业人才的需求，福州大学积极探索建立应用型人才培养新模式，探索建立产学研用相结合的人才培养新机制，着力培养高层次的应用型专门人才，对于培养具有较高综合素质的高层次计算机技术领域工程应用人才，积极推进工程专硕培养模式的改革与创新，推进研究生教育改革与发展，具有推广应用价值。

案例撰写联系人：

林世平、余春艳（福州大学数学与计算机科学学院）

上海理工大学建筑与土木工程领域工程专业学位培养案例

The Cultivating Case of Engineering Professional Degree in Architecture and Civil Engineering Field of University of Shanghai for Science and Technology

一、案例简介

1）案例特点：制度完善、实习形式多样化、联合科学研究。

2）案例启动时间：2012 年 9 月。

3）案例合作方：上海汽车资产经营有限公司。

4）案例主要创新点：管理机制创新、培养过程创新。

二、具体案例撰写

（一）案例背景

2009 年以来，在全日制专硕逐年扩招的大背景下，如何突出全日制专硕在实践能力上的培养，增加他们的实践、实习机会，增设具有实践特色的课程，使他们的实践能力与企业发展紧密联系，缩短就业后的适应时间，从而更快地成为企业发展的中坚力量，2012 年 9 月，在上海市学位办、学校研究生院相关部门领导的支持下，上海理工大学与上汽集团上海汽车资产经营有限公司合作成立了切合建筑与土木工程专业的、以绿色建筑环境节能创新创业为主题的全日制专硕实践基地。

（二）创新理念与培养目标

创新理念：通过实习、工程实践、实践课程，以及参与企业的技术革新和科研，培养学生的实践能力；通过制度建设、管理机构设置、管理人员职责落实等相关措施，促进实践基地的良好运行。

培养目标：提高进入实践基地的研究生的工程实践能力，缩短研究生就业后在企业的适应时间，使他们更快成为企业发展的中坚力量。

（三）主要流程及运行

1. 制度建设

完成了由校企双方成员参加的实践基地领导小组、工作小组的组建，两个小组的成员分别包括实践基地企业负责人、高校负责人、实践基地运行管理专员、实践基地信息管理专员等，领导小组的主任人选由企业决定，副主任设立 2 位。两个小组每半年至少举行 1—2 次的工作例会，领导小组决定管理中的重要事件，工作小组负责具体操作。

2. 培养模式

全日制专硕培养方案的制订思路是利用增加的企业技术创新实践、生产实习等学时数，让学生参加实践基地的实习、工程实践、科学研究等，并在课程体系中增设具有鲜明特色的实践类课程。有相当比例的全日制专硕学位论文是在学校和企业双导师的指导下、以实践基地校企合作科研为载体完成的。

3. 管理方式

为保证实践基地和实践教学正常运行，特设实践基地运行管理专员、实践基地信息管理专员和实践基地校方管理专员，其中实践基地运行管理专员和实践基地信息管理专员由企业派专人担任，实践基地校方管理专员由高校派专人担任。

学生进入实践基地后，应遵守《实践基地管理条例》进行相应的实习培训、和科学研究工作。《实践基地管理条例》由企业方制定，高校方审核，经实践基地领导小组审批，由实践基地工作小组具体实施，具体内容包括学生实习培训管理制度、实践教学和课程教学管理制度、参加科学研究管理制度、学生完成评价制度、学生安保制度等。

4. 生源遴选与规模

实践基地的学生主要为上海理工大学建筑与土木工程专业的专硕生，以及供热、供燃气、通风及空调工程或工学硕士生。

5. 师资配备

实践基地的师资由高校方和企业方共同组成，其中高校方有 15 人（具有副高职称以上的有 10 人，具有丰富实践经验的超过 50%），企业方有 10 人（均具有相关实践经验，其中具有高级职称的约有 50%）。实践基地配备的硕士导师也由高校方和企业方共同组成，其中高校方有 10 人，企业方有 4 人，外援企业导师近 10 人，这些硕士导师均由上海理工大学校学术委员会根据严格程序和要求审批确定。

6. 课程设置（含案例教学）

1）设置原则。全日制专硕的专业基础课程设置与工学硕士相同，不同之处为：专业课程中增设了企业技术创新实践环节，以及由企业教师主讲的热泵与热回收技术等 2 门、校方开设的 4 门实践特色鲜明的实践类选修课程。上述实践环节和实践类选修课程均进入全日制专硕的培养计划，并予以落实。根据实践基地开设课程应具有鲜明的实践属性原则，各课程经过校企双方的精心设计安排，均有各自显著的特点。

2）典型案例 1：课程网站信息。实践基地开设的课程、实践环节已被全部纳入建筑与土木工程专硕培养方案的课程体系中，同时大多数课程如太阳能应用原理与实践、暖通空调系统调试运行管理与节能、热泵与热回收技术以及蓄冷技术的应用等已完成网站基本建设，包括课程简介、教学大纲、电子教案、教学进度、教师队伍、课程资料、课程互动等，部分课程还录制了课程视频。

3）典型案例 2：蓄冷技术的应用——冰蓄冷技术。冰蓄冷技术是在夜间用电低谷期，采用电制冷机制冷，将冷量以冰的形式储存起来，而在电力负荷较高的白天，也就是用电高峰期，将冰融化释放冷量，用来部分或全部满足建筑物空调负荷需要的一门技术。蓄冷技术的应用课程利用课堂和现场教学相结合的方式，从冰蓄冷原理、设计计算、工程系统设计、设备选取、施工安装等方面完成课程教学。

7. 实践安排（含校企合作基地建设等）

以企业方已完成的或者将要完成的项目以及科研项目为对象，为专业学位研究生提供实习、实践以及参观培训的机会；以校企合作科学研究为载体，为研究生提供学位论文素材；等等。企业方对这些实习内容都做了精心规划，从而使实践基地能名副其实地服务于专业学位研究生的实习、实践。

1）进行企业技术创新实践环节（此环节在培养方案中为 4 学分），操作方式：学生进入实践基地，由企业教师主讲热泵与热回收技术和蓄冷技术的应用课程，同时配置了 2 倍于课堂教学学时数的实践环节。

2）实践基地开设了建筑环境现代测试技术实验、建筑能源审计与节能改造实践、暖通空调系统调试运行管理与节能和太阳能应用原理与实践等实践性课程，实验部分要么在校方实验系统上进行，要么根据课程特点在企业或者企业指定的工程地点进行。

3）部分学生通过进入实践基地进行生产实习，参与企业方相关工程的节能改造、技术支持等项目，来锻炼和增强自身的工程实践能力。

4）部分学生参加了高校与企业联合研发的课题研究。其中年签约应用性科研课题项目达 2—3 项，这些项目由研究生参与、双方导师指导，能较好地达到项目预期目标，从而实现项目完成和人才培养双丰收。

5）企业方多次为研究生提供具有工程特点的讲座，以及实地参观著名工程项目的机会，如研究生参观学习了上海安悦节能技术有限公司所建设的上海最大规模的“金太阳示范工程”——上汽临港乘用车基地太阳能光伏发电项目。

6）根据企业发展所需的各种技术储备需要，研究生以资料查询、市场调研、应用技术现状调研为实习内容，开拓他们的专业视野，学习并掌握调研和分析方法，从而能力得到显著提升。学生已对10余项储备项目进行了前期研究。

8. 论文工作

凡确定为由高校-企业双导师指导的专硕，其学位论文应与基地实践环节有密切关联，或者与基地的科研工作有一定的关联，并有基地实践标志。

9. 学位授予

完成全部全日制专硕培养计划并符合学位授予条件的学生，将获得全日制专硕学位。

10. 联合培养

学校与企业导师每年合作指导专硕5—10人，并通过制定相关人才培养的实践教学体系等管理文件与制度，来保证人才培养质量。

11. 对外交流

2013年12月14日，实践基地组织在上海理工大学召开了全国性专硕培养模式研讨会，来自北京建筑大学、广州大学、上海安悦节能技术有限公司、上海建筑设计研究院、上海东方延华节能技术服务股份有限公司等的50余名高校教师、企业家参加了该会。此次会议交流了专硕的培养现状，探讨了其培养模式及就业前景，对高校的培养方式、学生在企业的实习方式，以及学生自身能力的培养等一系列问题交流了彼此的做法，从而促进和推动了专硕培养模式的创新。

12. 与相近学术型学位的差异性

相较供热、供燃气、通风及空调工程或工学硕士而言，该实践基地在培养模式、课程设置方面增设并加强了实践类课程，为学生提供了多种实习形式。在确定学位论文选题时，对于工学硕士，鼓励他们参与到上海市教委重点学科的建设中，其论文以学科建设中的理论研究和实验研究居多；对于全日制专硕，则鼓励他们的学位论文以解决工程实际问题的研究为主要内容，特别是来自实践基地的校企双方合作的科研项目，为此，全日制专硕的学位论文以应用相关理论原理解决企业实际问题的居多。

13. 案例成效

1）以实践基地为载体，实习形式丰富多样。每年有20名左右的专硕到实践基地参加工程实践，包括实践课程、实习、现场参观、工程讲座、储备项目前期研究，学生在工程实践能力得到锻炼的同时，又接触了社会和行业技术前沿，收获较大。

2）以到企业实践为载体，进行校企科研合作。校企双方签订了多项合作研究课题，成效显著。企业委托学校的“空压机热回收二次换热装置”技术开发项目通过了企业的评审验收；2013 年，企业与高校合作申请的上海市经济和信息化委员会项目“太阳能分布式发电前端集成技术研究与示范项目”（沪 CXY-2013-49）顺利结题；2015 年，企业委托学校的“汽车制造业节能环保综合解决方案的研究与应用”项目顺利结题；等等。

3）以科研合作为载体，合作培养专业学位研究生。已毕业的由校企双导师合作指导的研究生有 15 人。其中，2013 级的丰敏同学的研究课题来自实践基地企业方上海安悦节能技术有限公司的课题“太阳能光伏板融雪性能研究”，该项目于 2016 年 11 月获得“上汽资产公司第十一届创新论坛暨第二届创新案例大赛”创新奖（十强之一），该同学已于 2017 年 6 月获得硕士学位，此类校企双方合作培养的研究生得到企业方好评的还有很多。

14. 案例中遇到的问题与解决方案

实践基地的日常运行费用短缺问题。维系实践基地运行及其创新发展需要有一定的资金支撑。例如，该实践基地在召开全国性专硕培养模式研讨会时，遇到了资金短缺问题，最后通过企业方赞助、基地领导小组成员贡献科研经费的方式得以解决。

进入实践基地实习的研究生数量问题。研究生第一年对实践基地的了解还不多，大多数学生是自己找与今后就业相关的企业来完成实习任务。而之后，通过实践基地企业方多次来校介绍，以及高校教师的宣传，最后一年进入实践基地实习的学生达 200 人/月，且部分学生能深入参与到校企科研合作项目中，其工程实践能力、解决工程问题的能力及所取得的成果成为最有力的宣传。

名副其实的实践类课程的建设问题。实践基地成立之初，校企双方对开设实践类课程及其操作流程的认识还不够清晰，在进行了多次研讨后，明确了实践类课程应该以提高学生实践能力为目的，为此针对实践类课程，实践基地通过网站建设、课程视频、现场教学、工程案例教学、现场实测等多种与实践紧密联系的教学方式，提高了学生理论和实践相结合的能力。

15. 案例的推广性

本案例在校企合作共赢方面的先进经验，具有推广到其他专业学位领域的典型示范价值，如动力工程专业、环境工程专业。已有环境系老师与上海安悦节能技术有限公司合作开展了建筑节能技术在全生命周期环境、经济效益评估方面的研究。该合作研究课题已培养环境专业研究生 2 名、本科生 3 名。

三、案例述评

通过 3 年的建设与人才培养实施，实践基地通过系列化的实训项目、配套的实践教学体系、一流的工程实践指导教师、完善的基地管理规范，确保了实训教学的优质高效，兼顾了社会效益与经济效益。

本案例的主要创新点如下。

1）管理机制创新：通过制度建设、管理机构设置、管理人员职责落实等相关措施，管理实践基地的运行。

2）培养过程创新：通过实习、工程实践、实践课程以及参与应用课题合作研究，增强学生的实践能力。

案例撰写联系人：

黄晨、曲明璐（上海理工大学环境与建筑学院）

主要合作单位案例撰写联系人：

陈雷田、陈薇娜（上海汽车资产经营有限公司上海安悦节能有限公司）

华东理工大学化学工程领域工程专业学位培养案例

The Cultivating Case of Engineering Professional Degree in Chemical Engineering Field of East China University of Science and Technology

一、案例简介

1）案例特点：结合实践、发展创新、完善制度、共同培养。

2）案例启动时间：2010 年 5 月。

3）案例合作方：中国石化集团上海工程有限公司（简称中石化上海工程有限公司）。

4）案例主要创新点：构建了学校、实习单位、管理部门和学生四方互动的制度化和信息化管理平台。

二、具体案例撰写

（一）案例背景

设立全日制工程硕士是为了更好地满足国家经济社会发展对高层次应用型人

才的迫切需要，调整优化研究生教育类型结构，进一步完善研究生教育培养体系。全日制工程硕士是推动硕士研究生教育从以培养学术型人才为主的模式向以培养应用型人才为主的模式转变而设置的与学术型学位处于同一层次、不同类型的专业学位。

华东理工大学和中石化上海工程有限公司高度重视全日制工程硕士的实践教学工作。华东理工大学化学工程领域于 2009 年开始招收培养全日制工程硕士，培养过程注重学生知识能力的提高，并开展了化学工程领域全日制工程硕士的培养实践与探索工作。中石化上海工程有限公司入选“中国工程设计企业 60 强”“ENR 国际承包商 225 强”。该公司实力雄厚，在工程设计领域及其工程总承包项目处于国内领先地位。中石化上海工程有限公司人力资源部在课题选择、人员选派、学生面试、教学计划和开学仪式等方面做了细致安排。

（二）创新理念与培养目标

华东理工大学和中石化上海工程有限公司高度重视全日制工程硕士的实践教学工作，双方通过制定一系列针对全日制工程硕士实习实践的规章制度，构建了学校、实习单位、管理部门和学生四方互动的制度化和信息化管理平台，通过该平台对专业学位研究生在培养过程中的各个阶段实行动态跟踪、管理和分析。

（三）主要流程及运行

1. 建立了完善的全日制工程硕士实践教学制度和管理系统

1）管理体制的完善。建立健全全日制工程硕士的管理体制，与企业密切合作，形成完善的全日制工程硕士实践教学的培养流程，为上海市的经济建设培养高层次应用型人才。

2）信息管理平台的建设。构建的学校、实习单位、管理部门和学生四方互动的制度化和信息化管理平台具备相应的管理、考核功能以及学生相互交流、讨论学习心得的功能。该平台的构建便于基地管理人员对参加工程实践学习的学生进行动态管理及实践环节的考核，便于学校相关部门对学生实践教学过程进行监督。

2. 全日制工程硕士实践基地的探索与实践

（1）实践基地的基本情况

中石化上海工程有限公司与华东理工大学于 2009 年合作建立了中石化上海工程公司全日制实践教学基地。2014 年 9 月，华东理工大学-中石化上海工程有限公司全日制工程硕士联合培养基地获批首届“全国示范性工程专业学位研究生联合培养基地”，2015 年，该基地获得上海市专业学位研究生实践示范基地。该基地建立了完善的全日制工程实践教学制度和信息管理系统，具备健全的“校企合作发展的双导师制”师资队伍，组织编写工程硕士实践教材，重视工程伦理培养，积极探索和构建化工特色鲜明的工程教育体系的新模式。华东理工大学凭借自身的学科特色和优势，与中石化上海工程有限公司在产学研方面一直保持密切合作，为校企合作开展全日制工程硕士实践教学打下了良好基础。中石化上海工程有限公司创建于 1953 年，是国内较早从事石油化工、医药、化工工程设计和工程总承包的大型综合性工程公司之一，也是医药工艺设计的国家标准制定者。

（2）课程设置

中石化上海工程有限公司高度重视全日制工程硕士的实践教学工作，人力资源部在课题选择、人员选派、学生面试、教学计划和开学仪式等方面做了细致安排。例如，对全日制工程硕士研究生按新员工标准进行培训，聘请以设计大师领衔的高级工程师讲授设计基础、工艺知识、化工工艺设计过程、项目管理、配管设计和设备设计等设计知识，特别开设了炼油装置工艺流程介绍、装置布置、机泵专业培训、管道布置和静设备专业工作内容等课程，还开放先进的工程设计软件给学生使用，档案室也是毫无保留地开放给学生查阅。这些措施有力地保证了实践教学的质量。

（3）优秀的企业师资队伍

中石化上海工程有限公司拥有一支技术精湛的工程技术队伍，1300 多名员工中，80%以上是从事工程设计和服务的工程技术人员，其中，有国家级设计大师 3 人，高、中级职称人员 700 多人，各类注册执业资格人员近 400 人，并拥有一批国内外医药、石化、化工设计行业知名专家和具有丰富工程实践经验的专业技术骨干及管理人才。2010 年初，华东理工大学聘请中石化上海工程有限公司石油化工、生物制药、控制工程、动力机械 4 个领域的 35 名具有 20 年以上工作经验，同时具备高级工程师、教授级工程师职称或国家勘察设计大师称号，并担任专业科室主任、主任工程师、公司副总工程师职务的资深专家担任华东理工大学全日制工程硕士的企业导师，每名学员有 1—2 名企业导师。

每名全日制工程硕士研究生进入中石化上海工程有限公司后，除了需要学习统一安排的由国家设计大师、教授级工程师、专业主任工程师讲授的系统性的、递进式的集体课程外，其余时间均跟着企业导师进行核心项目或技术专利的研发，以熟悉工程公司的业务流程和相关专业核心技术。同时，该公司为参加企业实践的学生提供良好的实践、学习条件，让他们在具有领先水平的工程领域参与设计和研究，学习使用国际前沿的设计软件，如工厂设计系统（plant design system，PDS）、工厂设计管理系统（plant design management system，PDMS）、智能工厂 3D（smart plant 3D）等，从实战角度出发，提高他们参与工程的实践能力、研究能力和管理能力，以及分析问题、解决问题的能力，为他们日后踏上社会参与工程项目奠定基础。

（4）实践教学环节严格的规章制度

学校对全日制工程硕士研究生实践教学环节有着严格的要求，并制定了相关规定以确保实践教学环节的顺利进行。这些规章制度包括《华东理工大学全日制工程硕士研究生安全教育》《华东理工大学全日制工程硕士研究生实践教学的规定》《华东理工大学全日制工程硕士研究生实践教学内容基本要求》，并为每名全日制工程硕士研究生配发《华东理工大学全日制工程硕士研究生实习手册》，以便对他们在实践基地的实践教学过程进行有效跟踪，对整个实践教学环节进行考评，最终保证实践教学质量。

（5）研究生实践取得的成果及应用

2010 年以来，校企双方紧密合作，充分发挥各自的优势和专长，积极探索全日制工程硕士研究生联合培养机制和模式，旨在让全日制工程硕士研究生真正能学以致用，在实践教学过程中有所收获。在企业至少半年的实践教学，使全日制工程硕士研究生得以将在学校课堂学习的知识在实践中进行应用，以弥补课堂中学不到的工程应用知识，并且在企业导师的指导下，取得了一系列成果。

全日制工程硕士研究生在中石化上海工程有限公司进行实践，跟随企业导师参与了一系列大型项目的设计和实施工作，并在导师的指导下，充分应用在学校学习到的专业知识，发挥聪明才智，申请了 2 项国家发明专利（“三塔三效差压热集成制取共沸乙醇的方法”和“共沸精馏分离醋酸和水的连续生产方法”）。首届研究生张晓涛、沈学宁和中石化上海工程有限公司的何勤伟将他们的实践成果整理成论文《Aspen Plus 在 PTA 装置空压机组节能改造中的应用》，发表在《华东理工大学学报（自然科学版）》2013 年第 4 期。2014 级的徐延学参与的年产 10 万吨马来酸酐工艺包的项目的实践成果“一种碳四氧化加氢制 BDO（Butane-1,4-diol 1,4-丁二醇）的新方法”与“一种吸收马来酸酐的新溶剂”申请了 2 项国家发明专利。

参与重点工程实践项目的设计和实施，助力优质工程，获得多项国家级或省部级奖项。全日制工程硕士研究生在企业导师的带领下，深入工程项目建设基地，参与了一系列国家级大型项目的设计和实施工作，在基地现场，他们不怕苦，不怕累，与企业导师一起攻坚克难，严格按照导师的要求完成实践工作；紧跟国际前沿，掌握先进的工程设计软件，如 PDS、PDMS、Smart Plant 3D、Aspen Plus 等，从实战角度出发，提高了参与工程的实践能力、研究能力和管理能力，以及分析问题、解决问题的能力，取得了较好的实践效果。全日制工程硕士研究生参与的项目在后期的验收中取得了一系列奖项，如扬子石化-巴斯夫有限责任公司二期改造项目 6 万吨/年非离子表面活性剂装置，获得 2012 年化学工业优质工程奖；中国石化镇海炼化 100 万吨/年乙烯工程，获得 2011—2012 年度国家优质工程金质奖；上海中石化三井化工有限公司的 12 万吨/年双酚 A 项目，获得中国石油化工集团公司2010—2011年度优秀工程设计奖三等奖；无锡（惠山）生命科技产业园启动区一期工程，获得2013年度上海市优秀工程设计奖；年产40万吨PTA[①]氧化精制优化降耗技术开发应用，获得2013年度中国石化集团科学技术进步奖三等奖。在对PTA生产工艺改造的项目中，使用的40万吨/年PTA技术改造工艺包及成套技术通过中国石化鉴定，该技术已在上海石化进行工业应用，获得2015年中国石化科技进步奖三等奖；在安庆分公司10万吨/年乙苯-苯乙烯装置中，使用的10万吨/年乙苯负压脱氢制苯乙烯工艺包及成套技术通过中国石化审查，获得2015年中国石化科技进步奖二等奖。

3. 案例成效

学校和中石化上海工程有限公司的合作取得了一系列成效，实现了多方共赢。

1）完善的实践教学课程体系，在全国率先编写了全日制工程硕士实践教学用书。根据基地的实践内容，结合学校资源，建立了实践教学内容体系和具有化工特色的实践教学体系。在原有教材的基础上，完成全日制工程实践教学系列教材，已出版的有《石油化工装置配管工程设计》《化工装置工艺设计》《油气储运工程设计》《石油化工装置设备设计》《石油化工结构工程设计》《石油化工给水排水工程设计》等，《石油化工装置电气设计》《石油化工装置仪表设计》等一系列全日制工程硕士专用教材正在编写中。

2)开展化学工程领域专业学位与化学工程师资格认证对接的体制机制的探索与实践，加强对外交流，提高学生的综合实践能力。华东理工大学作为化学工程领域教育协作组组长单位，在2015—2016年度开展了专业学位教育资质与职业资格认证的探索与实践工作，根据我国高等教育与人事管理制度的实际情况，借鉴国外的先进经验，探讨构建我国化学工程领域工程硕士教育与任职资格相联系的资格认证体系。同时，实践基地也注重对外交流，通过与基地实习的其他高校工程硕士的交流，从各方面提高学生的综合实践能力。

三、案例述评

以国家经济社会发展对高层次应用型人才的迫切需要、调整优化研究生教育类型结构、进一步完善研究生教育培养体系为背景，华东理工大学和中石化上海工程有限公司合作建立了中石化上海工程公司全日制实践教学基地，双方均高度重视全日制工程硕士的实践教学工作，通过建立完善的全日制工程实践教学制度和管理系统，组建优秀的企业导师队伍，完善科研条件等一系列措施，积极推动实践基地的发展和学生培养质量的提高。实践基地具有完善的实践教学课程体系，

① 苯二甲酸（pure terephthalic acid，PTA）

在全国率先编写了全日制工程硕士实践教学用书；重视工程伦理学习，培育德才兼备的工程硕士研究生；开展化学工程领域专业学位与化学工程师资格认证对接的体制机制的探索与实践，加强对外交流，提高学生的综合实践能力。通过这一系列结合实践、发展创新的体系来完善制度，共同培养出一批高质量的工程硕士实践型人才，同时对领域内其他高校工程硕士的培养起到了示范和引领作用。

案例撰写联系人：

庞祎晔（华东理工大学研究生院）

主要合作单位案例撰写联系人：

宋扬（中石化上海工程有限公司）

中国石油大学（华东）化学工程领域工程专业学位培养案例

The Cultivating Case of Engineering Professional Degree in Chemical Engineering Field of China University of Petroleum（East China）

一、案例简介

1）案例特点：综合性、实践性、创新性。

2）案例启动时间：2011 年。

3）案例合作方：中国石油安全环保技术研究院等 9 家企业。

4）案例主要创新点：三个特色培养方向、三阶段培养模式、“三位一体”的综合实践教学平台。

二、具体案例撰写

（一）案例背景

化学工程领域既是国民经济建设与社会发展的传统工程领域，又与信息、生物、材料、计算机、资源、能源、海洋、航天等高技术领域相互渗透，是推动高新技术发展的重要基础。

中国石油大学（华东）化学工程领域工程硕士专业学位授权点是为企业培养高层次、复合型、应用型工程技术人才而设立的。为满足石油石化行业的快速发展对高层次应用型技术人才的迫切需求，中国石油大学（华东）以服务国家能源战略为目标，坚持以人为本，以质量为核心，立足产学研相结合，以学校为主体，依托企业和行业组织，借鉴非全日制工程硕士研究生的培养经验，积极探索和构建化学工程领域全日制专业学位研究生的培养新体系，打造化学工程专业学位研究生教育品牌。

（二）培养目标

学校以培养适应社会主义现代化建设需要的高层次应用型专门人才为宗旨，将化学工程领域工程专硕的培养目标确定为：①思想上拥护党的基本路线和方针政策，热爱祖国，遵纪守法，具有良好的职业道德和敬业精神，具有科学严谨和求真务实的学习态度和工作作风。②业务上掌握化学工程领域理论与相关专业知识；掌握解决本领域问题的先进技术方法和技术手段；了解本领域的技术现状和发展趋势；具有本领域技术开发与创新的能力；具有担负本领域工程技术和工程管理的能力；掌握一门外语，能熟练阅读本领域的科技资料与文献。

（三）主要流程及运行

1. 制度建设

学校制定并实施了一系列的相关管理规定及实施细则，包括招生制度和细则、行业和企业共建制度、教学科研考核与评价机制、奖助贷体系等。

为了推进专业学位研究生教育发展，学校修订了深化研究生培养机制改革的方案和系列配套文件，出台了系列文件，有力地加强了专业学位研究生教育的制度化和规范化。

为进一步规范化学工程领域工程专硕的培养，学校组织专家进行论证和讨论，修订了《中国石油大学（华东）化学工程领域工程专硕培养方案》《中国石油大学（华东）研究生校企联合培养基地（工作站）管理办法》《实训课程教学大纲》等一系列培养规范，为保证专业学位研究生培养质量提供了依据。

2. 培养方式

实施化学工程领域工程硕士专业学位优秀品牌建设工程，突出培养特色，逐步建立适应经济社会发展需要、符合专业学位研究生教育发展规律、石油石化特色鲜明的培养体系。

1）全日制工程硕士研究生的培养采取“课程学习+专业实践+学位论文”的三段式方式。

2）非全日制工程硕士研究生的培养采取进校不离岗的方式，但要求在校学习时间累计不少于 6 个月。

3）实行双导师制。以校内导师指导为主，实践导师为来自企业和与本领域相关的具有高级职称的专家或其他具有丰富工程实践经验的技术专家。

3. 管理方式

推行校院两级管理，来保障专业学位研究生培养质量。

学校层面上，在主管校长与校学位评定委员会的领导下，由研究生院与党委研究生工作部全面负责专业学位研究生教育管理工作，并通过研究生招生委员会、教学督导与评价委员会、学位评定委员会分别对招生、培养、学位授予环节进行全面质量监控。

学院层面上，实行双导师制，由学校导师和企业导师共同指导工程硕士研究生。其中学校导师负责对研究生的课程学习、开题报告、学位论文理论部分进行指导等；企业导师负责对研究生的选题、工作安排、工程技术实践能力、学位论文实践部分进行指导等。

4. 生源遴选与规模

1）生源遴选。化学工程领域专业学位研究生分为全日制和非全日制两类，其中全日制专业学位研究生的生源主要来自应届大学毕业生，部分来自往届生。录取流程为：符合国家规定的报考条件的考生，参加全国统一组织的入学考试（初试），学校依据教育部要求制定复试办法，确定复试名单，综合考察，择优录取。非全日制专业学位研究生的生源绝大部分来源于化学工程领域的企业、研究院所、设计院所的工程技术人员和工程管理人员。此外，学校安排专项经费吸引“985工程”“211 工程”高校的优秀生源，充分利用全日制专业学位研究生的推免政策和奖助办法，来提升学校专业学位研究生教育的吸引力和生源质量。

2）生源规模。学校全日制化学工程领域专业学位研究生在校人数达 300 人左右，并将继续扩大专业学位研究生的招生规模，力争与学术型学位研究生的比例达到 1∶1。

5. 师资配备

学校通过多种举措，逐步建成了一支结构合理的“双师型”师资队伍。

依据《中国石油大学（华东）专硕指导教师遴选审定办法》，学校遴选审定了由 139 名导师组成的化学工程领域工程专硕导师队伍。其中，有校内导师 84 名，包括教授 37 名、副教授 47 名；有外聘校外导师 55 名，包括教授级高级工程师 10 名、高级工程师 45 名。

6. 课程设置

化学工程领域工程专硕培养课程体系包括公共基础课程、专业理论课程、专业实践课程和选修课程四部分。

1）公共基础课程：中国特色社会主义理论与实践研究、基础外语、公共体育等。

2）专业理论课程：高等分离工程、化工系统工程、催化原理与工艺等。

3）专业实践课程：由仿真实训模块、工程设计模块与企业现场实习模块组成。

4）选修课程：传递过程原理、催化剂制备与表征、仪器分析技术与应用、技术经济学等。

7. 实践安排

1）为了加强对学生实践能力的培养，化学工程学院对专业实践环节也进行了模块化设置，形成了包括“工程项目设计实训+仿真实训+现场实习”这种富有特色的三段式专业实践模式，具体包括：①工程项目设计模块。该模块要求研究生使用化工系统工程软件与工程制图软件，对特定的设计题目进行工程设计训练，完成炼油厂、化工厂典型的装置设计、工艺计算和工程制图。②仿真实训模块。该模块包括模拟炼油和化工装置的开工、停车、日常操作工艺参数设置、故障处理等。③企业工程实践模块。结合毕业论文，学生需要到联合培养企业完成一项工程设计、技术改造、装置标定或产品开发等，以提高自身知识和技能的应用能力。

2）完善教学条件，构建了“三位一体”的综合实践教学平台。实践教学平台是专业实践和实训课程顺利实施的重要保障。通过整体规划，学校建立了包含校内实践（实训）平台、校企联合培养基地（工作站）、工程教育中心的综合实践教学平台。

8. 论文工作

为了规范全日制工程专硕学位论文（设计）的有关要求，保证学位授予质量，学校制定了《中国石油大学（华东）全日制工程专硕学位论文与答辩工作指导意见》，化学工程学院制定了《化学工程领域工程硕士学位培养要点》。这些文件规定，答辩委员会由 5 名具有副高以上职称的本领域或相关领域从事研究和工程实践的专家组成，其中至少有 1 名是来自企业或工程部门的专家。

9. 学位授予

工程专硕修满规定学分，成绩合格，完成必修环节和学位论文后，提出学位申请，通过论文答辩，经学校学位评定委员会的审定，达到培养目标要求者，可获得工程硕士专业学位。其中，全日制工程硕士研究生同时可获得研究生毕业证书。

10. 联合培养

化学工程学院凭借与石油行业的良好联系和多年培养研究生的经验，围绕校企合作联合培养高层次应用型人才的目标，深化产学研合作。

1）综合性联合培养基地。学校先后在中石化胜利油田公司、中石化中原油田公司建成了2个综合性的联合培养基地，可用于全日制专业学位研究生联合培养，每年可接纳6个专业200余名学生进行专业实践。

2）校企研究生联合基地（工作站）。化学工程学院已建成的研究生企业工作站有9个，分别是中国石油安全环保技术研究院、中国科学院过程工程研究所、中国石化青岛安全工程研究院、中国石油天然气华东勘察设计研究院、山东高速物资集团总公司、中海油（青岛）重质油加工工程技术研究中心有限公司、山东京博控股集团有限公司、上海河图工程股份有限公司、山东省特种设备检验研究院淄博分院。学院共派出130余人次进站进行专业实践和论文研究工作。

3）工程教育中心。学校同齐鲁石化公司合作建成了教育部“中石大齐鲁石化工程教育中心”，完成了实习基地基础设施升级改造、安全教育教室整修、教学资源建设和培训基地配套设施完善等一系列工作。

11. 对外交流

学院每年选派10余位年轻教师参加相关的工程培训或到设计院、工厂企业挂职锻炼，以丰富他们的工程经验。

学院每年邀请10余位国内外石油石化企业高级专家学者担任短期客座教授，开展案例课程教学、工程前沿讲座等。

学院鼓励研究生积极参加全国石油工程设计大赛等国内外研究生创新实践竞赛活动。

12. 与相近学术型学位的差异性

与学术型学位硕士研究生的培养重在理论知识的“纵向”提高不同，专硕的培养重在理论知识的“横向”应用；与学术型学位硕士研究生的培养强调“学术”不同，专硕的培养强调“工程”。

13. 案例成效

学校从用人单位的需求出发，合理借鉴国际经验，积极探索化学工程领域工程专硕教育规律，进行了较为深入的理论与实践探索，逐步形成了具有石油石化特色的教育管理制度、培养体系和质量保障体系，稳步提高了化学工程领域工程专硕的培养质量。

14. 案例拓展

中国石油大学（华东）化学工程领域工程专硕教育经过近几年的发展取得了长足的进步，可从以下方面进行拓展。

1）强化实践课程建设。实践课程建设需要增强对学生设计能力的训练，让学生自己出题目，自己解决。具体讲就是，在实践课程的基础上，增设化工过程与产品设计课程并使其成为专业实践的一部分。

2）推进课程案例库建设。以课程为单位，建设符合典型性、客观性、先进性和创新性要求的案例库，包括适宜采用案例教学的专业课程。吸收和借鉴国内外同领域案例教学的已有经验和做法，提高案例教学质量，强化案例教学效果，体现专业学位人才培养特色。

3）增强联合培养基地（工作站）的育人实效。探索多方共赢机制，增强联合培养基地（工作站）的育人实效，实现联合培养基地（工作站）的长期、稳定、高效运行。

15. 案例中遇到的问题与解决方案

化学工程领域工程专硕教育得到了长足发展，但仍存在一些薄弱环节，影响了人才培养质量的提升，具体如下所述。

培养模式方面：①分类培养未能全面贯彻，课程模块不够丰富；②优质课程建设工程推进乏力，教学中采用案例教学的课程仍偏少；③专业实践环节的形式较为单一。

管理体制机制方面：①校企合作开展人才培养的可持续机制尚未完全建立，导致校企联合培养基地（工作站）无法长期、稳定、高效运行；②聘任具有丰富实践经验的国内外行业技术专家承担课程教学与专业实践的保障制度还需进一步完善。

解决方案：①加强师资队伍建设。提高专硕导师的入职门槛，通过严格程序审核导师资格，选拔有工程实践经验或经历的老师担任专硕导师；聘请企业高级技术人员担任专硕责任导师。②转变办学理念。大力开展专业学位教育是贯彻实施《国家中长期教育改革和发展规划纲要（2010—2020 年）》的重要举措，需要在实践中不断摸索和总结出适合我国国情的人才培养模式。进一步转变办学理念，加大投入，促进专业学位研究生教育水平更上新台阶。③寻求与职业资格认证的办法。积极同国内外行业协会开展合作，开展职业资格认证工作，同时，在国家政策允许的范围内，积极联合高校、企业，开展自设职业资格认证的探索研究。

16. 案例推广

学校形成了富有石油石化行业特色的培养体系，建成了结构合理的“双师型”师资队伍，推进了化学工程领域工程专硕教育管理机制的改革，提高了化学工程领域工程专硕教育的社会认可度，使得培养方案更加完善、培养规范更加科学、校企联系更加紧密、培养质量不断提高。这些成效的取得，为本领域专业学位研究生教育的进一步发展奠定了重要基础，为非试点领域（类别）专业学位研究生的培养提供了有益借鉴，对提高我国专业学位研究生培养质量、实现我国高等人才培养的战略转变具有重大意义。该案例具有示范性和推广性。

三、案例述评

中国石油大学（华东）在化学工程领域工程专硕教育发展实践中，始终围绕产学研合作开展综合改革，形成了独特的办学特色。

在培养模式创新方面，确定了三个特色培养方向，以及“课程学习+专业实践+学位论文”的三阶段培养模式，形成了包括“工程项目设计实训+仿真实训+现场实习”的富有特色的递进式专业实践模式，建立了包含校内实践（实训）平台、校企联合培养基地（工作站）、工程教育中心的“三位一体”的综合实践教学平台。在管理机制方面，推进了化学工程领域工程专硕教育管理机制的改革，推行校院两级管理，建成了一支结构合理的“双师型”师资队伍。在理论与实践探索方面，发表了专业学位研究生专业实践考核相关论文。

虽然中国石油大学（华东）化学工程领域工程专硕教育取得了长足的发展和进步，但是仍存在不足之处，还需要不断探索。

案例撰写联系人：

孙兰义[中国石油大学（华东）化学工程学院]

中国石油大学（北京）石油与天然气工程领域工程专业学位培养案例

The Cultivating Case of Engineering Professional Degree in Oil and Gas Engineering Field of China University of Petroleum（Beijing）

一、案例简介

1）案例特点：服务社会发展需求、培养模式创新、实践育人。

2）案例启动时间：2009 年 9 月。

3）案例合作方：中国石油大学（北京）北京工程师学院、克拉玛依工程师学院、中国石油学会等。

4）案例主要创新点：三段式培养模式，开创性地探索并开始了石油工程硕士研究生教育认证。

二、具体案例撰写

（一）案例背景

中国石油大学（北京）作为石油特色鲜明的教育部直属重点高校，服务国家能源战略和满足国内石油石化企业的人才需求是学校的责任和使命。1998 年以来，学校紧密结合国家发展战略，加强了对人才市场需求的前瞻性预测，积极与国内大型石油企业、国外有关石油高校等进行深入交流和合作，为国内石油石化企业培养了大批石油与天然气工程、地质工程等领域的在职工程硕士研究生，并先后在塔里木油田、大庆油田、中国石油集团钻井工程技术研究院等地建立了研究生企业工作站。2009 年，学校开始在石油与天然气工程领域招收全日制专硕。

（二）创新理念与培养目标

学校实行“课程教学+实践训练+论文研究”的三段式培养模式，这种课内外、校内外相结合的人才培养体系，实现了专业基础理论与工程实践的全程贯通和实践能力的递进式培养。此外，学校确立了综合性、创新性、职业性和国际化的专业学位研究生培养目标：①掌握石油工程领域基本理论、先进技术方法和现代技术手段，熟悉油气钻采、储运等各环节的工艺流程，具备解决油田企业生产实际问题的能力、团队协作能力、工程实践能力等综合能力；②具备油田企业重大项目攻关、技术推广或关键技术瓶颈突破等所需的工程技术创新能力；③具备以工程实践能力为基础的职业能力，掌握行业工程设计规范，了解行业法规和行业常用软件，具有较好的合作能力和职业素养；④具备适应国际化要求的全球素质，专业学位研究生应了解国际技术前沿，具有一定的全球视野和跨文化交流能力。

（三）主要流程及运行

1. 制度建设

为了确保专业学位研究生培养的规范性、科学性，提高专业学位研究生培养质量，学校出台了《中国石油大学（北京）全日制专硕培养管理办法（试行）》《中国石油大学（北京）全日制专硕专业实践教学实施办法（试行）》等一系列有关全日制专硕的管理文件，制定了专业实习流程、学位论文及学位授予工作流程等有关培养管理工作的流程，编制了实习大纲及实习报告要求。

2. 培养方式

按照“课程教学+实践训练+论文研究”的三段式培养模式进行培养；校内导师与企业导师共同对研究生的课程学习、专业实践训练、实践课题及学位论文研究等进行协同指导。

3. 管理方式

推行校院两级管理，强调学院的主体地位，明确了专业领域负责人的责、权、利。在学校层面，成立了由校内导师和石油石化企业专家组成的石油与天然气工程领域专业学位研究生培养指导委员会，负责本领域培养方案的修订、学位标准的制定、培养模式改革、学科专业建设等涉及学术方面的事务。

4. 生源遴选与规模

近年来，学校不断推进专业学位研究生招生机制改革，规范、优化招生复试流程，适度扩大专业学位研究生招生规模，不断提升研究生生源质量。从生源选拔方式来看，主要包括推荐免试录取和统一入学考试录取两种，推荐免试录取是指学校直接从本科卓越工程师班或符合免试条件的优秀本科四年级学生中选拔品学兼优、创新能力强的学生免试录取为专业学位研究生；统一入学考试录取是指学校从参加全国硕士研究生统一招生考试的考生中择优录取。

5. 师资配备

学校以产学研相结合为抓手，强化专业学位研究生培养，建立了一支高水平、多样化的师资队伍，具体包括三个方面：①建立了由国内石油领域专家、跨国石油公司高级专家、国外著名高校教授和校内教师组成的高水平、国际化的专业学位研究生课程教学团队。学校每年聘请 10 余名来自斯坦福大学、帝国理工学院等国外高校的知名教授和斯伦贝谢、英国石油公司、道达尔等国际石油公司的知名专家来校讲授石油工程前沿技术课程（全英文授课）；聘请来自中国石油集团钻井工程技术研究院、中海油研究总院等国内石油石化企业的高级专家来校讲授工程实践课程和案例课程。②建立了由校内和企业中具有副高（含）以上专业技术职称人员组成的校内外导师团队。学校根据研究生培养工作的需要以及校企合作情况，有计划、有目的地聘任校外企业、行业的技术骨干作为专业学位研究生导师，并进行校外导师培训。学校开创性地直接聘任校外高级技术人员和技术管理人员担任第一导师（同时配备 1 名校内导师）。本领域共聘任了 72 名企业专家担任专业学位研究生校外导师，聘任了包括 1 名中国科学院院士、2 名中国工程院院士在内的 112 名校内教师担任专业学位研究生校内导师。③建立了由校内和企业导师、现场师傅组成的专业实践指导队伍。企业导师与校内导师、现场师傅共同参与专业学位研究生的专业实践类课程讲授、论文选题和开题、专业实践和论文研究工作、评定实习报告、论文答辩等培养过程。

6. 课程设置（含案例教学）

按照学校制定的专业学位研究生培养方案要求，专业学位研究生需在 1.5 个学期内修完不少于 32 学分的课程，课程体系包括公共基础课程（英语、政治类课程）、专业基础课程、专业必修课程、必修环节、选修课程、补修课程（针对跨专业报考的学生，需要补修 1—2 门本科课程）等模块。围绕采油工程、油藏工程、油气井工程、油气田开发工程、油气储运工程等工程实践，学校构建了“基础理论+多专业模块”的专业课程体系，涵盖专业基础课程、专业核心课程、工程实践或案例课程（按工程领域研究方向设置）、工程前沿课程、实习实践训练等课程和培养环节。

7. 实践安排（含校企合作基地建设等）

2013 年，学校出台了《中国石油大学（北京）全日制专硕专业实践教学实施办法（试行）》，从专业实践的总体要求、组织管理、实践派遣、实践指导、实践管理、实践考核等方面对专业学位研究生的专业实践做了明确规定。

1）专业实践时间安排。应届本科毕业入学或无相关工作经历的专业学位研究生需要在校外联合培养实践基地开展为期 12 个月以上的专业实践和论文研究工作；委托培养或大学本科毕业于相关专业且在相关行业工作一年以上或因本人特殊情况不能参加专业实践的研究生，可以申请免修专业实践。

2）专业实践基地。学校与承担国家重大科技工程项目、人才培养基础条件良好的石油石化企业或科研院所组建了 20 余个研究生联合培养基地，为石油与天然气工程领域专业学位研究生打造了“真刀真枪”的专业实践环境。

3）专业实践课题。校外实践基地为专业学位研究生提供了广泛的选题内容，涵盖前沿工程技术研发、工程设计、工程应用、工艺流程训练、生产计划的实施与管理等各种工程实践类型。专业学位研究生在校外实践基地参与的专业实践课题主要来自企业实际生产中面临的“急、重、难、新”的技术难题或攻关项目，也有少量课题来自国家科技重大专项、“973 计划”等国家级项目和集团公司、国家部委等省部级项目。

4）专业实践考核。专业学位研究生在研究生企业工作站完成实践任务后，需按专业实践学习计划就在企业生产岗位的实践情况及研究工作撰写专业实践报告。学校对专业学位研究生的专业实践情况进行相应的考核，考核成绩采用百分制。

8. 论文工作

专业学位研究生学位论文的完成（从论文开题前的文献调研至论文答辩结束）应不少于 12 个月，一般从第三学期开始着手学位论文的开题工作。论文选题一般由校外导师根据本行业领域的生产及科研情况或校内导师根据自己的研究课题，并结合学生的研究兴趣提出，在双方导师和研究生协商后共同拟定。论文开题报告论证会一般在校外实践基地举行，论证会至少有 5 名副教授及以上技术职称的专家或硕士、博士生导师参加，且必须有学校导师和企业专家参加。

9. 学位授予

专业学位研究生在规定的学习期限内完成培养方案要求的课程学习计划，修满规定的课程和学分且成绩合格，并顺利通过学位论文答辩后，可以提出硕士学位申请，并按规定提供学位申请材料。学院学位评定分委员会对拟授予硕士学位者的政治思想表现、课程考试成绩和论文答辩情况等进行全面审核，形成决议并表决通过。学院学位评定分委员会的决议由分委员会主席签字后报学校学位委员会审批，审议通过后，授予申请者相应的硕士专业学位。

10. 联合培养

校企联合培养主要表现在专业学位研究生培养方案及专业学位标准的制定，专业实践课程教学及教材的编写，案例库的建设，实验室共享，双方人员的交流、互派与培养，研究生专业实践和学位论文指导，科研项目的合作等方面。

11. 专业学位教育资质与职业资格认证

在行业领域岗位资格认证方面，学校做了一些有益的探索，组织开展了 HSE[①] 管理体系和井控培训的岗位资格认证工作。石油与天然气工程领域专业学位研究生均参加了 HSE 管理体系和井控培训，在毕业前取得了国际钻井承包商协会（International Association of Drilling Contractors，IADC）认证的 HSE 及井控培训资格证书。

试点开展石油工程专业学位项目认证。2016 年 5 月，中国石油学会与全国工程专业学位研究生教育指导委员会签订了《关于石油工程硕士研究生教育认证合作框架协议》。学校成立了石油工程硕士研究生教育认证咨询专家委员会、认证专家委员会和认证工作秘书处等相关机构，出台了《石油工程硕士研究生教育认证办法》《石油工程硕士研究生教育认证标准》等文件，举办了石油工程硕士研究生教育认证专家培训班，在国内部分石油院校开展了项目认证的前期工作。

12. 对外交流（包括国际、国内交流）

1）国际交流合作。首先，学校每年选派部分石油与天然气工程领域专业学位研究生赴俄罗斯、阿联酋、西班牙、巴西、以色列等油气资源国的高校和国内石油石化企业海外油气作业区攻读学位或进行短期联合培养。其次，学校在石油与天然气工程领域开设了全英语硕士学位项目，该项目每年邀请 10 余名国外高校知

① 健康（health）、安全（safety）和环境（environment）

名教授和跨国石油公司的高级专家来校授课。最后，学校设立了“国际学术交流基金”，用来支持、资助研究生参加学科专业国际顶尖学术会议、竞赛及短期访学项目。

2）国内交流合作。学校于 2011 年创立了中国石油工程设计大赛，搭建了高水平、综合性工程能力训练与竞赛平台。该大赛坚持“学以赛用，赛以促能”的理念，立足国内，辐射国外石油高校，营造了一种竞争性、团队合作式的学习环境，锻炼并提高了参赛研究生的团队协作能力、工程实践能力和综合创新能力。学校还于 2012 年创建了全国石油学子读书研讨会，为全国石油学子搭建了学术交流平台。该研讨会秉承“研究为重，学术先行”的主导思想，深化“学习、竞赛、研究”有机结合的培养模式，搭建“应用、创新、交流”平台，开展石油学子喜爱的、富有创造力的学术交流活动，培养复合拔尖型卓越石油工程师。

13. 与相近学术型学位的差异性

在培养目标、课程设置、指导方式、培养模式、论文要求等方面与学术型学位存在差异。①培养目标：学术型学位偏重学术研究与创新能力的培养；专业学位偏重工程实践能力的培养。②课程设置：学术型学位偏重专业理论、工程技术及前沿技术的学习；专业学位则偏重专业实践课程和案例课程，强调工程实践能力的培养。③指导方式：学术型学位实行的是学校单个导师或导师组指导制；专业学位实行的是学校、企业双导师指导制。④培养模式：学术型学位研究生主要依托学院或学科承担的国家重大科研项目和国家重点实验室等科研平台，在课题组或导师组的指导下开展学术理论研究与创新；专业学位研究生实行的是校企协同、深度融合的全过程培养模式。⑤论文要求：学术型学位论文强调理论研究与创新，要求论文具有一定的理论深度和较高的学术水平；专业学位论文偏重油田企业生产面临的实际问题的解决、技术的改进与推广等工程应用性研究。

14. 案例成效

1）人才培养质量持续提升，就业竞争力持续增强，就业率持续高位稳定。通过校企协同培养，学校石油与天然气领域专业学位研究生的综合素质和培养质量得到显著提升，展现出了较高的创新能力、实践能力、职业素养和国际化水平。2012 年以来，石油与天然气工程领域专业学位研究生的就业率持续稳定在 98%以上，2014 届毕业生的就业率甚至达到 100%，每年有 80%以上毕业生赴中石油、中石化、中海油等石油企业就业，20%以上毕业生投身祖国西部建设。

2）培养模式和培养成效得到广泛认可，获多项荣誉和表彰。2011 年，学校获“全国工程硕士研究生教育创新院校”荣誉称号，石油与天然气工程领域获“全国工程硕士研究生教育特色工程领域”荣誉称号。2012 年，“全日制工程型硕士研究生实践能力协同培养体系的构建与实践”获北京市高等教育教学成果奖一等奖。该项目创造的一整套人才培养理念和做法多次在石油与天然气领域及地质工程、化学工程领域协作组会议上做大会交流。2013 年 5 月，石油与天然气工程领域在教育部专业学位研究生教育综合改革试点验收中获得“优秀”。学校建立的两个校外联合培养实践基地——北京工程师学院、克拉玛依工程师学院先后入选第一届、第二届“全国示范性工程专业学位研究生联合培养基地”。

15. 案例拓展

本专业学位案例已拓展到学校地质工程、化学工程、机械工程等其他工程专业领域。

16. 案例中遇到的问题与解决方案

问题 1：在产学研结合度、多元培养主体积极性等方面需要进一步提高

解决方案：以人才需求和培养能力为标准，对联合培养单位进行严格的遴选，加强对联合培养基地的建设，以校企双方科研合作为纽带，开展学校和企业“双主体”专业学位研究生培养新模式的探索与实践，使企业真正成为全日制工程硕士培养的主体之一。

问题 2：专业学位研究生教育经费投入不足

解决方案：首先，国家应出台相关政策，鼓励和引导社会、企业、科研院所参与专业学位研究生培养，支持校企研究生联合培养基地建设。其次，各级政府应进一步加大对专业学位研究生教育的财政投入力度。

17. 案例的推广性

通过组织国内石油与天然气工程领域各培养单位探讨培养环节的改革、优秀教师库和案例库的建立、优秀核心专业基础课程教材的编撰、领域内培养单位参加中国石油工程设计大赛、全国石油学子读书研讨会等课外实践活动，推广新的培养体系；通过在全国工科研究生教育工作研讨会等会议上做交流汇报，学校石油与天然气工程领域专业学位研究生培养模式和培养成效在全国工科教育界得到广泛认可，多所高校全部或部分采用了学校专业学位研究生培养体系，发挥了高层次应用型人才培养的示范和引领作用。

三、案例述评

近年来，学校积极推进专业学位研究生教育改革，在人才培养模式构建、实践育人体系建设、专业学位教育认证等方面取得了长足发展，产学研结合更加紧密，企业参与研究生培养的积极性、主动性显著增强，校企联合培养基地管理制

度不断完善，研究生培养质量不断提升，在行业领域内发挥了很好的示范、引领作用。

案例撰写联系人：

张永学、雍太军、詹健[中国石油大学（北京）研究生院]

主要合作单位案例撰写联系人：

田毅（中国石油集团钻井工程技术研究院人事处）

中山大学核能与核技术工程领域工程专业学位培养案例[①]

The Cultivating Case of Engineering Professional Degree in Nuclear Energy and Nuclear Technology Field of Sun Yat-sen University

一、案例简介

1）案例特点：符合中国国情的精英核能工程师培养模式、学科方向依据需求设置、国际化高水平教学水平。

2）案例启动时间：2010 年 9 月。

3）案例合作方：中国广核集团有限公司（简称中广核集团）、法国原子能与可替代能源委员会（Commissariat à l'Energie Atomique，CEA）、法国电力集团（Electricite De France，EDF）、法国阿海珐集团。

4）案例主要创新点：实行“3+3”精英工程师培养模式。

二、具体案例撰写

（一）案例背景

中山大学在中、法两国总理的见证与推动下，于 2010 年与法国以格勒诺布尔国立综合理工学院和 CEA 为首的法国民用核能工程师教学联盟合作组建了中法核工程与技术学院（Institut Franco-chinois de l'Energie Nucléaire）（以下简称学院）。法国合作方在教学科研和产业实力上均为法国的领头羊，具有较强的资源调配能力。学院引入法国工程师培养体系，结合中山大学的办学优势与华南地区核能产业优势，探索符合中国国情的精英工程师培养模式，培养国际一流的核电及相关

① 本案例中涉及的数据均由培养单位提供

产业的高级技术研发和管理人才，推动核能领域的技术创新，服务于快速发展的涉核产业和地方经济。

学院成立以来，受到了中法政府部门的高度重视，在资金和政策方面得到了大力支持。按照双方合作协议，法国合作高校与中山大学按照等比例投入资金用于学院建设。法国企业在课程建设和日常运作管理资金、企业专家外派、企业实习等方面为法方联盟院校提供了强大的后盾。

（二）创新理念与培养目标

引进法国精英工程师培养模式，结合中国核能发展需求和高等教育特点，建立符合中国国情的国际精英工程师培养模式。实行“3+3”精英工程师培养模式，即三年预科阶段和三年工程师阶段（对应中国“4+2”的本硕连读模式）。中法双方制定的培养目标和培养方案等严格按照法国工程师培养模式的标准，并满足双方国家高等教育的相关学位要求。核能与核技术工程领域的人才培养目标是：①具有扎实的专业基础和前沿知识，善于解决复杂的工程问题；②培养过程紧密结合实际，具有较强的工程创新能力；③具有多元文化素养，能够较好地适应国际环境和国际竞争；④掌握中、英、法三种语言，具有较强的沟通能力，成为具有系统思维、全球视野、领导素质、兼容并包的核能精英工程师综合性人才。

（三）主要流程及运行

1. 制度建设

在管理上，学院建立了一套中法联合管理体系，设立了行政管理委员会、学术委员会。行政管理委员会由中法双方各 6 人组成，包括中法合作方和核能产业界专业人士。行政管理委员会每年召开两次会议，负责对中法合作模式、合作内容、招生计划、培养方案、办学条件、师资配备、质量保障等进行统筹规划和决策。中法双方院长均衡分担学院教学和运作管理工作，所有决议均由双方共同做出。学院已建立从教师聘任到学生毕业的全过程教学质量监督保障体系，此外还设立了两个咨询委员会：改进与教学委员会和科技委员会。这两个委员会的成员均由教育界、产业界的核能专家担任，分别负责为教学培养、科学研究活动提出意见和建议。

该专业学位点高度重视对教学效果和人才培养质量的监控，制定了一套独立的教学质量学生评价制度，用于对工程师阶段的课程教学质量进行评价。相应地，学院也制定了一套完整的学习质量评价制度，用于全体教师对每位学生的学习能力及态度、课堂表现等方面展开评议，对不能适应学院培养要求的学生进行分流，并引导其改选其他专业，以严格保证培养质量。

2. 培养方式

采用高密度的课程学习、高质量的企业实践、高要求的研究论文相结合的培养方式，按照从基础到专业的顺序，开设核工程与核材料产业所需的专业类和管理类课程，所有专业类课程均由一位法方老师和一位中方老师共同负责，并配有实验课和实践环节，确保学生能充分理解和掌握所学知识。

该专业学位点实行“三段式”实习，即一个月的企业认知实习、两个月的工程师实习、六个月的毕业实习，实习在中法两国科研机构和核能企业进行，学生能够由浅入深地了解实际工业生产中的技术研究与产业应用，并通过独立思考解决具有一定难度的工程技术问题。毕业实习采用实习报告与硕士学位论文相结合的方式，选题均与实际工程无缝连接，由一位学院导师和一位企业导师共同指导，要求达到中山大学硕士毕业论文水平。

3. 管理方式

该专业学位点严格按照《中山大学教学名师评选奖励办法》建立教师教学质量评价体制。学院领导直接参与课程教学、毕业设计、教学督导和考试管理等教学质量监控工作，建立由期中教学检查、年度本科教学状态数据采集与质量报告构成的教学质量监控制度。学院积极参加学校的各种教学质量评估，并按照法国工程师的评教体系单独制定了一套细致、可量化的学生评教制度，将两种机制有机融合形成独特的课程评价和学生评价会制度。课程评价对每门课程从前端准备、授课质量、学生受益程度等方面进行量化评价，最后得出综合评分，综合评分低于警示线的课程将由学院领导督促改进。

4. 生源遴选与规模

该专业学位点的生源主要来自按照中山大学的统一招生和收费标准招收的核学科本科生，保障了生源的稳定和质量。为了进一步遴选优秀生源进入研究生阶段，学校制定了一套完整的学生评价会制度。评价会每学期召开一次，全体教师和学生管理人员参加，不仅评价学生当前的学习成绩，还对其成绩变化、心理状况、家庭影响方面进行评价。根据 3 年的 6 个评价报告确定学生的综合排名，用于确定保研资格和学生分流。学院制定并实施了《中法核工程与技术学院全日制本科生教务与学籍管理细则》，从制度上予以保障。

截至 2016 年 6 月，学院已招收 6 届学生，2010—2015 年招生人数在 104—110 人，2016 年招生人数为 126 人。2014 年，本科毕业生人数为 88 人，其中 75 人获得推免硕士研究生资格；2015 年，本科毕业生人数为 81 人，其中 70 人获得推免硕士研究生资格。2016 年，第一届 72 名硕士研究生顺利毕业。2016 年 12 月，学院在读学生人数为 537 人，其中本科生人数为 392 人。

5. 师资配备

专业学位点依托学校的支持，重视高水平教师队伍建设，并取得显著成效。截至 2016 年，该专业学位点共有专任教师 54 人（其中中国籍专任教师 40 人，外国籍专任教师 14 人）、专职科研人员 4 人、行政管理及工程技术人员 16 人，教职工总计 74 人。专任教师中 45 岁以下的中青年教师有 58 人，具有博士学位的教师有 46 人，形成了一支年轻化和专业化的教师队伍。学院所有教授、副教授均担任本科教学授课任务。此外，学院每年聘请法方合作院校的教授或核能专家 38 人次到本学科开展教学和科研合作。以 2015 年度为例，法方教师来校主讲本科阶段课程 15 门，主讲研究生阶段课程 22 门。学院还聘请国内外核能企业知名专家担任兼职教授，通过举办学术论坛、合作指导学位论文等促进国际化教学。

6. 课程设置（含案例教学）

专业基础课程和专业课程大部分采用法语和英语进行授课。预科阶段的数学、物理、化学课程较多，约占整个预科课程的 2/3，以夯实学生的理论基础；工程师阶段则以核工程类专业课程为主，并设有经济学、商业模拟、项目管理工具、预算管理等管理类课程，以培养学生成为高端技术研发和管理人才。重视实验课，不设标准实验步骤，让学生自主设计实验方案、搭建器材、调试设备、采集数据、总结报告，以提高学生对理论知识的理解与应用能力。

所有课程均由中、法教师组成教学组共同完成，由“大课+导学课+辅导课”三部分构成：大课涉及的知识面广且深，辅以教师讲解为主的导学课（18 人小班）和以学生提问为主的辅导课（9 人小班）交互进行，以提供个性化的指导，形成多课堂教学模式融合的工程师培养课程体系。2015 级本科生开设课程 76 门，毕业学分为 331 分，合计 5919 学时；研究生开设课程 54 门，毕业学分为 133 分，合计 2284 学时。

7. 实践安排（含校企合作基地建设等）

专业学位点在教学过程中一直注重与企业合作培养核能精英工程师，与合作单位共建了多个校外实践基地，包括中广核集团、法国民用核能工程师教学联盟、法国电力集团、法国阿海珐集团等，每年派出不少于 70 人到各实践基地实习。

8. 论文工作

本科毕业设计参考法国培养模式采用团队合作形式完成，选题均来源于实际的工程问题，每个毕业设计小组 3—5 人。论文要求既有个人独立完成的部分，也有合作完成的部分，最终提交小组和个人英文本科论文，以小组参加论文英文答辩。

硕士毕业论文选题来源于毕业实习课题，包括工程设计研究、技术研究、软件开发、工程管理等。所有研究工作均在实习过程中完成，由一名实习单位导师和一名本学院导师组成双导师共同指导。要求最终提交中文硕士论文和英文毕业实习报告，并参加硕士毕业论文英文答辩。

学生最终成绩由实习单位导师评分、学院导师评分、两名论文评审人评分和答辩委员会评分加权平均计算，用于遴选优秀毕业论文。

9. 学位授予

学生修完本专业的一、二、三类课程且全部合格者可以申请论文答辩，通过硕士毕业论文答辩后，获得中山大学颁发的硕士毕业证书、硕士学位证书，同时获得法国工程师职衔委员会（Commission des Titres d'Ingénieur，CTI）认证的工程师证书，该证书已得到欧洲工程教育认可。

10. 联合培养

专业学位点自2010年设立以来就与法国民用核能工程教学联盟合作办学，与CEA、EDF、阿海珐集团等签署了实践和科研合作协议，依托中法双方合作单位的研究优势与核电企业的实践条件，为我国核电事业发展联合培养精英工程师，2013年，还与中广核集团签订了《核电“工程师教育”人才培养合作协议》。

11. 专业学位教育资质与职业资格认证

2016年2月，该学位点作为我国核能领域唯一机构以优异的成绩通过了法国工程师职衔委员会认证，同年6月顺利通过欧洲工程教育认证。这不仅意味着专业学位点拥有法国工程师证书直授资格，还意味着专业学位点的培养模式与办学质量得到了国际教育界的广泛认可。

12. 对外交流（包括国际、国内交流）

专业学位点高度重视通过“引进来”和“走出去”促进高水平交流，发挥与法国合作伙伴、中广核集团等共建研发中心的优势，邀请国内外核能行业的高级技术和管理人才担任工程师授课、指导毕业设计、短期讲学。迄今已邀请了149位境外专家来校开展合作，举办了25场境外专家专题讲座。

2012—2015年，专业学位点已派出28位教师赴法国、美国、日本等国参与培训和研讨，到教学现场听课和观摩学习，既促进了对国际人才培养和教学理念的吸收，同时又传播了中国核能行业发展和人才培养特色。

13. 与相近学术型学位的差异性

核能与核技术工程硕士以培养核能领域的综合性应用人才为目标，采用中法联合培养工程师的课程体系，不设特定研究方向，要求修习完中法双方共同讲授的专业课程，完成“三段式”9 个月的实习，基于最后 6 个月的毕业实习完成硕士学位论文。毕业生主要从事核电设计、运行及管理等工作。

核科学与技术学术型硕士以培养科研与教学人才为目标，研究方向有核仿真与安全、反应堆热工水力、核辐射防护与核探测、核材料与燃料循环。学术型硕士的培养包括第一学年的课程学习和第二、三学年的学位论文研究两个阶段，主要培养标准为科研成果和学业成绩。毕业生主要从事核能领域的科研工作。

14. 案例成效

学院通过引进、吸收法国核能工程师培养模式的精髓，经过六年时间的发展，在培养方案、课程体系、教学方法、实践基地、师资队伍等方面取得了显著成绩。

2016 年 2 月，学院通过了 CTI 的认证，学院颁发的核能工程师证书受到法国认可，首次认证有效期达到 6 年（一般为 3 年）。同年 6 月，学院又获得欧洲工程教育认证。CTI 评估专家评价该专业学位点的人才培养与法国最顶尖的工程师学校相比，也毫不逊色。该专业学位点每年培养出 80 余名一流核能精英工程师，为广东乃至全国的核能发展提供了智力支持。

15. 案例拓展

中法全方位合作培养核工程类专业的高级技术与管理人才模式可拓展到其他工科应用人才培养中。

16. 案例中遇到的问题与解决方案

1）学生课时量大，学习任务重。每门课程都按照“大课+导学课+辅导课”的模式进行，以保障教学效果，而且按人文管理、数学、物理与化学、专业课几个系列科学地安排时间顺序，以提高课堂效率。

2）协调中法教师时间的难度较大。很多工程师专业课程是法方派教师讲授大课，因此课程表需根据法方教师时间安排，并考虑中方教师的时间，需要频繁变动。对此，学院采用中法教学组共同教学的模式，来保障同一课程教学组的教师可以协同承担教学任务，而不必频繁地更换课程安排。

3）实践时间长、次数多，需要良好的保障体系。核能与核技术工程专业重视工程实践，共安排了“三段式”共 9 个月的实践，每次实习人数为 80—100 人，这对实践基地提出了很高的要求。专业学位点除了与法方合作高校及 CEA、EDF 签署学生实践协议外，还与中广核集团建立了大规模联合培养实践基地，以最大限度地保障大体量工程师实习的顺利进行。

17. 案例的推广性

专业学位点涉及核物理、热工、材料、力学等多学科内容，具备综合性特点，因此，专业学位点探索形成的中法合作培养精英核能工程师模式可以为核学科和其他工科应用型人才的培养提供良好的示范作用。

三、案例述评

面对我国核能快速发展对国际化人才需求的增加，经中、法政府推动，中山大学与 5 所法国核能工程师联盟高校合作办学，借鉴法国工程师培养经验，结合中山大学教育资源与华南地区核电产业优势，建成了符合中国国情的核能精英工程师培养模式，具有培养体量大、数理及专业课程量大、“三段式”9 个月的实践等特点，率先通过 CTI 和欧洲工程教育认证，每年为我国核能产业输送 80 余名高水平技术与管理人才。

案例撰写联系人：

马显锋（中山大学中法核工程与技术学院）

北京航空航天大学航空工程领域工程专业学位培养案例

The Cultivating Case of Engineering Professional Degree in Aeronautical Engineering Field of Beihang University

一、案例简介

1）案例特点：创新、开放、合作。

2）案例启动时间：2009 年。

3）案例合作方：中国商用飞机有限责任公司（简称中国商飞）、中航工业西安飞机工业（集团）有限责任公司（简称中航西飞）、中国航空工业集团公司第一飞机设计研究院（简称中航工业一飞院）。

4）案例主要创新点：教学规范、特色鲜明、突出实践。

二、具体案例撰写

（一）案例背景

先进飞行器高级人才联合培养基地，由北京航空航天大学与中国商飞、中航西飞、中航工业一飞院联合建立。北京航空航天大学借鉴美国、英国等发达国家的先进经验，瞄准我国大型飞机工程项目人才需求，在基地建设过程中始终坚持与中国商飞等企业紧密结合，坚持现代高等工程教育模式，以培养具备科学家“三能力”[分析洞察能力（why to do）、工程师的创新实践能力（how to do）、企业家的经营管理能力（what to do）]的复合型创新实践人才为核心，重视培养学生高度的社会责任感、无穷的创新精神和严谨的治学态度，重视培养学生具备现代高级工程技术人才的“坚实的理论基础、丰富的工程经验、先进的技术手段、严谨的工作作风”四项素质。

（二）创新理念与培养目标

依托航空科学与技术国家实验室雄厚的师资和教学资源，学校将工程需求、理论教学、创新实践紧密结合，并针对专业学位研究生培养所必需的实践环节，建立与企业紧密结合的理论教学和实践方案，形成了一套教学规范、特色鲜明、突出实践的人才培养规程；办学过程坚持走开放办学与工程实践之路、团队培训和团队创新实践之路，注重科学与技术并重的教育模式，强调人才的工程实践和集成创新意识，突出创新实践、技术集成和协作能力的培养；在与企业联合建设实践基地的过程中，借鉴美国提出的大工程观的概念，依据系统工程学的思想，重视生产、设计、环境、经济、工程管理等知识的传授与实践，强调科学知识的综合应用，强调学科的交叉融合，强调集成创新实践锻炼。

（三）主要流程及运行

学校联合培养基地，借鉴美国等发达国家高等工程教育的先进经验，以大飞机工程项目为牵引，与企业紧密结合制订特色鲜明的教学方案，培养具备现代工程高级技术的管理、应用、复合型人才。2011 年 3 月，中国商飞董事长张庆伟同志在中南海向张德江副总理汇报大飞机工程进展情况时，肯定了北京航空航天大学大飞机班的办学模式，这是企业领导对学校大飞机班办学效果最大的肯定和极大的鞭策。在整个培养环节中，学校始终坚持“工程、融合、提升、增强”的八字办学方针，制订了特色鲜明的全日制专业学位研究生联合培养基地教学方案，并取得丰硕的教学成果。具体说明如下。

1. 理论课程体系

对于理论课程的设置，针对大飞机工程所涉及的主要专业的要求，在设计、制造、管理等方面选取了学校材料科学与工程学院、电子信息工程学院、自动化科学与电气工程学院、能源与动力工程学院、航空科学与工程学院、计算机学院、机械工程及自动化学院、宇航学院、仪器科学与光电工程学院、经济管理学院等 10 个学院开设的相关专业必须课程作为大飞机班的必修课程与选修课程，学生需根据校企导师的要求，制订修课计划，得到大飞机班专家委员会批准后，可到有关专业学院学习课程。同时学生需在企业导师的指导下，完成所学课程在大飞机工程中作用与应用情况的总结报告，以使相关学科知识得到真正的交叉与融合。

2. 培养流程和教学方案

借鉴克兰菲尔德大学航空航天团队的训练经验，学校将大飞机班学生的培养流程分为五个阶段：前沿讲座（由国内外著名专家、学者、总设计师授课）、专项技术培训（完成各种国际化大型飞机设计软件的培训）、认识实习、模拟设计训练、专项技术研究，各阶段学时所占比例见表 2-3。

表 2-3　不同阶段学时所占比例

阶段	学时所占比例（%）
前沿讲座	5
专项技术培训	25
认识实习	10
模拟设计训练	40
专项技术研究	20

1）前沿讲座：聘请国内外著名的专家、学者、总设计师，讲授具有国际化水平的工程项目研制、生产和管理技术；聘请空客（北京）工程技术中心有限公司的专家讲授空客项目实施和管理方面的课程。

2）专项技术培训：集合工程项目的关键技术，聘请相关专业的技术专家，按照专业进行专项技术培训，包括多种国际化设计软件的使用，以使学生的基本技能得到明显提升。

3）认识实习：参观和下厂实习（主要到大型飞机设计、制造、维修等单位实习），并独立完成有关设计、生产、管理方面的实习报告。

4）模拟设计训练：由校企导师进行指导，将学生按照专业进行分组，完成大飞机的模拟设计训练，以使学生的集成创新意识和实践能力得到明显增强。

5）专项技术研究：在模拟设计的基础上，在校企导师的指导下，学生围绕工程技术难题，确定研究方向和技术路线，进行专项技术研究，完成硕士论文，并进行论文答辩。

3. 教学成果与奖项

2011—2013 年毕业的大飞机班学员共 69 人，其中 3 人的论文获得北京航空航天大学研究生优秀硕士学位论文称号。从 2009 年开始，在中国商飞工作的培训班学员有390人，全部在中国商飞的技术业务部门，其中12人担任各技术部门的组长或副组长。全日制专业学位毕业的研究生中，85%以上从事大飞机工程项目，企业普遍反映，学校大飞机班学员的工程意识强，知识面广，上手快，敬业和协作精神强等。大飞机班建立以来，受到国内多家媒体报道，2011年7月在教育部高等教育司中心组学习会上进行了经验分享。

2009年，大飞机班的“以国家大型飞机项目为牵引的研究生创新实践团队培养模式的探索与实践”获得北京市教学成果奖一等奖。至今，大飞机班共获得授权国家发明专利19项，授权国家实用新型专利23项，在《民用飞机设计与研究》杂志上发表论文158篇。

4. 典型案例

1）飞机设计实践基地。中航工业一飞院是我国唯一集歼击轰炸机、轰炸机、民用飞机、运输机和特种飞机设计研究于一体的国家级大中型军民用飞机设计研究院。该院先后成功研制了具有里程碑意义的多个型号，诸如运-7飞机、“小鹰”500 多用途飞机、空警一号预警机、大型运输机等，先后取得国家级、部省级科技成果300多项，并荣获全国“五一劳动奖状”，全国“企业文化建设先进单位”等荣誉称号。中航工业一飞院拥有飞机总体气动、强度、结构、四性与综合保障、综合航电、飞控液压、动力燃油、环控救生、电气、标准材料、信息系统、科技档案和计量等设计研究所，拥有飞机结构强度与新材料、飞行控制和液压系统等大型实验室，具有完整配套的试验设施和丰富的实践经验，全面采用三维数字化设计和电子预装配等先进技术，形成了一整套系统的协同设计方法，开展了全方位的专业建设，形成了雄厚的科研实力。飞机设计实践基地的主要任务是每年接纳大飞机班学员进行设计实习，参观实验室，听包括唐长红总设计师在内的飞机设计专家的讲座，讲座内容包括飞机总体设计、飞机结构设计、发动机系统、飞行控制、航空电子系统、起落架系统、增升装置系统、燃油和环控系统、防冰系统、辅助动力系统等。

2）飞机制造实践基地。中国商飞于2008年5月11日在中国上海成立，是我国实施国家大型飞机重大专项中大型客机项目的主体，也是统筹干线飞机和支线飞机发展、实现我国民用飞机产业化的主要载体。中国商飞下辖单位主要有上海飞机设计研究所、上海飞机制造有限公司、上海飞机客户服务有限公司以及上海航空工业（集团）有限公司等。中航西飞是科研、生产一体化的特大型航空工业企业，是我国大中型军民用飞机的研制生产基地，国家一级企业。在40多年的发展中，中航西飞先后研制生产了20余种型号的军民用飞机。军用飞机主要有轰六系列轰炸机等，其中5个机型的30架飞机参加了国庆50周年阅兵式。民用飞机主要有运-7系列飞机和新舟60飞机等，其中新舟60飞机是我国首次严格按照与国际标准接轨的标准进行设计、生产和试飞验证的飞机，它在安全性、可靠性、舒适性、经济性、维护性等方面已达到或接近当代世界同类先进支线客机的水平。1980 年，中航西飞率先走出国门，先后与美国、加拿大、意大利、法国、德国等国的世界著名航空公司进行航空产品合作生产。中航西飞坚持“飞机为主，多种经营，高科技，外向型”的发展战略和“用户至上，以人为本，系统管理，持续改进”的质量方针，不断深化改革，强化管理，加快发展，与国内外合作伙伴和社会各界协同创造卓越，力求成为国内著名、世界知名的现代航空企业集团。飞机制造实践基地的主要任务是每年接纳大飞机班学员进行飞机制造实习，参观部装和总装厂，听取制造工艺师讲授飞机制造工业课程，该课程主要介绍机翼、机身等大型结构件的加工制造过程，以及飞机总装对接过程等。

3）大型飞机国际化综合实践基地。空中客车公司作为一个欧洲航空公司的联合企业，创建的初衷是同波音公司和麦克唐纳·道格拉斯公司那样的美国公司竞争。空中客车公司是业界领先的飞机制造商，以客户为中心的理念、丰富的商业知识、技术领先地位和制造效率使其跻身行业前列。2010 年，空中客车公司的营业额达近 300 亿欧元，已牢固地掌握了全球约一半的民用飞机订单。空中客车公司总部设在法国图卢兹，由欧洲宇航防务集团拥有。空中客车公司是一家全球性企业，全球员工约有 5.4 万人，在美国、中国、日本和中东设有全资子公司，在汉堡、法兰克福、华盛顿、北京等地设有零备件中心，在图卢兹、迈阿密、汉堡和北京设有培训中心，在全球各地还设有 150 多个驻场服务办事处。中国于 1985 年引进第一架空中客车飞机。1994 年，空中客车中国有限公司成立，并在北京设立了办事处。20 年多来，空中客车公司向中国客户提供了先进的空中客车系列产品，在中国大陆现役空中客车飞机的数量已经超过 400 架。与此同时，空中客车公司提出了与中国建立全面合作伙伴关系的长期发展目标，积极开展与中国航空制造业的工业合作和技术转让。2005 年，空客（北京）工程技术中心在北京正式启用。2007 年 6 月，空中客车与中方联合体正式签署了空中客车 A320 系列飞机天津总装线合资企业合同。根据合同，空中客车持有合资企业 51%的股份，中方联合体持有 49%的股份。2008 年 9 月，空客天津总装线正式投产。2009 年 6 月，空客天津总装线完成总装的首架飞机交付客户。空中客车 A320 系列飞机天津总装线项目是中欧双方合作的又一重要成果，该项目对于推进中国的民机产业发展、加快天津滨海新区开发开放具有重大意义。A320 系列飞机天津总装线项目注册资金 6000 万欧元，总体占地面积约 60 万平方米，建筑面积约 11.4 万平方米，工作内容为 A320 系列飞机的总装、喷漆、测试和飞行试验。大型飞机国际化综合实践基地的主要任务是每年接纳大飞机班学员参观天津空客 A320 总装厂，听取飞机总装对接过程等介绍。

4）北京飞机维修工程有限公司实习。北京飞机维修工程有限公司（Ameco）

位于北京首都国际机场，是中国国际航空股份有限公司（简称国航）和德国汉莎航空公司（简称汉莎）合资经营的企业，于 1989 年 8 月正式营业，合资期为 40 年。Ameco 是中国民航合资最早、规模最大的民用飞机综合维修企业，可为航空公司提供航线维护、飞机大修及喷漆、发动机大修、附件修理、起落架大修、工程技术、人员培训、地面设备校验等方面的服务，是中国民用航空局授权的民用航空器改装设计委任单位代表。除了确保股东国航全部机队的正常运营外，Ameco 还为近百家国内外用户提供维修服务。近几年，Ameco 与多家国际用户建立了长期的合作关系。2005 年，Ameco 在亚洲航空维修国际会议与展览期间被评为“亚太最佳独立 MRO 厂商”。面向未来，Ameco 将启动长期战略发展规划，开辟新生产线，加大生产线投资，持续拓展新机型的维修能力，一如既往地向国内外用户提供高品质的服务，努力满足市场日益增长的维修需求。作为大飞机班的飞机维修实践基地，Ameco 的主要任务是每年接纳大飞机班学员进行飞机维修参观实习，参观大型飞机维修现场、大型发动机维修厂。

5）国内外著名专家授课。大飞机班建立以来，其办学的出发点和重要优势是瞄准我国大飞机项目，为我国培养具备设计和研制大型飞机能力的研发队伍提供服务。学校依托航空科学与技术国家实验室、国家计算流体力学实验室、流体力学教育部重点实验室、航空发动机气动热力国防科技重点实验室、无人机研究所等单位在航空航天领域雄厚的师资力量和坚实的理论基础，并通过与中航西飞、中航工业一飞院等多家单位联合成立高级人才培养基地，将工程需求、理论教学、创新实践紧密结合，结合全日制工程专硕培养要求，形成了一套有效的教学规范及特色鲜明的工程实践管理规程。通过密集培训、认识实习和模拟设计，增强学生对大型飞机的总体设计、系统集成、适航管理以及大飞机相关先进技术的认识，将学生培养成为具备大飞机设计、制造、运行管理等基本技能的高级技术骨干后备力量，为国家大型飞机研制项目源源不断地输送人才。为了与工程实际紧密结合，学校特别聘请了几十名国内著名的院士、专家、总设计师和国外专家，为学生讲授大型客机研制、生产和管理的国际前沿技术，让学生了解大型客机总体、气动、结构、飞行控制等设计流程及方法，使学生对大型客机有全面的了解。

三、案例述评

大飞机班毕业生的技术知识面广、工程意识和动手能力强，受到国有大型企业的高度关注，并得到中国商飞等企业的高度好评。

案例撰写联系人：

刘沛清（北京航空航天大学航空科学与工程学院）

同济大学车辆工程领域工程专业学位培养案例

The Cultivating Case of Engineering Professional Degree in Vehicle Engineering Field of Tongji University

一、案例简介

1）案例特点：校企无缝对接联合培养新模式。

2）案例启动时间：2009 年。

3）案例合作方：上汽大众汽车有限公司（简称上汽大众）、联合汽车电子有限公司（简称联合电子）、同济大学机械与能源工程学院等。

4）案例主要创新点：创立并实践了校企联合培养卓越人才的新机制。

二、具体案例撰写

（一）案例背景

我国汽车产业近年来发生了巨大变化，主要表现在：产量和市场需求由小变大，行业发展趋势由大变强，由技术引进转向自主开发，自主品牌逐渐占据市场主导，自主开发成为主流，开发队伍需求激增。这些变化对车辆工程专业高级人才的培养提出了更高、更迫切的要求，但我国相关人才供给的数量和质量远不能适应行业发展的需求，这一行业正面临严重的人才缺口。要填补这个缺口不仅需要增加人才培养的总量，更需要培养多元化、多层次的汽车人才。

高等汽车院校培养的学术型人才远落后于实际需求，供需比例严重失调。企业不仅需要偏重研究能力的学术型科研人才，更需要大量具有创新能力、动手实践能力、沟通与团队合作能力的专业型卓越汽车人才，这无疑对高校人才培养提出了巨大挑战。因此，探索汽车人才培养的新途径，是相关汽车专业院校高等工程教育改革的迫切需求。

（二）创新理念与培养目标

创新理念：校企结成人才培养共同体，满足市场快速发展对行业人才的需求，实现企业、学校、学生三方共赢。

培养目标：面向未来汽车工业发展，培养德智体美全面发展，知识、能力、人格三位一体，掌握车辆工程领域坚实的基础理论和系统的专业知识，掌握相应的技能方法和相关知识，具有良好职业素养，具有创新能力、创业能力和较强的解决实际问题的能力，具有应用第一外语开展技术研究和交流的基本能力，能够承担车辆工程领域内的设计制造、科研开发、应用研究、产品管理与营销等方面的技术或管理工作，具有较强的社会责任感、国际视野和国家认证的创新性实践型卓越汽车工程师。

（三）主要流程及运行

1. 制度建设

汽车学院（以下简称学院）建立了校企合作联合培养的长效机制，从组织结构、运行模式、管理监督等方面加强建设；建立了兼职教师和兼职工程师双向培训、管理、考核机制；制定了学生在企业学习阶段的考核标准和考核要求，与学校一起对学生的培养质量进行评价；为学生在企业学习期间的安全、保密、知识产权保护等提供充分的安全保护与劳动保护设备，做好相关的管理工作。

2. 培养方式

车辆工程领域专业学位研究生实施“1+1.5”培养模式，即先在学校完成 1 年的学习计划，后 1.5 年在企业完成专业实践培养，同时结合企业实际完成研究生学位论文。企业将根据校企联合培养的需要，落实学生在企业学习期间的实习实践、学位论文等各项教学安排，为学生提供实训、实习的场所与设备，让学生有机会实际动手操作，统筹企业项目课题，安排企业指导教师等。

3. 管理方式

企业和学校均建立了专门的管理部门及团队；建立研究生培养质量监督反馈机制，学校每半年至少 1 次前往企业进行随访；建立校内导师联系卡制度，即学生与校内导师建立联系卡，根据研究生培养环节的特点，规定导师在每个阶段至少与学生见面沟通的次数；建立企业导师培训制度，学校组织对企业导师、企业管理团队进行专门的培训，介绍学校人才培养标准及培养要求、学位论文要求等。

4. 生源遴选与规模

近年来，车辆工程领域全日制专业学位研究生每年的招生人数基本稳定在 90 人。学院探索构建了本硕一体化的卓越汽车工程师培养体系，进一步提高了学院本科生推免为研究生的比例，使得专业学位研究生生源得到保障。此外，学院通过“全国优秀大学生暑期学校”、研究生统考及自主招生政策等一系列措施及政策，吸引了其他“985 工程”“211 工程”高校的优秀生源，同时提高了统考研究生生源质量，近几年学院研究生生源中来自非“211 工程”高校的学生比例均未超过 5%，生源质量位居学校前列。

5. 师资配备

专业学位研究生培养实行双导师制度，即学生在企业完成课题，校内导师与企业导师同时对学生进行指导，以企业导师为主。为加强双师型师资队伍建设，更好地开展与实施培养工作，学院实施了高校教师践习计划，将赴企业践习列入教师考核及晋职条件，以此为契机加强双师型师资培养，同时促进高校教师与企业进行广泛的产学研合作；开展现有师资工程实践能力的进修培训，建立了一支校外兼职师资队伍，探索形成了校外兼职师资管理及运行机制，建立了面向专业学位研究生培养的校内外师资联动模式。

6. 课程设置（含案例教学）

在课程体系、实践环节及学术论文等教学培养环节中，让企业在专业特色课程、企业专家讲座、企业专业实践等诸多方面深入参与，利用企业优质资源，实施联合培养。

1）专业特色课程（专业选修课）。利用企业先进的汽车研发软硬件设施和丰富的人力资源，尤其是有丰富实践经验的工程师和项目负责人，针对车辆工程等相关专业人才培养的具体教学环节，建立汽车行业特色专业课程体系。

2）企业专家讲座（学术讲座）。学院与企业联合开设行业规范指南课程，聘请有丰富实践经验的企业优秀人员来校授课。

7. 实践安排（含校企合作基地建设等）

以校企无缝对接联合培养专业学位研究生的理念为指导，建设了一批校企联合培养实践实习基地，制定了基地建设目标及标准，完善了基地运行及保障模式，探索了基地、学生、学校三方共赢的运作机制。

已和学院签订校企联合培养协议并建立专业学位研究生实践实习基地的企业包括上汽大众、大众汽车集团（中国）、潍柴动力股份有限公司（简称潍柴动力）、曼胡默尔集团、联合电子、一汽大众汽车有限公司、重庆长安汽车股份有限公司（简称长安汽车）、吉利汽车集团、同济汽车设计研究院有限公司等近 20 家国内外企业，每年获得的企业联合培养专项捐助资金超过 200 万元，可全面满足学院学生联合培养需求。

与上汽大众、潍柴动力获批建设国家工程教育实践中心，用于全面探索和实践企业深度参与人才培养过程，建设校企联合培养新平台。构建校企联合培养重要示范基地，针对企业实际人才需求并利用企业优质的实践教育资源重构并实施学生创新实践能力培养，建设跨学校、跨学院、跨学科、跨专业的多学科、多文化交融培养模式，实现校企人力资源互补、互利双赢的产学研一体化。

8. 论文工作

学位论文应结合企业实际研究项目进行，选题应具有明确的职业背景和应用价值，可选择结合生产实践、解决重大实际问题的课题。专业学位研究生的课题方向、论文内容等由校内外导师共同指导。

9. 学位授予

全日制专业学位研究生完成各项培养环节，取得规定学分，并通过学位论文答辩，经学位授予单位评定委员会审核，将获得工程硕士学位。

10. 联合培养

1）模式一：大众模式。项目课题来源于企业，学生主要由企业选拔，项目和学生实现对接后，学生赴企业完成专业实践和学位论文，实现专业实践与学位论文写作双过程合二为一。大众模式以研究课题为导向，实行课题与学生一对一匹配，并实行双导师制度，即学生在企业完成课题的过程中，校内导师与企业导师同时对学生进行指导，以企业导师为主。

2）模式二：联电模式。项目课题来源于企业，企业将课题打包发送给学校并与教授对接，而后教授选派参与项目的学生赴企业完成专业实践和学位论文。学生参与到校内导师承接的企业项目中，实现专业实践与学位论文写作双过程合二为一。联电模式以研究项目为导向，由校内导师承接企业的项目，并选拔学生参与到项目中并实行双导师制度，即学生在企业完成课题的过程中，校内导师与企业导师同时对学生进行指导，以企业导师为主。

学院与企业联合培养专业学位研究生，模式多样，层次清晰，并且开展了企业宣传等多种形式的活动，包括企业日、企业课程、科技节等，从而形成了校企联合培养新模式。

11. 专业学位教育资质与职业资格认证

学院积极参加全国工程硕士专业学位教育指导委员会车辆工程分委会组织的专业学位论文标准建设工作，并结合教育部车辆工程领域专业学位综合改革试点工作，建立了车辆工程领域工程硕士学位论文标准及论文案例库，包括调研报告、应用基础研究、规划设计、产品开发、项目管理等多种形式。

12. 对外交流（包括国际、国内交流）

基于专业学位研究生的国际视野能力培养，全面搭建了国际交流教育合作平台，主要建设内容包括以下几方面。

1）国际硕士双学位项目建设。与德国的布伦瑞克工业大学、达姆施塔特工业大学、斯图加特大学、卡尔斯鲁厄理工学院，法国的巴黎高科国立高等工程技术学校，意大利的都灵理工大学，瑞典的查尔姆斯理工大学建立了国际硕士双学位项目，每年可派出研究生及接受国外学生的规模均约为 45 名，已建成包含 12 门课程的全英文课程体系，与中德学院、机械与能源工程学院构建了全英文课程共建共享大平台。

2）国际化校企联合培养基地建设。与国际知名汽车企业合作建立了国际化的校企联合培养基地，包括与上汽大众、德国大陆集团等合作资助优秀学生赴海外开展双学位培养，同时在大众汽车、德国大陆集团建立海外实习实践基地，为学生提供海外实习实践机会；基于上汽大众等知名合资企业所具有的浓郁国际化氛围特点，在已建立的校企联合培养基地所开展的培养活动中，建立了包含国外实习生、外籍企业工程师在内的国际化项目合作小组。

13. 与相近学术型学位的差异性

专业实践方面的差异：全日制专业学位研究生的培养更加注重专业实践环节，实践时间按要求至少达到一年。学术论文方面的差异：对全日制专业学位研究生不做公开发表学术论文的硬性要求，但学院制定了全日制专业学位研究生论文抽样检查办法，以确保论文质量。

14. 案例成效

成效一：教改项目

作为汽车人才培养体系的重要组成及支撑，2009 年以来，学院获得省部级教改项目 7 项、同济大学重点及专项教改项目 10 项、校实验教改项目 10 项、本硕课程贯通知识体系及知识点梳理项目 23 项。

成效二：课程建设

获批同济大学卓越课程 9 门（2011—2012 年）、专业教学团队 2 个（2012 年），建设研究生精品课程 7 门、企业特色课程 4 门，获校精品实验项目 3 项。

成效三：教研成果

1）编写教材 6 本，在《学位与研究生教育》等期刊上发表教改论文 26 篇。

2）2012 年 7 月，学院完成的“校企协同，无缝对接，创新培养卓越汽车工程师——同济大学-上汽大众卓越汽车工程师校企联合培养新模式”，入选国家教育体制改革领导小组办公室“教育改革发展典型经验（案例）”。

3）2010 年以来，相关教学研究内容获得的主要奖励包括：2013 年，获上海市高等教育教学成果奖一等奖 2 项；2014 年，“同济大学车辆工程领域专业学位研究生上汽大众实践基地”获得全国工程专业学位研究生教育指导委员会颁发的第一届“全国示范性工程专业学位研究生联合培养基地”荣誉称号，获批教育部学位与研究生教育司“2014 年专业学位研究生培养模式改革项目”。

15. 案例拓展

学院成为同济大学乃至全国高校高等工程教育改革的先锋，在国内外教育领域具有较大影响力，发挥了较大的引领作用。2010 年 6 月，在教育部“卓越工程师教育培养计划”启动会上，上汽大众作为大会企业发言代表之一介绍了与学院联合培养预备工程师汽车人才的经验。2010 年 9 月，在首届“中欧工程教育研讨会”上，上汽大众代表做了“上汽大众-同济大学汽车学院联合培养汽车预备工程师”的主题报告，介绍了校企联合培养经验。

16. 案例中遇到的问题与解决方案

1）专职和兼职教师队伍需加强建设。进一步加强校外兼职教师培训，探索柔性实践教育及兼职教师授课的教学管理及评价机制，提升校内青年教师的工程实践教育能力，完善实施教师践习计划，建设专兼结合的工程型师资队伍。

2）校企各相关部门需加强沟通。以多种形式加强校企沟通，尤其是与企业各部门之间协同建设实践中心，落实每次沟通后的议题及提出的建议、意见，优化校企合作流程。

3）学生的安全意识有待提高，安全保障有待加强。加强对学生安全、保密、知识产权保护等的教育，做好相关的管理工作；提供充分的安全保护设备，保护学生的身心健康与安全。

17. 案例的推广性

本案例在校企联合培养模式方面的先进经验，具有推广到其他校企联合培养模式的典型示范价值。

三、案例述评

同济大学车辆工程领域专业学位研究生教育获批成为教育部及上海市首批专业学位研究生教育综合改革试点，在办学思想、培养目标、培养方案、师资队伍、教育管理体制、课程设计、实习实践基地建设、学位论文、培养模式创新、管理体制改革等方面开展的综合改革试点工作，具有鲜明特色并取得了较好的培养成效。

学院与上汽大众、联合电子等企业开展全面深度合作，构建了校企无缝对接联合培养新模式，创立并实践了校企联合培养卓越人才的新机制，全面建设了面向企业深度参与卓越人才培养过程的工程实践教育中心新平台，探索建设了国际化校企联合培养基地。

案例撰写联系人：

甄玉君、毕迪迪、吴志军、田潇、谭丕强（同济大学汽车学院）

主要合作单位案例撰写联系人：

叶解勋（上汽大众汽车有限公司）

重庆大学车辆工程领域工程专业学位培养案例

The Cultivating Case of Engineering Professional Degree in Vehicle Engineering Field of Chongqing University

一、案例简介

1）案例特点：服务产业需求、以实践为导向的培养模式、多方协同机制。

2）案例启动时间：2012 年 10 月。

3）案例合作方：长安汽车、中国汽车工程研究院股份有限公司、重庆青山工业有限责任公司、重庆超力高科技股份有限公司、重庆博耐特实业（集团）有限公司、西南铝业（集团）有限责任公司、重庆钢铁（集团）有限责任公司、重庆两江新区创新创业投资发展有限公司、重庆邮电大学、重庆理工大学、美国福特汽车公司、美国密歇根大学。

4）案例主要创新点：打破学科专业培养框架束缚、特色培养模式、五方协同机制。

二、具体案例撰写

（一）案例背景

2012 年，国家明确提出发展自主品牌汽车的国家战略。基于拥有长安汽车等自主汽车品牌，重庆提出了打造中国汽车名城的战略，培养高层次汽车行业人才是发展自主品牌汽车国家战略、打造汽车名城的重要支撑。汽车结构复杂、产业链长，涉及众多学科，传统研究生教育按学科或专业定位，成为人才培养体系的壁垒。由学校单一主体进行的、以知识传授为主的研究生教育，缺乏对行业从业知识、能力及素养要求的有效论证，无法满足汽车行业对复合型人才的需求，容易导致学生知识能力狭隘、行业适应周期长、发展后劲不足等问题。为此，重庆大学以重庆自主品牌汽车协同创新中心建设为契机，尝试打破学科专业培养框架束缚，实施行业定位培养模式，通过企业、政府、高校多主体协同培养既熟悉汽车行业研发、设计、生产、制造全流程，又精通特定汽车领域，还能够适应和引领汽车行业发展的高层次复合型人才。

（二）创新理念与培养目标

针对传统研究生人才培养模式由学校单一主体按照固定学科或专业进行定位

培养所引发的学生知识结构与行业从业要求脱节、实践能力欠缺、综合素养匮乏、行业适应周期过长、发展潜力不足等问题，重庆大学以满足汽车行业人才需求为导向，以培养能够适应和引领行业发展的高层次应用型人才为目标，通过校地、校企、校内、校校、国际协同等“五协同”机制，构建了学校、企业、政府等多主体组成的复合型培养体系，建立了按行业大类定位、多主体协同创新的汽车行业高层次复合型人才培养模式，在专业学位研究生培养模式改革上做出了有益探索。

（三）主要流程及运行

1. 服务国家与地方产业发展战略，培养自主品牌汽车发展所需的高层次复合型人才

重庆大学通过行业企业调查、就业数据分析、毕业生发展质量调查评估等多种形式，对行业人才需求类别与数量进行论证，即根据国家、地方经济社会发展重点行业确定人才培养类别与招生培养专业，根据区域内行业企业数量、企业人才需求现实缺口确定各专业招生数量，通过校企联合培养机制保障培养内容符合行业人才岗位需求，从而真正实现人才培养与岗位需求的匹配、专业与职业的对应。2011年，重庆大学选择汽车作为行业定位培养模式的首个试点行业，这既是服务国家汽车自主品牌发展与重庆打造西部汽车名城、支撑汽车这一重庆经济第一支柱产业发展的战略需要，也是应对中国前十大汽车品牌已有八大汽车品牌落户重庆、重庆大小汽车零部件配套企业已达上千家所引发的对汽车行业高端应用人才强烈、迫切而持续的人才现实需求。

从整个职业生涯发展来看，专业学位研究生教育不仅要传授学生专业知识，使之成为适应特定职业或行业需要的专门人才，更重要的是提高学生整体素质与能力，使之具备成为行业领军人才的发展潜力。这既体现了专业学位的应用特色，又反映了研究生教育的高层次水平。基于这一认识，重庆大学在探索和实践行业定位培养模式的过程中，确立了培养既熟悉行业全产业链生产组织过程，又精通行业专门技术或管理领域，还能够适应和引领行业未来的人的培养目标。同时，与学科专业培养模式以专业知识为培养重点不同，为了实现引领行业未来发展的培养目标，行业定位培养模式将提升学生能力与素质作为培养的基本立足点，因为知识可能会过时，而能力与素质将伴随学生整个职业生涯。同时，注重以培养合格的人为前提培养人才，塑造学生以诚信为核心的学术道德观念和人生价值理念，以及遵从职业道德和从业规范的综合素养。

2. 构建校地、校企、校内、校校、国际协同等“五协同”机制

为构建多主体协同培养体系，保障行业定位培养模式的有效实施，重庆大学提出并构建了校地、校企、校内、校校、国际协同等“五协同”机制。

1）将人才培养与服务地方经济社会发展相协同，建立学校与地方政府的校地协同机制。2010 年，重庆市政府将对重庆大学的支持纳入《重庆市中长期城乡教育改革和发展规划纲要》，同时通过校地协同建设与重庆大学学科对接的产业化项目和研发基地开放、共享的联合实验室或研发基地，推进政府所属国有重点企业与重庆大学“结对子”等，为建立校企产学研联盟合作模式提供各项措施保障。

2）建立学校与企业的校企协同机制，使人才培养与人才需求相适应。重庆大学是首家建立校董会的部属高校，已有长安汽车等 30 家校董会成员企业，通过“以贡献促共建、以互利促合作、以合作促发展”的指导方针，以及校企人才互聘、共引、共用、双向互动等措施，与西南地区各主流行业企业建立了卓有成效的校企产学研合作关系，为校企联合培养高层次应用型人才积累了丰富的经验，奠定了坚实的合作基础。

3）建立校内协同机制，搭建跨学科人才培养平台。学校于 2011 年起开展了学部制建设，打破了由传统院系组织架构所形成的学科专业培养框架束缚，将人才培养责任主体从单一院系转变为跨学院、跨学科的学部或协同创新中心，为以学部为单位实施按照行业大类定位的人才培养模式、建立协同创新的复合型人才培养体系奠定了组织与制度基础。

4）建立区域内的校校协同机制。学校联合西南大学、西南政法大学等高校发起成立了重庆市大学联盟，联盟高校实行学生互换、学分互认、课程互选、师资互聘，有力地促进了联盟高校间的交流合作、资源共享，同时通过优势学科互补满足了行业定位培养模式对多学科教育资源的迫切需求，为全方位提升学生知识、能力和素养提供了必要条件。

5）建立国际协同机制，提升学生的国际交流合作与竞争能力。汽车行业班的培养方案由学校与美国密歇根大学共同论证，美国福特公司专家担任课程教师；组织国际暑期夏令营，所有汽车行业班学生均需前往美国的底特律或德国的亚琛参观学习。

3. 围绕行业产业链构建行业班

学科或专业定位培养模式采用相应的校-院-系培养管理模式，形成自上而下的纵向培养体系，院系成为培养管理活动的主要责任主体，培养活动被严格限定在具体的学科专业和院系框架之内，实质上成为人才培养体系的壁垒，导致学生存在知识能力狭隘、行业适应周期长、发展后劲不足等问题。与自设壁垒的学科或专业定位培养模式相比，重庆大学在按照行业大类定位培养过程中，打破了学科或专业培养框架壁垒，根据行业产业链构成选拔对应专业学生共同组成行业教学班，围绕行业班学生培养需要配置课程教师、导师等教育资源，围绕行业发展方向组建教学团队与导师团队，以协同创新中心、联合学院、学部等形式构建教学管理组织，形成了一个以人才培养为核心，以培养需求为导向，自下而上的开放式、复合型、跨学科、多主体的培养体系结构。汽车行业班是学校从车身、动力、控制等汽车行业五大产业链出发，面向长安汽车、中国汽车工程研究院股份有限公司等区域行业企业实际人才需求，选拔车辆、动力、材料、电气等7个专业学生组建而成的，由入选国家“2011计划”的重庆自主品牌汽车协同创新中心承担培养职责。

4. 构建以行业从业需求为导向的多主体、跨学科、复合型培养体系

在“五协同”机制的支撑下，重庆大学构建了一个校企多主体联合培养、协同创新的跨学科、复合型培养体系。在培养方案方面，所有行业班学生不再按照学科或专业划分进行培养，而是根据研究方向自由选修课程。以汽车行业班为例，除少量汽车相关基础课程外，将培养方案分为机械动力、信息电子、材料成型三大方向模块，包含车辆工程、机械工程等在内的8个相关工程领域，学生按照所研究方向，而非自身专业选择主修模块，同时强制要求学生在主修模块之外选修5门以上其他模块课程，并在实践环节中参与覆盖汽车研发、生产、营销、维修、管理等全产业链的实践，从而实现培养过程的学科专业交叉，满足行业从业所需的复合型知识、能力及素养要求。

在培养模式方面，实施“3+1+2”本硕贯通培养模式。其中，“3”即3年本科专业基础理论与专业知识的通识教育，用于夯实理论基础。“1”即大四1学年的校企联合实践培养，包括1个月的全车间认知实习，用于了解汽车研发、生产、制造、营销全流程，3个月的汽车基础理论、汽车控制系统专业知识、汽车设计软件培训专题学习，1个月的专题认知实习，用于培养学生的初步创新实践能力，企业导师一对一指导学生进行汽车研发岗位顶岗实践，以及基于研发实践过程完成本科毕业设计。“2”即研究生阶段选择特定领域深入学习研究与实践，第一学年在课程学习的同时，利用寒暑假进入行业企业实习实践；第二学年以研发助理身份加入研发团队，在企业导师的辅导下参与实际研发项目，以研发内容为题完成硕士毕业论文。

在课程教学方面，充分体现行业定位培养模式的多主体协同特色。汽车行业班的基础课程由来自美国密歇根大学的资深教授授课，方向模块课程的授课教师分别来自机械与运载工程、自动化、材料科学与工程等近10个学院，美国福特汽车公司、长安汽车等行业企业为学生提供丰富的行业前沿讲座，来自西南大学等重庆市大学联盟的教师则为行业班学生开设包括法律、管理等多个领域在内的人文素养课程。同时，学校组织校内外教师与行业专家成立汽车班教材编写委员会，以行业实际应用为导向，新编、改编教材10余本，保障了教学内容的行业适应性与先进性。

在导师制度方面，行业班实施导师团队招生、培养和指导的方式。围绕行业产业发展方向成立导师团队，其中校内导师不得少于 3 名，既包括专业相关导师，也包括团队整体教学研究所需的交叉学科专业导师。此外，还根据团队招生数量按照生师比不高于 3∶1，吸纳行业企业专家作为团队成员。导师团队负责人根据行业发展需求把握人才培养方向，交叉学科专业导师帮助学生适应行业从业所需的多元化知识结构要求，企业导师指导并评价学生在实践环节的培养质量。在培养过程中，采取由多个专业的学生围绕研究方向组建学习团队共同完成课程学习、专业实践、论文写作的培养方式，培养学生在多学科团队中的沟通、交流与合作能力。

在实践培养方面，建立实践形式多元、覆盖培养全过程、课程与实践交叉进行的实践培养体系，实施实践—学习—再实践的学习实践模式。由于实践基地数量不足、实践企业缺乏积极性、学生基础实践能力薄弱等因素，仅仅依靠校外企业往往无法取得理想的实践效果。为此，学校积极协调校内外实践资源，构建校内实验室、校内专业实践创新平台、校外联合培养与实践基地相结合的实践应用能力培养平台，通过实验课程、专业设计、横向课题、校内实训、校外专业实践活动等多种形式，将实践能力培养贯穿于学习、研究、实践与论文等整个培养过程，尤其注重校内实践平台建设与实践活动组织，以提升学生基础实践能力。同时，实施课程学习与实践环节交叉进行的培养方式，学生首先进行认知性实习，再带着问题返校学习研究，随后回到企业印证和解决问题，通过实践—学习—再实践的螺旋上升过程，提升学生创新性解决实际问题的能力。

在案例成效方面，所有已毕业学生均就业于国内外汽车行业主流企业，人才培养质量得到了学生与用人单位的高度肯定；该培养模式有效支撑了重庆自主品牌汽车协同创新中心入选“2011 协同创新计划”；该培养模式多次获《中国教育报》《教育部简报》《香港文汇报》等专题报道；该培养模式多次在中国研究生院院长联席会等会议上交流与推广改革经验成果；学校获得“全国工程硕士研究生教育创新院校”“全国工程硕士联合培养示范基地”等称号。

三、案例述评

行业定位培养模式彻底打破了学科或专业培养框架的束缚，以行业大类为单位组建教学班级、师资团队、培养体系和教育管理机构，以能力和素质为培养基本点，培养既熟悉行业产业链全过程，又精通行业专门技术管理领域，既能够适应行业要求，又具备引领行业未来发展潜质的高层次应用型人才，是我国专业学位研究生培养模式改革的一次有益探索。其主要创新点包括以下几点。

1）打破学科或专业培养框架束缚，以行业大类而非学科或专业为单位组建教学班级，对人才进行定位培养，解决了学校单一主体按照固定学科或专业框架进行人才培养，导致学生出现的知识结构与行业从业要求脱节、实践能力欠缺、职业素养匮乏、行业适应周期过长、发展潜力不足等问题。

2）构建了“3+1+2”本硕贯通培养模式和实践—学习—再实践的交互式实践培养模式。

3）构建了校地、校企、校内、校校、国际协同等“五协同”机制，建立了由学校、企业、政府等多主体组成的复合型培养体系。

案例撰写联系人：

张云怀（重庆大学研究生院）

廖全（重庆大学能源与动力工程学院）

重庆大学物流工程领域工程专业学位培养案例

The Cultivating Case of Engineering Professional Degree in Logistics Engineering Field of Chongqing University

一、案例简介

1）案例特点：服务国家战略需求，校地-校企-国际协同培养，跨学科、跨专业及跨领域复合培养。

2）案例启动时间：2013 年 9 月。

3）案例合作方：安特卫普大学。

4）案例主要创新点：复合培养和国际化联合培养模式。

二、具体案例撰写

（一）案例背景

为响应国家“一带一路”倡议，充分发挥重庆市位于长江上游的独特物流枢纽优势，“渝新欧”国际铁路联运大通道的顺利贯通，以及重庆成为欧亚大陆桥新起点和为西部物流中心提供有力的人才支撑，重庆大学作为“一带一路”高校战略联盟成员，着力于建设“双一流”高校平台，面对国内高端物流人才紧缺状况，根据国内外物流人才发展情况，在充分研究物流学科特点和未来发展方向的基础上，提出了开设物流专业国际化研究生培养项目，希望通过新的人才培养模式，来提升重庆大学物流相关专业的实力，获取先进的人才培养理念和教学方法，为重庆市中长期经济发展提供具有国际视野的物流管理专业人才，促进重庆市物流行业繁荣发展。

（二）创新理念与培养目标

基于调优理论，采取由机械与运载工程学院、经济与工商管理学院、自动化学院和管理科学与房地产学院跨学科、跨专业及跨领域复合培养和国际化联合培养模式，拟达成以下三个目标：①使学生了解跨国物流运作和物流国际合作的外向型物流管理，掌握相关国际物流理论、法律规则、财务管理、信息管理等知识，能够运用相关物流知识或理论解决实际问题；②服务国家“一带一路”倡议，为国家管理部门、自贸区、港口、交通运输部门、物流公司、运输企业等输送物流专业的优秀应用型人才；③培养一批物流专业的领军人才，为建设创新型国家提供智力支持，为社会经济发展提供专业物流人才。

（三）主要流程及运行

1. 制度建设

与重庆市建立校地合作，与国内特别是西部地区大型物流企业建立校企合作，同时与国际著名的安特卫普大学进行校校合作，通过教师流动教学、互派学生交流的方式，打造重庆大学的国际化物流专业，培养优秀的国际化物流人才。为此，重庆大学制定了如《重庆大学物流工程专业研究生招生简章》等一系列规章制度，以全方位保障物流工程专业研究生从入学到毕业的顺利完成，为政府、社会及各行各业输送大批专业型人才。

2. 培养方式

实行“2+1”的培养模式，即 2 年在重庆大学培养，1 年在国外知名院校培养。课程总学分不少于 32 学分，包括公共基础课程 8 学分，专业基础课程 8 学分，专业特色课程 8 学分，专业实验课程 4 学分，素养课程 4 学分，实践环节、论文环节等在合作培养学校完成。其中，安特卫普大学开设 4 门专业基础课程。重庆大学每年选派一批优秀学生前往安特卫普大学攻读物流运输管理高级硕士，每年安特卫普大学选派优秀研究生来重庆大学，与物流工程专业研究生一起开展中外文化交流活动，重庆大学每年也会选派一批优秀学生，由老师带队前往安特卫普大学实习、交流。

3. 管理方式

对于选派类别为“攻读硕士学位研究生”的学生，重庆大学先投入师资培养，然后推荐一批优秀人员供国外联合培养院校选拔，确定人员后，为学生集中办理相关出国手续；联合培养院校投入师资，学生在国外继续学习，其间由学校管理学生的学习和生活，重庆大学安排专人对学生实行反馈管理。学生完成国外联合培养院校的相关学业并获得学位证回国后，重庆大学再次对其进行答辩考核，并组织其与在校其他同学开展学习交流活动，尽可能推荐回国留学生到国际大型物流企业服务或就业。

选派类别为“联合培养硕士研究生”的学生在重庆大学完成学校规定的学习任务后，学校为部分优秀学生提供到国外知名企业、相关单位进行实习的机会。该项目由重庆大学老师带队，全程管理，学生在国外的交流完成后，需写实习经验总结，并需要在国内进行对比实习，以把学习到的知识应用到实践中。

4. 生源遴选与规模

报名的学生除应满足《重庆大学硕士研究生招生简章》中规定的相关报考条件外，还应具备扎实的英语应用能力，以满足英文授课的需要。有志于在第二学年赴安特卫普大学攻读物流运输管理高级硕士学位的学生，应在第一学年结束前提供英语考试成绩，且雅思成绩不低于 6.5 分，或基于互联网的托福考试成绩不低于 80 分。

联合物流学院第一届（2013 级）与第二届（2014 级）学生从重庆大学机械与运载工程、自动化、经济与工商管理、管理科学与房地产等学院相关专业全日制在读硕士研究生中招收，每届总人数限定在 40 人以内（含推荐免试与统考生）。自第三届（2015 级）起，开始面向全国招收物流工程全日制专硕（含推荐免试与统考生）。

5. 师资配备

重庆大学物流工程专业领域学科实力雄厚，有教授 17 人（含博士生导师 15 人）、副教授 12 人，拥有国家有突出贡献专家、“百千万人才工程”国家级人选、“长江学者”、国家杰出青年科学基金获得者、教育部新世纪优秀人才等。

6. 课程设置（含案例教学）

重庆大学在物流工程专业的课程设置主要涵盖了专业基础课程、专业特色课程、实验、行业发展及前沿讲座课程等。

7. 实践安排（含校企合作基地建设等）

到物流企业的实践，旨在让学生学习物流运作实务，了解物流运营流程，熟悉国际物流的主要运行环节，以及物流运输、仓储、包装等典型物流作业环节的运行，主要的合作企业包括重庆力天国际货物运输代理有限公司、重庆铁路集装箱中心站（团结村站）等。

到物流园区的参观实习，旨在让学生从系统的角度认识物流系统的构成要素、运行环节、作业特点等。例如，参观华南城学习公路物流和快递物流，到两江新区的核心——果园港口和寸滩港学习内河港口物流，到团结村站学习铁路物流，以及到重庆空港物流园学习航空物流。

典型制造业物流的认识实践，旨在让学生通过了解制造企业的生产运作流程，从供应物流、销售物流到生产物流、回收和废弃物流等方面了解企业物流的运作特点，学习企业物流系统规划设计、运行和优化的思路和方法，提升物流效率，降低物流成本。合作企业包括长安汽车及重庆长安民生物流股份有限公司、重庆国际复合材料股份有限公司、珠海格力电器股份有限公司、中铝萨帕特种铝材（重庆）有限公司等。

8. 论文工作

要求结合所在单位或部门的实际进行研究工作，撰写论文。论文所来自的课题可以是一个完整的物流工程项目或子项目，内容应包括相关方案的比较、评估、设计或计算分析，并有完整的相关文件；可以是物流系统规划、设计项目，内容必须包括相应的技术、经济比较和相应的技术文档；可以是新流程或新方法的设计，内容必须包括设计的全部技术资料以及分析；可以是某物流信息系统的设计和开发，内容必须包括系统的相关技术文档以及相关软件；可以是物流管理的成果，内容必须包括应用先进的管理理论、方法，并有实施效果分析等。论文选题应来源于制造业、非制造业以及公共组织中的应用课题或现实问题，必须有明确的工程背景，其研究成果要有实际应用价值。论文要有一定的技术难度，达到硕士层次的知识水平，具有一定的理论深度和先进性。

9. 学位授予

物流工程专业学位研究生修满培养方案规定的课程、学分和环节，成绩合格，完成学位论文后，可提出学位申请，通过论文答辩，经过学位评定委员会的审定达到培养要求者，可获得本领域的专硕学位。

专硕学位证书格式由国务院学位委员会办公室制定，学位证书由已获本领域专硕学位授予权的单位颁发。

10. 联合培养

为提升物流专业人才培养的国际化水平，2013 年 9 月起，重庆大学与安特卫普大学签订合作协议，成立联合物流学院，共同培养三年制物流工程专业学位研究生，并以此为依托，打造“一体四面”的特色研究生培养模式，即以打造高端国际化物流人才为体，从外教授课、学位攻读、短期互访、中外座谈四个方面协同培养。

研究生第一学年，开设4门主干课程，分别为港口经济学与商业、运输经济学、海洋经济学与商业、内陆运输与物流，由安特卫普大学教授来校面授，体现了国际化特色。课程目标为系统讲授相关物流专业知识框架和体系的同时，培养学生以全球化的视角分析和解决物流问题的能力，为学生以后深入学习和未来工作打下良好的基础。第一学年末，经报名和面试，每届选拔2—8名学生赴安特卫普大学学习一年，攻读物流运输管理高级硕士学位。若学生达到安特卫普大学的相应要求，可获得安特卫普大学硕士学位；第三学年回国后，若达到重庆大学的相应要求，亦可同时获得重庆大学硕士学位。

同时，重庆大学每年选拔4—8名学生赴安特卫普大学参加为期两周的短期培训，安特卫普大学每年9月份亦选拔8—12名物流相关专业研究生来重庆大学参加为期两周的短期培训。此外，重庆大学每学年组织2—3次与国外各高校来访研究生的座谈。

11. 专业学位教育资质与职业资格认证

重庆大学物流工程专业毕业生可获得重庆大学硕士研究生毕业证书及重庆大学硕士学位证书；联合培养学生可同时获得安特卫普大学毕业证书、安特卫普大学硕士学位证书以及重庆大学硕士研究生毕业证书、重庆大学硕士学位证书。

12. 对外交流（包括国际、国内交流）

1）安特卫普大学教师来学校授课。2013—2016年，安特卫普大学每年派4位知名教授来重庆大学，先后讲授运输经济学与政策、港口和海洋经济学与管理、全球生产网络和区域发展、内陆运输与物流、动态经济地理、港口经济学与商业、运输经济学等课程。

2）赴安特卫普大学攻读学位。2013—2016学年，先后有16名重庆大学学生赴安特卫普大学留学，攻读硕士学位。

3）赴安特卫普大学进行短期培训。2013—2015学年，重庆大学派出两批学生赴安特卫普大学完成短期培训。

4）与外国学生交流。重庆大学经常举办与外国学生的交流活动，定期与安特卫普大学来访学生进行交流活动。

13. 与相近学术型学位的差异性

与物流工程相近的学术型专业有管理科学与工程专业、机械工程（工业工程）专业，这两个专业注重培养学生的学术能力，旨在为高校及各大科研单位输送学术型人才。而物流工程专业注重培养学生的专业应用能力，旨在为社会各行各业输送大批专业型人才。

14. 案例成效

1）培养成果。获得 2013 年重庆市教学成果奖一等奖 1 项，获得专利授权 2 项（实用新型专利 1 项、发明专利 1 项），出版普通高等教育本科国家级规划教材 1 部，获得国家级科研项目 3 项，军队国防、省部级及重要横向科研项目 8 项。

2）物流专业人才得到社会认可。重庆大学与安特卫普大学成立联合物流学院以来，已有多名中国学生前往安特卫普大学物流运输与海运管理学院学习，且均顺利毕业。联合培养的毕业研究生均已进入知名物流企业工作，其工作能力和工作态度得到企业的高度认可。面对国内高端物流人才的缺乏，重庆大学为社会培养了更加优秀的高级人才，得到了社会众多知名企业的赞扬。

15. 案例拓展

重庆大学与安特卫普大学联合培养国际化物流专业人才，已经获得上级教育部门的高度认可和大力支持，在此基础上，重庆大学进一步提出了面向全球开设国际物流班的方案，并在有关教育部门批准开设物流国际班的申请后，开始面向全球招收物流专业留学生。重庆大学是全国性重点大学，师资力量强大，科研能力突出，加之重庆市是中国西部重要的物流枢纽，物流产业发展迅速。安特卫普大学的物流与港口运输专业在全世界具有较高知名度，并且拥有雄厚的师资力量，安特卫普是欧洲著名的港口城市，世界最大的钻石加工、交易中心，安特卫普发达的航运和转口贸易业把西欧的工业重镇联为一体，港口运输发达。因此，重庆大学与安特卫普大学联合培养物流工程专硕有利于为中国物流行业的发展提供高端人才，为国家“一带一路”倡议提供有力的支持，有利于重庆大学的“双一流”建设，同时有利于促进中外经济的发展、中外文化的交流，为重庆市和安特卫普市更加深入的合作奠定基础。

16. 案例中遇到的问题与解决方案

1）遇到的问题。国际化联合协同培养机制有待完善，联合培养项目缺乏统一的管理机制，学生有关科研交流合作的氛围较淡薄。

2）相应的解决方案。首先，对于国际化联合培养专业的建设，由研究生院牵头，多部门协作，机械与运载工程学院等单位共同投入资金，确保项目的顺利运行，同时考虑到学科特点，学校应利用自身的优势积极与国际化科研平台、高水平的师资力量合作，以减少开支。其次，建立网络化的教学环境，为学生在校期间提供与外教交流学习的机会，以及高效简单的学习平台。最后，共同建立统一的管理机制，促进学生在科研、学习中的交流与合作，让学生学习到中外不同的优秀文化；充分利用两国各自的产业发展和区位优势在多领域开展交流与合作，为社会经济发展服务；在双方合作共赢的基础上，积极加强双方的文化交流，促进两国经济发展的同时，加强两国人民的友好往来。

17. 案例的推广性

具有创新性的联合人才培养模式，有利于学生对国际化专业知识、前沿知识的获取，有利于“双一流”大学的战略建设，有利于中外文化的交融贯通，为社会发展提供有力的人才支持。联合人才培养模式，可以让学生更加有效地学习到该专业的前沿知识，了解专业发展的前景。其中，国内课程的学习可以让学生更加深入地了解我国的发展现状和国情；国外课程学习可以开阔学生视野，让他们学习到最新的专业知识。联合人才培养模式不仅极大地加深了学生对国际文化的理解，为学生更好地熟知国际规则奠定了基础，而且能为学生提供国际化的教育和前沿的专业知识，因此，该模式适合在中国国际化高端人才培养中推广。

三、案例述评

重庆大学与安特卫普大学在合作培养物流工程专业研究生的过程中，在培养模式、培养目标和培养项目管理方面形成了一套完整的培养体系，取得了不错的预期成果。

（一）以“一体四面、三协同”为特色的研究生培养模式

以打造高端国际化物流人才为体，从外教授课、学位攻读、短期互访、中外座谈四个方面，采用校地合作、校企合作、国际合作三种合作模式协同培养，为学生提供了国际化的教学课堂，带来了丰富的前沿知识，并为学生提供了广阔的学习、科研平台以及多元化的选择，有利于高层次人才的培养。

（二）基于调优理论的课程体系与课程设置

以“学生为中心、能力为导向”为基本原则，根据培养目标，通过向社会各界调查，厘清社会对物流专业通用能力和专业能力的需求；通过分配课程学分、优化教学与学习方法和科学的教学评估方式，将课程设置转化为达到预定学习成果的课程单元，形成动态的物流工程专业研究生培养质量体系。

案例撰写联系人：

张云怀（重庆大学研究生院）

杨育（重庆大学机械工程学院）

第 三 部 分

Part 3

中国农业大学农业专业学位培养案例

The Cultivating Case of Agricultural Professional Degree of China Agricultural University

一、案例简介

1）案例特点：平台专业、目标明确、培养模式新颖、质量保证措施到位。

2）案例启动时间：2009 年 1 月。

3）案例合作方：河北省邯郸市曲周县人民政府、吉林省四平市梨树县农业技术推广总站等。

4）案例主要创新点："三段式"培养模式、实践能力与综合素质培养突破创新。

二、案例撰写

（一）案例背景

近年来，我国的农业发展迫切需要大批理论基础扎实又能解决生产问题的应用型农业高级人才，而在培养农业应用型研究生过程中，普遍存在课程设置不尽合理、实践教学环节薄弱、学生适应社会能力不足、服务"三农"情怀弱化等问题。针对这些问题，中国农业大学开始探索更为有效的农科应用型研究生培养之路，并于 2009 年开始在农村建立科技小院，教师带领研究生入住小院并与农民同吃、同住、同劳动，切实了解"三农"实情，抓准生产关键问题，并将其作为研究论文选题，通过有针对性的研究，解决实际问题，将研究结果以科技小院为中心向外快速传播、推广，在解决科技问题和服务农户的实践过程中培养研究生的综合能力，实现应用型研究生的培养目标。科技小院逐渐成为培养农科应用型研究生的有效平台，随着科技小院内涵和功能的不断丰富，形成了依托科技小院培养农科应用型研究生的独特模式（简称科技小院研究生培养模式）。

（二）创新理念与培养目标

1. 创新理念

1）培养目标综合化，培养观念人性化。此模式强调以研究生为中心的培养理念，在提高其理论知识的同时，重点提高其综合素质和实践能力，以为其未来创新创业奠定良好基础。

2）培养主体多元化。此模式打破了以学校为单一培养主体的模式，形成了学校、基地、企业和地方联合的多元化培养主体。学校导师与基地实践导师为研究生深入实践，在实践中培养应用能力、解决实际问题的能力创造了条件，为研究生提高综合素质、全方位发展提供了保障。

3）培养过程密切联系实际。此模式的人才培养定位明确：入学前，研究生先进入科技小院进行培训，以了解实际情况；课程学习注重理论与实践相结合；论文选题来源于生产一线的实际需求，且尊重学生的个人兴趣；研究工作在科技小院进行；学位答辩委员会由学校、地方的导师组成，并邀请农民代表参加，不仅考查学生的科研水平，还考查其综合素质和解决问题的能力。

2. 培养目标

科技小院研究生培养模式以培养研究生具有“知农、学农、爱农”情怀、扎实的基础理论功底、过硬的农业实践技能、较高的综合素质和一定的实践创新能力为目标。

（三）主要流程及运行

1. 制度建设

1）形成了学校导师和基地导师联合指导机制。学校导师作为第一责任导师，保证研究生理论知识的专业化，聘请具有丰富实践经验的地方农业技术专家传授实践技术和经验，强调两者的结合，并突出实践环节的培养。

2）形成了校地远程通信教学与学术交流机制。运用现代网络手段，将学校开展的学术报告实时跨地域直播，通过虚拟专用网络连接学校图书馆，为学生的文献检索、查阅提供方便；组织学校老师到科技小院开展学位论文的开题、中期考核和答辩，以保证学生的理论研究水平。

3）形成了研究生撰写工作日志的学生管理和师生交流机制。通过工作日志，保证科技小院师生间的信息交流和日常化指导。

4）形成了研究生激励奖励机制，充分激发研究生的热情。通过出台一系列有特色的奖励制度，鼓励并引导研究生不断进步；通过举办文娱活动、思想政治教育活动等对研究生进行精神鼓励；教师以身作则入住科技小院，与学生一起交流“三农”情感、加强团队建设等。

5）建立了严格的考核评价标准。一是科技创新能力培养上强调产出，将科研成果发表和申请专利列为考核加分项目。二是考核标准上综合考虑学习成绩、科研成绩和社会服务效果，尤其重视对实践能力与解决实际问题能力的评价，如解决了哪些技术难题、为企业改进了哪些技术环节等。三是评价上采用多种评价方法，研究生毕业论文的选题、开题、答辩要接受由学校导师和地方导师组成的联合指导委员会的考核。

2. 培养方式

采用实践—理论—再实践的“三段式”培养模式，强化实践培养环节：入学前的实践阶段（实践 1）重点解决研究生对“三农”实际和生产问题认知不足、“三农”情感有待增强、专业思想有待端正的问题；学校理论课程学习阶段（理论）重在解决课程学习与应用脱节、学习主动性不足的问题；研究解决问题阶段（实践 2）重在解决科研能力不足的问题。

通过“三段式”培养，完成从生产中来（发现问题）到生产中去（解决问题）的全过程培养，全面提高研究生的科研能力、实践技能和综合素质。

3. 管理方式

在培养环节上，将从招生到毕业的整个过程纳入学校专业学位研究生管理体系，以学科为单位，经遴选组成联合指导小组，对研究生进行多导师联合指导；在日常工作中，运用工作日志汇报制度，加强导师对研究生的管理；在评价考核和奖励上，形成了一套完整的制度和标准，且每年组织 1—2 次研究生学术交流活动，对学生进行考评，对优秀者予以奖励并优先为其提供多种就业和出国机会等。

4. 生源遴选与规模

科技小院研究生的遴选办法如下：①提前设置招生计划，并进行公布；②单独招生，研究生在填报志愿时需确定是否愿意进入科技小院接受专业学位培养，在面试过程中，坚持专业学位研究生和学术型研究生相对独立的考核标准；③进入复试的研究生，在双向选择的基础上确定导师和将要入住的科技小院。研究生招生规模根据学校研究生院分配的指标，综合考虑科技小院研究生需求，提前做好计划。一般每年招收 30 名左右专业学位研究生，配备校内导师 10 名左右。此外，还根据地方需求，举办专业学位研究生培养班，定向培养专业学位研究生，如与黑龙江省农垦总局建三江分局（简称建三江分局）合作联合培养研究生。

5. 师资配备

科技小院的教师队伍包括两部分：一部分是由学科带头人和教师骨干组成的联合指导团队；另一部分是将中级职称以上的农业技术人员聘为实践导师。学校导师和实践导师合作培养高素质研究生。

6. 课程设置

在课程设置上，采用必修课与选修课相结合的方式。选修课根据研究生的兴趣和将来科技小院的研究方向、社会服务工作需求确定。除了专业理论课和实践课外，有目的地选修实际需要的课程，使研究生的研究需要与兴趣紧密结合，提高他们学习的积极性。

在教学方法上，更加重视案例教学和实践。在课堂上，组织研究生讨论，要求他们针对具体问题完成课程论文，以充分调动他们学习的主动性和兴趣；有意识地将一部分实践课安排在科技小院，由实践导师在生产实践背景下授课，以提高授课效果。

7. 实践安排

学校与地方政府、农企合作，在生产一线建立科技小院，在农业生产实践背景下，为研究生实践技能的培养提供良好平台。在具体实践培养环节，强化三项措施：一是延长实践时间，增加学前实践锻炼（即学生利用入学前的暑假深入科技小院参与农业生产实践）环节，促使学生提前了解生产实际情况，发现生产中存在的问题，培养专业兴趣；学生在科技小院至少参与 1—2 个作物生长季节的实践培养过程。二是在实践培养方式上，采用作物全生育期过程研究与社会服务紧密结合的方法，在开展研究的同时，进行实践锻炼和社会服务，将实践锻炼寓于育人培养的全过程，强化实践效果。三是在实践内容上，强调以提高服务能力为目的的实践，让学生在服务“三农”、解决问题的过程中进行实践，把对生产知识的学习和生产技术的服务紧密结合，而不是单纯进行生产实践知识的学习。

8. 论文工作

在论文选题上，要针对生产实际问题。在论文研究上，要深入生产一线，在农民田里设置实验，在农民的参与下开展研究，以使研究工作与解决生产实际问题紧密结合。在论文指导方式上，采取学校导师和实践导师联合指导的方式，既确保研究的学术水平，又确保研究的应用价值。在论文写作上，不仅要求研究生按照常规方式总结研究结果，而且要求研究生对科技小院开展社会服务、农业技术推广等工作进行全面总结，并单独成章。在论文考核上，坚持综合标准，既考核学术水平，又考虑实际贡献；既要有学校导师参加，还要有实践导师和农民代表参加。

9. 学位授予

完成科技小院的所有培养计划，符合学位授予条件，并通过学位论文答辩者，可以获得全日制农业硕士学位。

10. 联合培养

1）与农业生产企业联合培养，如与广西金穗农业集团有限公司联合培养研究生。

2）与地方政府进行合作培养，如与河北省邯郸市曲周县、吉林省四平市梨树县合作培养研究生，与建三江分局联合培养垦区急需的应用型研究生人才。

3）与国外联合培养研究生，如 2014 年在国家留学基金委的资助下，选派 4 名专业学位研究生前往荷兰瓦格宁根大学与研究中心进行了为期 3 个月的培训，以探索中外联合培养研究生的模式。

11. 对外交流

科技小院在研究生培养过程中高度重视开展各种形式的国际、国内交流，先后接待来自 16 个国家的 30 多批次国际专家的考察指导、60 多次国内专家的考察指导。中国农业大学先后在 20 多次国际和国内会议上介绍科技小院研究生培养模式。接受德国科隆大学研究生到建三江分局科技小院开展合作研究，接受加拿大本科生到曲周科技小院开展生产实践锻炼，接受印度尼西亚肥料工业学会种植大户代表、肥料经销商代表团等到曲周、广西金穗等科技小院参观考察。每年组织科技小院网络学术与经验交流会，开展科技小院暑期学校，组织研究生参加国内相关学术会议等。通过交流，提高研究生的培养质量，推广科技小院研究生培养模式。

12. 与相近学术型学位的差异性

1）培养目标不同。科技小院以培养有理想、肯奉献、了解我国农情并具有“三农”情怀的服务产业需求的新型综合人才为主。

2）培养模式不同。科技小院以社会需求为导向，采用实践—理论—再实践的“三段式”培养模式，培养的研究生具有较高的专业水平、实践技能和综合素质，就业适应性和竞争性更强。

3）培养标准不同。科技小院培养的研究生偏重解决实际问题，以产出技术成果为主，且成果的实用性更强。

13. 案例成效

1）建立了全国性的科技小院研究生培养网络平台。截至 2016 年底，已有 30 家相关单位（含 20 所高校）在全国 23 个省区市建立了 81 个科技小院，构成覆盖全国大部分地区的科技小院研究生培养网络。

2）显著提高了农科应用型研究生的培养质量。以中国农业大学资源与环境学院为例，通过科技小院研究生培养模式培养出的 104 名研究生，发表了 180 篇学术论文，申报了 6 项技术发明专利，编写了 9 部著作；有 29 人被地方政府和企业任命为科技特派员、乡镇长助理和企业技术骨干，有 224 人获得北京市“优秀毕业生”、地方“十大杰出青年”等荣誉；90%以上毕业生从事与农业科研、教育和推广有关的工作，在不同岗位继续热情服务“三农”。

3）推动了学校科研成果转化和地方经济发展，带动了农业科技创新研究与示范推广。科技小院把研究生的培养、研究工作融入农业技术创新、示范推广和农村社会服务工作之中，促进了农科教的结合。科技小院的研究生针对所在区域生产中的关键问题，引进 98 项农业新技术，建立了 47 个示范方，取得了显著的增产增收效果；积极进行科技传播，先后举办农民培训 1300 多场，培训农民 9 万多人次，开办农民田间学校 15 所，培养了一批农民科技精英；引领农民优化生产组织形式，指导组建了农业合作社 26 个，极大地提高了农业生产效率。

4）得到了社会各界的广泛积极评价。科技小院研究生培养模式受到各级政府、企业和农民的欢迎，获得国家级教学成果奖二等奖，得到国家领导人的肯定，也被联合国列入可持续农业发展模式，有关成果在 *Nature* 等一流刊物上发表，先后 6 次在全国性的专业学位研究生教育改革交流会上被作为典型介绍，还被中央电视台《新闻联播》等报道 400 余次。

14. 案例拓展

科技小院研究生培养模式已由农业资源利用领域推广到栽培、园艺、植保等领域，为全国农科院校农业专硕培养提供了成功范例。2017 年 4 月，由全国农业专业学位研究生教育指导委员会、中国农业大学和农民日报社共同组织的“全国科技小院研究生创新创业教育联盟”正式成立，来自全国 37 所高校的 150 名代表参加。

15. 案例中遇到的问题与解决方案

不同于学术型研究生，专业学位研究生需要重点培养发现问题、解决问题的能力，以及综合实践能力，但大部分导师基于惯性思维和发表论文的习惯要求，仍会把专业学位研究生当成学术型研究生来要求。要解决此问题，一方面需要不断加大宣传力度；另一方面需要完善论文的标准和规范要求，体现培养学生解决实际问题能力的评价。

研究生“三农”情怀的培养仍是一个挑战，通过暑期学校提前安排研究生到科技小院进行锻炼，安排他们入住农家，与农民同住、同吃、同劳动，通过亲眼所见、亲身所验，真正了解农村、农民和农业的现状实情，激发他们为农服务的志向，取得的效果较好。虽然科技小院派出 4 名研究生到荷兰瓦格宁根大学与研究中心进行培训取得了较好的效果，但如何对涉农专业学位研究生开展国际化培养，以及拓展到国外学习先进技术的渠道还需要进一步探索。

16. 案例的推广性

科技小院研究生培养模式符合当前应用型研究生培养改革的“服务需求、提高质量”的要求，调动了学校、地方、企业等多方面办学要素，改善了研究生实践培养的条件和环境，强化了大学的人才培养、科学研究和社会服务等功能的融合与作用，取得的效果得到了社会各界的肯定。该模式已形成覆盖全国的科技小院研究生培养网络平台，并成立了全国科技小院研究生创新创业教育联盟，适合推广。

三、案例述评

（一）评价

我国研究生教育进入结构战略调整阶段，其中的重点是应用型人才的培养，而以综合实践能力培养为突破口的农科应用型研究生培养模式的探索已势在必行。2007 年开始，中国农业大学逐步探索、反复实践，形成了依托科技小院、着力强化实践能力培养、学以致用的农科应用型研究生培养模式。这一模式充分利用学校与社会各方资源，实现了理论与实践、科研与推广、教书与育人、人才培养与社会服务的有机融合，有效地解决了农科应用型研究生培养模式不健全、基地不配套、实践能力不过硬等突出问题，符合应用型研究生培养改革“服务需求、提高质量”的要求，且效果显著，得到了社会各界的好评。

（二）创新点

1）培养模式整体创新。通过把偏重理论教学的“两段式”（理论—实践或理论—理论）人才培养模式转变为以实践为核心的“三段式”（实践—理论—再实践）人才培养模式，将发现问题、研究问题与最终解决问题三个环节紧紧相扣，使研究生实践能力的培养与创新成果的应用有效结合，不仅增强了创新成果的实用推广价值，而且提高了研究生的创新兴趣。

2）实践能力与综合素质培养创新。依托科技小院，将研究生实践教学平台转移到农村一线，使研究生置身于农业生产实践下，促使其全面接受认识关、生活关、感情关、科技关的考验和训练。通过多角色（学生、农业技术员、培训教师、挂职干部等）的综合培养，开阔研究生的视野，磨炼他们的意志，培养他们的情商，全面提升他们的实际能力和综合素质，以及社会适应能力与竞争力，从而使他们更加符合现代农业产业发展的需求。

案例撰写联系人：

张宏彦（中国农业大学资源与环境学院）

张志民（曲周县农牧局）

北京林业大学风景园林专业学位培养案例

The Cultivating Case of Landscape Architecture Professional Degree of Beijing Forestry University

一、案例简介

1）案例特点：“引进来”与“走出去”相结合、教育国际化。

2）案例启动时间：2012—2015 年每年 4—5 月连续三周；2016 年起每年 7—8 月连续三周。

3）案例合作方：全国风景园林专业学位研究生教育指导委员会。

4）案例主要创新点：案例情景场地化。

二、具体案例撰写

（一）案例背景

中国人之行，是传统风景文化形成的重要原因，也是风景园林渊源之所在，然而真正意义上的风景园林及风景园林教育的发展却远比国人游历远行开始的时间晚得多。现代意义上的风景园林概念最早于 1898 年由美国人奥姆斯特德提出，至今也不过 120 余年。我国风景园林教育的起步虽晚但发展速度较快，伴随经济全球化和我国城镇化进程，我国的风景园林教育日新月异，在交融中求创新，在创新中待传承，在传承中得发展。

2011 年，教育部在全国范围启动专业学位研究生教育综合改革试点，北京林业大学的风景园林专业学位研究生教育项目成为全国唯一的风景园林专业学位研究生教育综合改革试点项目。为了能够系统、全面地实施风景园林专业学位研究生教育综合改革，北京林业大学立足风景园林教育发展脉络和专业学位教育综合改革形势，将中国人悠久的远行传统与现代风景园林教育有机结合，率先在国内启动“国际风景园林认知旅行计划”（以下简称认知计划），并以专业选修课的形式，成为创新型风景园林硕士人才培养体系的重要组成单元。

（二）创新理念与培养目标

北京林业大学风景园林硕士教育历来倡导国际化，园林学院发挥自身学科优势和国际影响力，在谋求国际院校合作办学、吸引国际留学生来校研习、开展师资国际访学等基础上，瞄准风景园林发展前沿，形成了内外兼修的国际化风景园林教育模式。在专业学位研究生教育综合改革试点中，北京林业大学风景园林专业学位研究生教育又开创“走出去”的路子，历经一年的酝酿筹备，于 2012 年 4 月正式组织学生开展认知计划，亲历国际知名风景园林师作品，现场感悟设计魅力、激发设计灵感、积累设计素材、寻找设计思想。

创新理念：风景园林专业学位研究生教育实现了真正的国际化，将惯性思维中的“引进来”落实到“走出去”上，让风景园林硕士教育实现中西贯通，让场地教育从书本回归现场，让课堂聆听回归实地亲历与触摸。

培养目标：北京林业大学围绕专业学位研究生的职业需求导向，倡导“夯实基础、拓宽视野”的教育理念，要求学生在系统掌握风景园林基本理论与实践技法的基础上，成长为具有国际视野、贯彻“以人为本”理念、悉心关注风景认知、深刻关注风景体验感知的高层次、应用型、复合型风景园林专门人才。

（三）主要流程及运行

1. 实施基础

北京林业大学园林学院利用每年的寒暑假时间以教师自愿组团的方式开展对全球著名风景园林设计作品的考察活动，旨在通过近距离感受国际知名风景园林设计作品来激发设计灵感，丰富实践教学案例素材，考察国际知名风景园林高等学校人才培养模式与教育体系，了解国际风景园林发展趋势。这种师资培养途径极大地丰富了中青年教师的阅历，拓宽了他们的视野，更新了他们的理念。

认知计划的实施正是基于园林学院多年的国际风景园林实践考察经验，在充分整合校内外、国内外资源的基础上，围绕教育国际化发展战略，对现行风景园林硕士人才培养体系的大胆创新与实践，旨在在系统掌握中国园林发展脉络的基础上，通过对欧洲极具代表性和典型性的意大利、德国、法国、英国等国古代、近现代和当代风景园林场地、设计作品进行梳理、实地考察、现场教学，延展教育的内涵，进而形成国内首屈一指的注重风景认知、强调设计体验的国际风景园林教学教育新模式。

2. 课程设置（教学内容确定）

按照西方风景园林的发展历史脉络，兼顾时间发展走向、风景园林发展特征演变等因素，以及“古典—理性—荣光”的欧洲风景园林发展演变轨迹，认知计划的内容包括考察意大利古典风景园林足迹与建设成就、德国现代风景园林建设成就、法国荣光辉煌风景园林发展成就，其间还穿插对荷兰、比利时等国现代城市风景园林的考察。

3. 实践安排（“认知计划”组织实施）

由于组织境外集体活动会受诸多因素和条件的限制，在总结多年教师专业考察经验的基础上，基于计划实施的可行性、便捷性和安全性，根据国内旅行经验和相对成熟的专业考察惯例，园林学院采取委托旅行社分包全程组织的方式实施认知计划。

1）组建认知计划实施团队：认知计划在园林学院研究生管理办公室的总体协调下组织实施。从学院中亲历并熟悉认知计划实施内容的中青年教师中选择 2—4 名担任团长，以国际风景园林认知课程主讲教师身份代表学院负责认知计划的前期接洽、线路实施及讲解等工作。在选拔团长时会考虑候选者的前期经历、组织协调能力以及性别搭配等。

认知计划是以专业学位选修课程被列入风景园林硕士教学计划的，每年的参与人数控制在 60 人左右。为了保证实施效果，合理配置资源，凡是有意向参加该计划的学生须在全面系统了解该计划后，在家长和导师书面同意的前提下参加由学院研究生管理办公室组织的风景园林专业基本素养的选拔。通过选拔获得参加该计划资格的学生将在团长的协调下组成以 30 人为一个单元的团队，并根据认知计划的实施内容，在团队内部划分以 5 人为一个单元的小组。

2）竞标选择分包旅行社：在组建认知计划实施团队的同时，园林学院通过邀标方式选择国内知名、信誉度和美誉度较佳的国际旅行社作为实施认知计划的分包方，并签订合作框架协议，明确双方合作的权利和义务，重点对专业教学活动组织的细节进行磋商，详细日程安排等。考虑到认知计划实施的安全性，在分包旅行社的选择上首先考虑其规模、经营状况、业界信誉等因素，基本将旅行社限制在上市公司范围内。

3）教学指导手册编写与任务分解：根据既定的认知计划实施内容，坚持住宿地与目的地在半小时车程的原则，由团长和分包旅行社计调、领队按日程确定酒店、餐厅、行车路线、停车场点等。与此同时，参加该计划的风景园林硕士需在团队框架内以小组为单位编写完成教学指导手册。

4）现场组织教学：以安全为第一原则，按照既定考察线路，以设计作品为据点，在分包旅行社领队、地接旅行社司机的配合下对认知计划内容开展现场教学。现场教学包括团长整体解读、学生节点讲解与分析、现场踏察、小组内部研讨等，同时学生需对典型性场地开展设计作品实地测量等工作。

在每日现场教学结束后，学生还将在团长的组织下开展专业研讨，集体分析设计作品，并将现场考察感受与书本解读相结合。

4. 实施成果呈现

认知计划是一个复杂的系统，包括前期酝酿、准备，现场教学实施，但实施效果如何，除去学生自身的感觉外，还需要通过一系列的成果得以体现。认知计划所呈现的成果包括以下三个部分。

1）教学场地摄影作品。风景园林专业学位研究生教育注重对学生审美情趣、视觉表达技能等的训练，因此在认知计划结束后，每位学生需选取3—5幅具有个人代表性的摄影作品参加由学校组织的国际风景园林认知摄影展览，这是风景园林专业学位研究生毕业的重要环节之一。

2）认知计划综合报告。每名参加认知计划的风景园林专业学位研究生根据教学指导手册，自行确定综合报告主题，围绕主题选择2—3处教学场地进行综合分析，包括场地历史背景、成就、特色、设计理念以及评价等，具体要求为：报告格式严格按照《风景园林》杂志稿件要求；成果呈现版式为横版A3规格，以JPG格式呈现；综合报告不得少于5000字，文字叙述忌流水账，以分析研讨为主；综合报告须设计标题，体现报告主题与理念。认知计划综合报告作为整个教学最核心的成果呈现，旨在扩宽学生的视野，提高他们的专业解读能力、问题分析能力以及学术论文撰写技能。

3）“LA西游记”微信推送。在自媒体时代，本着迅速推广、及时共享的初衷，2014年起，认知计划现场教学过程、教学研讨体会实现了“北林园林资讯”和“风景园林杂志”两大微信公众平台（两大微信公众平台均为风景园林教育界订阅量较大的自媒体平台）同步推送。

在认知计划实施过程中，根据教学指导手册及每日现场教学内容，由风景园林硕士执笔撰写学习心得和现场感受，在团长的专业指导和微信公众平台编辑的共同参与下，以“LA西游记”专题形式实现了认知计划全程每日推送。“LA西游记”微信软文从专业的视角，将严肃的风景园林专业教学通过轻快的游记方式表达出来，引起业内强烈反响。

5. 案例成效

综合改革背景下的风景园林硕士教育，面向城镇化进程和“美丽中国”宏伟蓝图下的风景园林行业人才需求，以风景园林职业能力培养为导向，瞄准国际视野，坚持“引进来”和“走出去”并举的国际化发展道路。以“引进来”为主要思想的教育国际化理念已在全国各个风景园林专业学位研究生培养单位中得以倡导并形成一定气候，但结合各单位实际，有步骤启动“走出去”计划的并不多。北京林业大学风景园林专业学位研究生教育依托教育部专业学位研究生教育综合改革试点率先“走出去”，并已形成相对成熟稳定的实施计划，想必再运行几年，必将引领全国风景园林专业学位研究生教育国际化新趋势。

通过开展认知计划，风景园林硕士可以亲历世界大师作品，感触场地基底给予的设计灵感，开展现场交互式教学等，对从根本上扩展他们的设计思想具有极大的促进作用，对他们毕业后从事设计工作意义重大而深远。

通过开展认知计划，北京林业大学组织编写了《风景园林专业综合实习指导书——欧洲篇》，这是全国首本同类教学用书，对于发挥示范作用起到了重要作用。

6. 案例中遇到的问题与解决方案

境外的安全问题：认知计划为离境三周的教学活动，在此期间涉及财产、人身、交通、食品等一系列安全问题，这也是开展该实践教学的最大困难。为了从根本上保障上述安全问题，基于以往开展类似活动的经验，从认知计划实施筹备起，园林学院就通过采用旅行分包方式进行专业化组织，同时通过选择专业的旅游公司来规避上述风险。

出入境管理相关问题：近年来，国家对于出入境管理收紧，在正常教学周期组织三周的境外活动面临签证、教学调整等一系列问题，特别是签证与出入境手续办理是影响认知计划实施的重大问题。目前尚无有效的解决办法。

7. 案例的推广性

自认知计划实施以来，北京林业大学在每年的中国风景园林教育大会上均有发言，引起了全国 59 个风景园林硕士培养单位的高度关注。截至 2016 年，已有南京林业大学、内蒙古农业大学、清华大学、北京大学等高校以多种形式尝试实施相似的计划。此外，本案例还入选了《专业学位研究生教育综合改革试点项目成果汇编》。

三、案例述评

通过实施认知计划，切实将风景园林专业学位研究生教育中的案例情景场地化，是当前风景园林硕士案例教学的有效创新。将课堂放在具体的建成环境中，有利于将教学过程与风景园林产业近距离对接，是落实国家关于研究生教育产教融合、协同创新的重要举措。

认知计划的实施是北京林业大学对风景园林专业学位研究生教育国际化的突破与实践，符合当前风景园林教育发展趋势，是面向世界一流学科建设的重要标志。

认知计划在国内风景园林专业学位研究生教育中的示范作用明显，其教学成果《风景园林专业综合实习指导书——欧洲篇》被国内高校广泛使用，其教学内容也被国内其他部分高校效仿。

案例撰写联系人：

周春光（北京林业大学园林学院）

王向荣（全国风景园林专业学位研究生教育指导委员会）

北京林业大学林业硕士专业学位培养案例

The Cultivating Case of Forestry Professional Degree of Beijing Forestry University

一、案例简介

1）案例特点：培养理念明确、培养模式具有针对性。

2）案例启动时间：2011 年。

3）案例主要创新点：全过程产学研紧密结合的综合化“三结合”培养模式。

二、具体案例撰写

（一）案例背景

2011 年，北京林业大学在立足行业特色，充分发挥自身优势的基础上，开始开展全日制林业专硕教育。在全国林业专业学位研究生教育指导委员会的指导下，北京林业大学统筹规划，以学院为主体，明确培养目标定位，制定并不断完善培养方案、培养环节要求、学位授予标准、质量监控体系、奖助学金实施办法、医疗保障等，经过五年的探索与实践，生源质量逐年提高，培养过程臻于完善，教学质量稳步提高，社会服务价值逐渐显现。截至 2016 年底，全日制林业专硕共录取 407 人，授予学位 257 人。

（二）创新理念与培养目标

在林业硕士的培养过程中，学校探索建立了全过程产学研紧密结合的综合化“三结合”培养模式，即校内导师与校外导师合作培养、高校基地与校外生产基地协同培养、实践训练结合资质培训的培养模式，以保证研究生在具备扎实的科学技术理论的基础上，在学业阶段就密切参与生产实践及相关研究工作，从而将其培养成为适应特定行业或职业实际工作需要的应用型高层次专门人才。

（三）主要流程及运行

1. 制度建设

结合林业硕士的特定培养目标和专业特点，学校针对性地制定了一系列的管理规章制度，包括《北京林业大学全日制专业学位研究生培养管理办法》《北京林业大学全日制专业学位研究生培养方案制定的要求》等，涵盖全日制林业硕士培养的全部环节。

2. 培养方式

结合林业硕士的特点和目标定位，学校采用“理论学习+现场实践”的培养方式，主要包括培养计划、课程学习、开题报告、专业实践和学位论文 5 个部分。

1）培养计划。在研究生入学两个月内，导师根据其研究方向、知识结构、研究兴趣、能力基础、学术潜质等具体情况，结合职业发展方向和专业实践需要制订规范系统的培养计划。培养计划由学科负责人审定，经学院负责人批准后执行，并在学院研究生管理部门备案。

2）课程学习。林业硕士课程总学分要求为 28 学分，包括课程学习 22 学分和必修环节 6 学分。在课程学习中，学位课学分要求为 14 学分，选修课不低于 8 分。课程学习原则上要求在第 1 学年内完成。

3）开题报告。林业专硕在导师的指导下，充分查阅文献和开展调查研究，于入学后第二学期初完成开题报告。

4）专业实践。林业专硕必须完成不少于 6 个月的林业生产和生态环境建设实践，并结合实践进行论文研究工作。专业实践期间和结束后，均需填写《北京林业大学全日制专业学位研究生专业实践手册》，考核通过者获得相应学分。

5）学位论文。林业硕士完成上述培养环节后，经导师同意，可提交学位论文答辩申请，并进行论文学术不端检测。学位论文至少由 2 名具有副高级以上职称的专家评阅，通过后方可进行论文答辩。答辩委员会由 3—5 位专家组成，其中需包含行业部门专家。

3. 管理方式

1）管理队伍。研究生院设有专业学位管理办公室，林学院设有研究生管理办公室，主管院长负责统筹安排，研究生秘书和学科秘书负责林业硕士的教学组织、培养环节考核、专业实践安排和校外导师聘任等工作。

2）课程质量管理。课程质量主要依靠学校教学质量评价体系和学院研究生管理办公室的共同监督和管理，整个培养过程均在研究生信息管理系统中完成。每学期结束后，研究生须在网上进行课程教学质量评价，对教学内容、方式和效果进行匿名评分；如有课程调整或变动，主讲讲师需出具书面说明或申请，经学院和学校审批后方可进行调整；每个学院设置一名教学督导对课程进行监督、抽查，抽查结果每学期进行汇总与通报。

3）学位论文管理。学院严把研究生培养的各个环节，严格执行学校专业学位研究生学位论文工作的相关规定，依托学院学术委员会，在切实实行研究生培养导师负责制的同时，实施导师、学位论文评阅人、学科、学院学术委员会四级管理制度，高标准、严要求，切实保证林业专硕的培养质量，产出高水平的学位论文。为加强研究生的学术道德建设，培养研究生的学术诚信，严明学术纪律，杜绝学术不端行为，学院严格执行学术不端行为检测工作。学位论文隐名送审率达到85%以上。林业硕士学位论文答辩由学院统一组织。

4. 生源遴选与规模

考录比从2011年的1∶1提升到2016年的1.2∶1，说明该专业的社会认可度得到逐步提升。录取的林业专硕中，本科为林学相关专业的人数占录取总数的95.9%，本科毕业于“985工程”“211工程”高校的人数占录取总数的59.1%。

5. 师资配备

1）校内导师。学校林业专硕的校内导师全部具有副高及以上职称，其中包括“长江学者”特聘教授、“百千万人才工程”国家级人选、“新世纪百千万人才工程”国家级人选、国家有突出贡献专家、省部级有突出贡献专家、享受国务院政府特殊津贴专家等。

2）校外导师。学校林业专硕实行双导师制培养模式，校外导师聘任比例为100%。校外导师中具有副高及以上职称或中层以上职务的导师占94.9%，主要来自生产一线和基层单位，具有丰富的现场经验。23.0%的校外导师为学校长期聘任导师，在林业专硕培养管理、学习和论文指导方面积累了丰富的经验。

3）任课教师。学校依托林学、水土保持与荒漠化防治国家重点学科的师资队伍，选派业务素质强和实践经验丰富的教师为林业专硕授课。任课教师大都参加过技术革新、推广、咨询服务、项目研发、新品种培育等林业实践活动。此外，学校还定期邀请行业专家进行课程专题讲座，充分体现了林业专硕综合性、应用性的培养定位。

6. 课程设置与教学

针对我国林业生产实践的特点和人才需求现状，学校从基础性、系统性、综合性、实用性、前沿性的原则出发，设置林业硕士课程。课程分为学位课（包括公共学位课和专业学位课）和选修课两大类，其中选修课分为林业类选修课和水土保持与荒漠化防治类选修课。

7. 实践安排

1）实践途径。学校林业硕士的专业实践环节通过与实践单位的联合培养来实现。由第一导师结合学位论文选题内容，安排实践基地和外聘导师的选聘，填写专业实践计划，经学院审批同意后进入专业实践环节。

2）实践内容。学校于每年4月初开展林业硕士专业实践动员会，对专业实践的重要性和要求做明确说明，并专门编制了《北京林业大学全日制专业学位研究生专业实践手册》，研究生按照该手册的要求，系统、完整地完成与专业相关的专业实践环节。

3）实践单位。学校林业硕士的实践单位主要选择在林业生产企业、国有林场、农林水基层管理部门、生态环境类规划设计院、生态环境类研究院、生态环境类施工企业、林业保护站等基层单位，实践内容主要包括森林资源调查、水土保持方案编制、各类规划设计、生态灾害监测、工程项目管理等。学生均需完成至少6个月的专业实践，且实践内容与林业硕士服务领域紧密结合。

4）实践效果。根据统计结果，学校林业专硕均能系统地完成规定的专业实践环节，且能够在实践过程中获得良好的沟通、获取知识、执行、组织协调和写作等综合能力。除此之外，学生的毕业论文内容也能和专业实践过程紧密联系，校外导师负责对论文进行全面具体的指导。根据2011年以来学位论文的统计情况，学位论文与实践内容的结合度达到90%以上。

5）实践保障。学校已与36个基层林业生产单位、相关研究机构、规划院等签订了林业硕士专业实践基地协议。实践基地具备较高的行业地位和较强的经济实力，能为林业专硕开展实践提供软硬件设施和保障，以确保他们高质量地完成实践环节。

8. 论文工作

1）选题。为保证学位论文选题的规范性、先进性、可行性和实用性，学校要求林业专硕的论文选题应尽量结合导师承担的课题或专业实践，紧密联系林业生产和生态环境建设主战场。根据统计结果，学校林业专硕的学位论文选题85%以上能够结合生产实践，具有明确的针对性。

2）开题。林业专硕学位论文的开题要求在查阅一定数量的中外文献资料的基础上，经过认真思考和分析，撰写能够反映所选研究领域研究动态、工作思路、可行性分析、时间安排、结果预测等的书面报告，应全面、系统、规范、思路清楚、语言流畅，具有先进性和可行性。开题报告书首先应获得导师的认可，并由学科组织3名以上专家（具有副高及以上职称的专家）成立考核小组进行论证。

3）论文成果与价值。学校林业专硕的学位论文能充分体现研究生运用相关理论、知识和方法，分析和解决林业实际问题的能力，具有较高的实用价值和推广价值。论文内容涉及我国林业生态建设工程、水利水土保持工程的占58.5%，涉及解决林业生产过程中关键技术问题的占34.0%。

9. 学位授予

按照学校、学院的要求，课程总学分达到28学分以上，完成专业实践活动并通过考核获得相应学分，通过学校组织的论文审核与论文答辩，且无违法违纪等现象的林业专硕，可获得相应的毕业证和学位证。

10. 联合培养

结合联合培养基地实际情况，与联合培养单位共同建立联合培养领导机构，制定联合培养管理办法、管理制度等，规范、细化联合培养方案，校内外导师共同参与培养林业专硕的全过程，不仅实现了校企双方人力资源的互补双赢，而且践行了企业深度参与人才培养、专业实践与学位论文一体化的校企无缝对接联合培养理念。

11. 对外交流

为开阔林业专硕的视野，使其了解行业前沿动态，学校每年都积极邀请国内外相关专业领域的专家学者举办各种形式的专题讲座，年均达 10 余次。这些讲座不仅受到林业专硕的欢迎，还吸引了很多学术型研究生选听，效果良好。

12. 与相近学术型学位的差异性

1）特色课程学习计划：学术型林学硕士侧重理论方面的深入学习；而林业硕士在学习理论课程的基础上侧重不同专业技术及其后续应用的学习，以与后期实践培训呼应，提高综合实践能力。

2）增设实践锻炼环节：学术型林学硕士完全在校内导师的指导下完成论文，更强调理论研究；而林业硕士则必须参加实践环节，注重培养解决生产实践问题的能力。

3）配备联合培养导师：不同于学术型林学硕士的校内单一导师，林业硕士的培养采用双导师制，即校内导师与校外导师共同参与各个培养环节。

13. 案例成效

1）综合素质提升。林业专硕在专业实践、论文撰写的过程中，沟通协作、组织协调和书面表达等方面的能力普遍得到提升，且论文质量不断提高。

2）就业情况良好。通过掌握系统的专业知识、先进的研究方法、实用的技术手段，学校林业专硕具备了较高的科研能力和解决实际问题的能力，深受企业欢迎。截至 2016 年底，已有 257 名林业专硕毕业，并主要在林业、生态环境、国土资源整治等技术和管理部门工作，就业率达 99%，其中林业相关行业就业率达 80%。

3）服务区域经济。通过产学研联合培养模式，林业专硕在校内外导师的指导下，进行专业理论学习和实践工作，所参与的项目研发和技术研究 95%来源于联合培养单位的生产需要，成果完全服务于区域经济发展。

14. 案例拓展

（1）案例中遇到的问题与解决方案

学校在林业专硕培养过程中取得了一定的成绩和经验，但还存在生源数量不足、专业实践基地运行机制不够完善、实践教学内容比重偏低等问题。因此学校将在以下三个方面加以改进。

第一，突出特色，树立品牌，进一步扩大生源数量，提高生源质量。与学术型研究生相比，报考林业专硕的考生数量不足，质量也有待进一步提高。在我国加快推进生态文明建设步伐的背景下，学校今后要更加突出“服务于我国生态建设主战场，具有较强的实践和职业能力的高级专门化人才”的特色，不断在培养模式、培养过程、管理机制等方面下功夫，大幅度提高林业硕士的培养质量，树立人才培养品牌，发挥名牌效应。另外，要进一步完善奖助体系，广泛宣传，提高社会认可度，吸引更多优秀人才报考。

第二，加大投入，深化合作，进一步完善实践基地运行模式。学校拟加大对专业实践基地的各项投入，以提高学生在专业实践过程中的各项保障；遴选、建设优秀林业硕士专业实践基地，推广典型基地的示范作用；发挥实践基地能动性，促进产学研联合培养的成果转化。

第三，强化实践，学用结合，进一步提升学生的职业能力。针对实践、实习课程所占比例较小，学用结合度不高等问题，学校将大力拓展多样化的授课模式，提高林业专硕将理论运用于实际生产的能力。一方面增加实践、实习课程比例，推广案例式教学方式并编写课程案例库；另一方面在培养方案设置、人才培养计划制订和论文选题及撰写等方面加大校外导师的参与程度。

（2）案例的推广性

从学校林业硕士的培养效果来看，在实践基地的大力支持下，林业类和水土保持与荒漠化防治类研究生在实践知识、专业能力以及从事科研工作能力方面都有较大提高。充分发挥典型基地的示范作用，采取长期基地与短期基地相结合和相互补充的保障机制，促进产学研联合培养的成果转化，吸引更多生产一线单位参与到林业硕士的培养过程中，不仅可以结合行业市场的变化进一步扩大实践规模，还可以增强学校林业硕士培养的实践前沿性。

三、案例述评

本案例的创新点主要体现在以下几个方面。

（一）管理机制创新

设置了健全的林业硕士专业学位管理机构，形成了主管院长统筹安排-研究生秘书和学科秘书专人负责的高效管理机制，确保了教学组织、培养环节考核、专业实践安排和校外导师聘任等各个培养环节的工作能够顺利开展。

（二）管理制度完善

结合林业硕士的特定培养目标和专业特点，学校具有针对性地制定了完善的管理规章制度体系，涵盖全日制林业硕士培养的全部环节。

（三）培养机制创新

实行双导师制培养模式，导师队伍规模较大，并具有丰富的现场经验，在林业专硕培养管理、学习和论文指导方面积累了丰富的经验。林业专硕的实践单位主要选择在林业生产企业、国有林场、农林水基层管理部门、生态环境类规划设计院、生态环境类研究院、生态环境类施工企业、林业保护站等基层单位，学校与基地共同建立联合培养领导机构，制定联合培养管理办法、管理制度等，规范、细化联合培养方案。这种培养过程不仅实现了校企双方人力资源的互补双赢，而且践行了企业深度参与人才培养、专业实践与学位论文一体化的校企无缝对接的联合培养理念，有效地提升了林业专硕的科研能力、解决实际问题的能力以及就业竞争力。

案例撰写联系人：

赛江涛、王兰珍（北京林业大学研究生院）

张志强（全国林业专业学位研究生教育指导委员会秘书长）

重庆医科大学临床医学专业学位培养案例

The Cultivating Case of Clinical Medicine Professional Degree of ChongQing Medical University

一、案例简介

1）案例特点：目标明确，实践创新，效果显著。

2）案例启动时间：2009 年。

3）案例合作方：南方医科大学、重庆医科大学、首都医科大学、南京医科大学、天津医科大学、哈尔滨医科大学、第四军医大学等。

4）案例主要创新点：“一个目标、两套体系、三项结合、四证关联、五大保障”的培养模式。

二、具体案例撰写

（一）案例背景

长期以来，我国培养的医学研究生实践操作能力较弱，甚至出现“医学研究生不会看病”的尴尬局面。为解决上述问题，国务院学位委员会于 1998 年正式启动临床医学专业学位试点工作。开展临床医学专硕教育，面临时间短、培养对象复杂、医学专业学位教育涉及管理部门多、培养渠道多样化等问题，如何改革临床医学硕士培养模式，提高培养质量，造就一大批高层次应用型医学人才是当前研究生教育相关工作者需要思考的主要问题。

（二）创新理念与培养目标

重庆医科大学在长期培养临床医学硕士的实践过程中，逐步探索出“一个目标、两套体系、三项结合、四证关联、五大保障”的培养模式，完成了《临床医学专硕培养与住院医师规范化培训并轨培养的改革与实践》教育实践成果，切实解决了临床医学硕士培养目标与模式不明确、临床医学硕士临床实践能力不足、临床能力训练考核评价指标体系不健全、在校临床医学硕士无法报考执业医师资格等临床医学硕士培养中的关键问题。

（三）主要流程及运行

1. 制度建设

重庆医科大学是首批获准开展临床医学博士、硕士专业学位培养试点工作的高等医学（中医）院校之一。1998 年以来，学校大力发展专业学位研究生教育。2009 年起，学校着力开展临床医学硕士培养模式改革，积极探索临床医学硕士培养与住院医师规范化培训（简称规培）并轨培养改革。经过多年的探索与实践，改革取得了显著成效，为我国临床医学硕士培养模式改革开创了新的路径。

2. 培养方式

学校建立了临床医学硕士培养与规培并轨培养的高层次应用型医学人才培养模式。

1)将临床医学硕士招生和规培学员招录相结合，提高临床医学硕士报考条件，优化生源质量。临床医学硕士培养要与规培有效并轨，首先要确保招生条件对等，这样才能为后续发展奠定共同基础，因此，学校提高了临床医学硕士的报考条件，使之与规培学员入学条件一致。

2）临床医学硕士培养与规培过程相结合，统一临床轮转周期，强化临床能力训练。临床医学硕士入学后便被纳入“两个层次、两个阶段”的培养，第一阶段为一年半的临床轮转，由各临床学院管理部门统一安排，要求轮转不仅要满足国家对临床医学硕士的要求，同时要与规培紧密结合。第二阶段为一年半的本科室临床能力定向培养，要求学生担任 24 小时住院医师的时间不少于 6 个月，总时间不少于 34 个月，该要求与规培的要求一致。针对非应届研究生，采取“填平补齐”的培养方式，即临床医学硕士临床轮转时间与其之前参加规培的时间相加，需要达到规培的时间要求。

3. 管理方式

学校成立了临床医学专业学位督导组，专门负责对临床医学硕士的培养过程进行监管，并改革了单一制导师制度，探索建立了临床医学硕士导师组制度。除此之外，针对临床医学硕士的特点，学校还建立了不同于学术型学位研究生的资助体系。二级学院成立专门的研究生管理处，统筹本院系培养模式改革实施工作。

4. 师资配备

学校成立以导师为中心的指导小组，采取导师指导和集体培养相结合的原则，实行科主任负责管理、导师负责指导、指导小组成员分工指导的集体培养制度。

5. 课程设置（含案例教学）

建立临床医学硕士模块式课程体系，实行弹性课程学习。临床医学硕士课程设置以职业能力为导向，与临床紧密结合。课程由临床诊断学、内科学、外科学等前沿讲座形成若干个独立的模块，所有模块按照一定的形式组合成一个系统，同时开设医事法律、应用心理学、人文素养、医患沟通等方面的讲座。临床医学硕士实行弹性课程学习，课程统一安排在第一学期晚上及周末进行，如和临床轮转冲突，允许学生在保证临床轮转时间和质量的前提下，在三年内修满学分，以解决临床医学硕士培养与规培时间相冲突的问题。

临床医学专业学位研究生慕课课程建设。2014 年 3 月，南方医科大学、重庆医科大学、首都医科大学、南京医科大学、天津医科大学、哈尔滨医科大学、第四军医大学等七校牵头成立“全国独立设置医科大学研究生院联盟”。同年，该联盟开展了临床医学专业学位研究生慕课课程建设，每校牵头承担 1—2 门课程，重庆医科大学承担的课程为儿科学、诊断学。

6. 实践安排

学校有三级甲等附属医院 10 所、国家临床重点专科 28 个。实施临床医学硕士培养改革以来，学校学位教育与职业教育结合更加紧密，各附属教学医院共设开放床位 9694 张，建有规培基地 57 个，涵盖临床医学全部专科门类。学校共计 5 所附属医院获评国家卫生和计划生育委员会（简称卫计委）规培示范基地（重庆市共有 8 所医院）。

7. 论文工作

学校制定了临床医学硕士在学期间发表论文的规定，临床医学硕士入学时具有执业医师资格或入学后次年参加执业医师资格考试取得执业医师资格者，须发表 1 篇文章（可以是临床论著、病例分析报告或文献综述）；入学时无执业医师资格且入学后次年参加执业医师资格考试未取得执业医师资格者，应在中国科学引文数据库（Chinese Science Citation Database，CSCD）扩展库来源期刊发表 1 篇学术论文。

8. 学位授予

学校对临床医学硕士学位授予标准进行了修订，降低了对发表文章的要求，规定临床医学硕士只需发表 1 篇文献综述或病案分析即可申请学位，以保证学生能够将全部精力和时间投入临床能力训练中，从而有效保障培养质量。

9. 专业学位教育资质与职业资格认证

临床医学硕士在完成相关培养内容并通过考核后，可取得研究生毕业证书和学位证书，同时也可获得规培合格证书和执业医师资格证书，实现了“四证合一”，极大地节约了教育培训资源，实现了专业学位教育与行业准入标准的无缝对接。

10. 对外交流（包括国际、国内交流）

在 2011 年医学教育改革与发展论坛上，学校做了关于专业学位研究生教育改革成果的报告；2012 年 9 月，学校在全国第九届学位与研究生教育评估学术会议上作大会报告；2013 年 9 月，作为唯一的医科院校代表，学校在全国专业学位研究生培养模式改革推进大会做发言；2013 年，学校受邀参与国家教育行政学院网络课程录制，以宣传推广学校临床医学专业学位改革新模式；2016 年 11 月，学校在全国第十一届学位与研究生教育评估学术会议上做有关“临床医学专业学位研究生学位论文质量保障体系研究”的发言。

11. 与相近学术型学位的差异性

（1）主管部门大力支持

学校与行业主管部门多次磋商，积极争取，得到了上级行业主管部门的大力支持。一是允许未取得执业医师资格证书的临床医学硕士入学后在学校各三级甲等附属医院临床训练一年，然后由医院出具试用培训证明，用来报名参加执业医师资格考试，这便解决了临床医学硕士在学期间不能考取执业医师资格证书的问题。二是允许持异地执业医师资格证书的研究生注册到学校相关临床院系，这便解决了已获异地执业医师资格证书的研究生在本校注册的问题。三是允许学校临床医学硕士不参加规培招录考试，而是入学后直接进入规培体系。这些政策保障了学校临床医学硕士能够充分参与临床实践训练，从而保障了培养质量。

（2）学校政策导向重视

1）广泛宣传。学校定期开展导师及管理人员培训，详细讲解国家研究生教育战略性发展方向及学校临床医学硕士教育相关政策。

2）深入调研。学校研究生管理部门组织工作人员对各临床院系开展并轨培养模式的现状、效果、问题、建议进行深入调研，对共性问题组织专题会议进行解决。

3）制定有利于专业学位发展的招生制度。学校要求凡在临床工作的导师必须招收专业学位研究生，并将导师指导专业学位研究生的工作量与其职称晋升直接挂钩，以提高导师指导专业学位研究生的积极性。

（3）管理体制改革创新

为加强临床医学硕士临床轮转管理，保证培养质量，学校建立了学校（研究生院）、院系（研究生处、科）及临床科室三级管理体制。其中院系研究生管理处对临床医学硕士培养、住院医师申请硕士学位等工作进行有机整合，统筹安排和组织临床医学硕士的临床训练和临床能力考核。

（4）导师队伍完善建设

学校成立了以导师为中心的指导小组，采取导师指导和集体培养相结合的原则，实行科主任负责管理、导师负责指导、指导小组成员分工指导的集体培养制度。

（5）资助体系丰富多元

针对临床医学硕士的特点，配合培养模式创新，学校建立了不同于学术型学位研究生的奖助贷体系，实施了研究生教育培养机制改革，扩大了研究生奖助贷覆盖范围，大幅提高了对临床医学硕士的资助标准，临床医学硕士取得执业医师资格证书并独立管床后，每月可获得 2000 元左右的生活补助。

12. 案例成效

1）创造性地解决了现行卫生政策和临床医学硕士培养目标之间的矛盾。临床医学硕士培养过程面临三个难题：一是本科学历的临床医学毕业生必须在医疗单位工作满一年，才能报考执业医师资格；二是以应届本科生身份考取研究生的学生，无法获得执业医师资格证书，不能进行临床培养；三是部分已获执业医师资格证书的学生，由于注册单位在外地，根据《中华人民共和国执业医师法》的规定，不得在异地行医，因此也难以进行临床培养。学校争取到了上级主管部门的大力支持，上述三个难题全部得以有效解决。

2）率先构建了临床医学硕士培养与规培并轨培养新模式。通过推动临床医学硕士培养与规培招录相结合、培养与培训过程相结合，解决了临床医学硕士执业资格认证难题，构建起了全新的并轨培养模式。

3）创建了两大体系，有效满足了临床医学硕士培养与规培要求。模块式课程体系以提高职业能力为导向，解决了课程学习与临床能力训练的矛盾；临床能力考核体系从定性、定量两个方面对培养过程进行把关，实现了全过程管理。两套体系相辅相成、有机结合，既能满足临床医学硕士培养的需求，又能实现规培的目标。

4）制定量化考核指标体系，加强对实践技能训练效果的评估。学校制定了临床医学硕士临床能力量化考核指标体系，以评分表方式评分，每个评分表分若干要素，各要素有不同的分值。指标体系包括临床分析能力考核、临床操作能力考核、临床诊疗能力考核、临床思维能力考核、医德医风考核等内容。

13. 案例拓展

学校打破了相关行业政策对临床医学硕士培养目标及培养模式的限制，为兄弟单位提供了可借鉴的创新模式，复旦大学等数十所院校学习借鉴了学校经验。该模式符合我国医疗卫生、高等教育发展的实情，受到了教育部、卫计委的高度重视，具备在全国推广实施的现实条件。

14. 案例中遇到的问题与解决方案

重庆医科大学在长期培养临床医学硕士的实践过程中，逐步探索出了“一个目标、两套体系、三项结合、四证关联、五大保障”的新型“5+3”培养模式，切实解决了临床医学硕士培养模式不健全、缺乏培养高层次临床医师的成熟模式、临床医学硕士整体培养质量不高、在校临床医学硕士无法报考执业医师资格、专业学位教育与行业准入标准难以无缝对接、现行管理体制机制不适应专业学位研究生教育发展等临床医学硕士培养中的关键问题。

15. 案例的推广性

1）提高了临床医学硕士培养质量。5 年来，学校共计招收的 2063 名临床医学硕士均被纳入规培体系，不少优秀学生已成为各临床学院不可或缺的新生力量，部分学生还在国内外各种临床技能比赛中获得多项奖励，在临床医学硕士教育领域具有较大影响，实现了培养“真正会看病的医生”的最终目标，毕业生就业率长期保持在 100%。

2）成果得到广泛认可。完成教育部创新计划项目子项目“医学专业学位研究生质量保障体系的构建与实践”、重庆市研究生教育教学改革重大项目《临床医学专业学位与规培“双轨合一”研究生培养模式的创新研究》等 10 余项研究报告，发表学术论文 30 余篇，刊登在《学位与研究生教育》的文章“临床医学专业学位研究生培养质量保障体系的构建与实践”获得了《学位与研究生教育》优秀论文二等奖，同时也是医科领域唯一获奖论文。

三、案例述评

（一）人才选拔环节：生源选择与规培资格获得

通过提高临床医学硕士的报考条件，增加临床技能考核内容，使之与规培学员资格的考试条件一致，保证了人才选拔的同质性。

（二）人才培养环节：课程设置与临床轮转

创新培养机制，形成模块式课程体系和临床能力量化考核体系。课程体系以提高职业能力为导向，解决了课程学习与临床能力训练的矛盾。临床能力考核体系从定性、定量两个方面对培养过程进行把关，实现了全过程管理。两套体系相辅相成、有机结合，实现了临床医学硕士与规培人员并轨的人才培养环节。

（三）成果产出环节：硕士学位获得与规培合格通过

临床医学硕士毕业时，可获得“四证”——执业医师资格证、毕业证、学位证、规培合格证。最大限度地在整个研究生培养期间，获得更多成果产出，不仅节约了时间，也提升了人才培养成效。

案例撰写联系人：

吴婧、尹定洪、段昌柱、袁飞（重庆医科大学研究生院）

南京大学口腔医学专业学位培养案例

The Cultivating Case of Stomatological Medicine Professional Degree of Nanjing University

一、案例简介

1）案例特点：规范化培训基地、以案例教学为中心、以临床胜任为导向。

2）案例启动时间：1997 年。

3）案例合作方：南京大学医学院附属口腔医院（南京市口腔医院）。

4）案例主要创新点：提出了口腔医学住院医师与专硕同质化、规范化培养的教学模式。

二、具体案例撰写

（一）案例背景

2014 年，《教育部等六部门关于医教协同深化临床医学人才培养改革的意见》发布，规定“2015 年起，所有新招收的临床医学专硕，同时也是参加住院医师规范化培训的住院医师”，“取得《住院医师规范化培训合格证书》并达到学位授予标准的临床医师，可以研究生毕业同等学力申请并授予临床医学硕士专业学位”。要建立完整的双向接轨的医学专业研究生培养规范，必须满足三个基本环节的制度建设。

1）必须建立既达到医学专业学位研究生培养要求，又与规培理论培养要求相适应，还满足国家对以同等学力申请硕士学位标准的课程培养制度。这是实现双向接轨培养的基础制度保障。

2）必须明确专硕的学位论文课题研究的最主要目标是以循证医学为基础的临床案例研究。这是实现双向接轨的工作平台。建立临床案例库、开展案例教学、提交经治案例资料作业和考核方法是这个平台的基本工作抓手。

3）必须构建结构化的临床水平考核方案。这个方案要涵盖临床培训经历、评估学生处理临床问题时的理论与临床经验积累以及临床实践技能水平。这个准出机制是培养过程的导向，也是人才培养工程的质量保证。

（二）创新理念与培养目标

本案例建立的创新理念是：在口腔医学专业学位培养体系中，建立临床医学硕士培养和规培共同的教学载体，建立临床医学硕士和住院医师在临床和科研两方面同等的评价体系。

本案例的培养目标是：保持人文科学和自然科学教育并重的传统，培养内容包括课程培养、临床训练和临床科研三部分，贯穿基础教育、专业教育和临床实践教育三个阶段，着力加强人文素养、职业素质、临床专业能力以及创新能力的多向性训练，使学生能够成长为具有良好人文背景、职业素养和临床研究能力的优秀口腔临床医学人才。

（三）主要流程及运行

1. 制度建设

南京大学研究生院、医学院及其下属口腔医学院在教学制度上有一套完整严谨的制度体系，得以使口腔医学专业研究生教学管理工作有章可循，教学工作有序进行。

2. 培养方式

加强对专业学位研究生的科研训练。在课程中加强口腔循证医学、医学文献检索、临床案例分析与研究、医学统计、医学临床研究与设计等方面的训练，以使学生掌握基本的临床科学研究的基础知识；在临床训练中循序渐进地通过采集临床资料、定期撰写个案报告、定题系统复习作业、案例总结等环节，将临床能力的过程追踪评价与临床科研训练有机地结合在一起，使科研培训扎根于临床实践而不是脱离于临床成为研究生培养的另一套制度。专业学位研究生可提交以经治案例总结为基础和以选择最佳治疗方案为目标的循证医学研究报告作为学位论文。

南京大学研究生院负责专业学位研究生的招生、培养、思想教育、学位管理及其他日常工作的统一部署和指导。医学院由主管研究生工作的院长及下属的研究生招生、培养、学籍管理办公室负责医学专业研究生的具体培养方案的制订和组织实施。医学院口腔医学院的教学工作由院长总负责，分管教学的副院长具体负责全院教学工作的组织管理。

3. 生源遴选与规模

口腔医学专业学位研究生的招生工作由校、院分级负责，严格按照《南京大学招收攻读硕士学位研究生管理规定》执行。学校研究生院负责全校硕士生招生工作，制订硕士生招生计划；医学院负责本学院考试科目的命题、考试、评卷和成绩统计。

4. 师资配备

南京大学医学院口腔医学院拥有口腔医学博士研究生导师 4 名，专硕导师 43 人，其中具有正高级职称的占 44%；专业学位临床指导教师 130 余名。导师与在校生比例约为 1∶4。

口腔医学是一门实践性要求很强的学科，对医学生的实践操作能力有着更高的要求。课程内容涵盖口腔医学的主要临床学科，其中本科阶段有 79 项，专硕阶段有 43 项模拟技能训练项目。除规定课程外，学生通过申请可以参加本科生口腔临床和基础课程的技能训练课程，也可以申请课外时间自我训练，从而解决入学时学生临床技能参差不齐的问题，同时有利于提高学生的自学能力和职业技术水平。

5. 实践安排（含校企合作基地建设等）

口腔医学专硕须在国家级口腔规培基地（即南京大学医学院附属口腔医院）完成为期 30—33 个月的临床实践训练，其中包括基地口腔专科医院各临床科室的专业实践，以及社区服务中心、门诊部、口腔诊所等社会性机构的社会服务实践。第一阶段为通科大轮转，为期 15 个月；第二阶段为相关专业小轮转，为期 18 个月。第二阶段根据培训方向的不同，按要求轮转与其培训方向相关的临床科室。

6. 论文工作

研究生入学第一年根据安排进行师生互选。学位论文必须在导师的指导下选定研究课题，开展以临床问题为中心的科研工作，撰写以总结临床案例为主的临床科学研究论文。学位论文必须是一篇或由一组论文组成的系统而完整的学术论文，可以是包含文献综述的病例分析报告。学位论文工作计划由研究生在导师的指导下拟订，经院学位评定委员会审核批准后送交研究生院备案。

7. 学位授予

《南京大学口腔医学专硕培养方案》《南京大学口腔医学专硕培养工作手册》中具有详细的学位授予标准和规定。

获得学位必须达到以下条件。

1）临床能力考核成绩合格：通过“口腔临床水平考核Ⅱ级”；提交完整合格的南京大学医学院临床医学/口腔医学专硕临床技能训练记录手册、经治病例总结手册，并通过现场答辩及口腔临床技能客观结构化考试。

2）完成学位课程学习，考试合格并取得规定学分。

3）完成一篇紧密结合临床实际的学位论文，以第一作者在科技文献统计源学术刊物上发表一篇论文或研究型病例报告或综述性论文，发表成果必须以南京大学为第一署名单位。如在答辩时尚未完成，必须在毕业后一年内补充。

4）获得医师资格证书。

5）取得规培合格证书。

6）通过硕士学位论文答辩。

8. 联合培养

学校口腔医学专业学位研究生的口腔临床专业实践培养是与附属口腔医院（国家级规培基地）联合完成的。南京大学医学院附属口腔医院为学校直属附属医院，同时也是口腔医学专业学位研究生专业实践的规培基地。

9. 专业学位教育资质与职业资格认证

2010 年，学校的口腔医学专硕点和口腔医学一级硕士学位点获教育部批准；2015 年，经全国医学专业学位教育指导委员会质量评估，学校医学院口腔医学专业口腔医学类排名第一；2016 年，经江苏省学位委员会江苏省一级学科质量评估，为江苏省临床医学类唯一优秀学科，并被纳入江苏省“十三五”重点培育学科。

10. 对外交流（包括国际、国内交流）

该学院已与美国、英国、加拿大、荷兰、澳大利亚、日本以及中国的港澳台地区的 20 余所国际知名口腔医学院建立交流合作关系。

11. 与相近学术型学位的差异性

与学术型学位偏重基本理论和基础研究不同，学校口腔医学专业学位研究生以口腔医师临床职业素养的培养为核心，着力加强口腔医师的职业素质、临床专业能力以及创新能力。课程体系囊括人文和自然科学基础、医学基础、临床专业课程及实践性训练课程。

重临床实践和临床研究。专业学位研究生须在国家级口腔规培基地完成为期 30—33 个月的临床实践训练，包括基地口腔专科实践以及社区服务实践。此外，专业学位研究生的科研工作必须以临床问题为中心，并撰写以总结临床案例为主的临床科学研究论文。

准出评价标准：专业学位研究生要获得学位除了需完成临床研究型论文外，还需取得临床能力资格认证，包括医师资格证书和规培合格证书。因此，在准入、培养和准出环节中，学校口腔医学专业制定了一套完善的口腔临床水平考试体系，包括过程考核、现场考核、面试答辩和技能考试等。

12. 案例成效

南京大学医学院口腔医学专业在 2015 年全国专业学位评估中，口腔医学类排名第一。作为全国第一批国家级规培基地（“5+3”口腔医学人才培养基地），学校医学院附属口腔医院已开展住院医师规培 18 年，基地年度评估历年名列江苏省榜首。

13. 案例拓展

本案例在实施专业学位研究生培养中，以临床案例库建设为基础，建立了相应的教学和评价体系，制订和研发了两个广泛用于临床各级医师考核的方案和相应软件。

交互式案例分析考试，又称为预设案例面试。考生在 20 分钟内对随机抽取的临床案例与两名考官展开交互式病例分析问答，考生必须能完整准确地解释临床图片所显示的信息，其他的检查结果信息也是根据考生的要求提供的。题库中有相应的必需信息的资料和问题参考答案，且考官在各个环节中提出的问题都是题库中预先设定的。考官根据学生回答问题的情况，了解学生掌握相关疾病知识的广度和深度。

口腔临床水平考试突出可操作性，以客观化、结构化的考核项目反映医学生的临床实际能力。考核方案通过等级设置，提供了从医学生到临床各级医师执业水平考核的客观标准。

口腔医学住院医师与专硕同质化、规范化培养的教学模式是医教协同背景下医学教学改革的新探索，会面临一些客观问题，但这些问题会随着各级政府教育和卫生行政部门的不断协调而逐步解决。而具体的教学单位主要面临以下两个问题。

1）研究生课程教学安排与临床规培时间安排的重叠。解决这个问题的关键是学校教务部门与附属医院教学管理部门要充分协调，从教学管理角度出发，具体落实教学工作的附属医院教学管理部门应承担主体责任，以在完成学校教学要求的前提下协调学生的临床实践时间。

2）准入与准出机制需要行政部门的推动和支持。在医学科学研究大力推进“转化医学”和“以临床为中心的科学研究”的背景下，应该通过建立统一的准入资格认定和准出水平考核来规范临床医学硕士的培养，这需要政府的推动和支持。

14. 案例的推广性

本案例是国家推行医教协同医学教学改革的成功探索。对于我国所有具备高等口腔医学教育专业学位研究生培养及取得国家级规培基地资格的口腔医学院校具有同样的适应性。因此，本案例具有普遍适用的推广性。

三、案例述评

本案例充分运用医教协同平台，在医学专业学位研究生培养中形成了三大特色。

1）以附属口腔医院国家级规培基地为依托，实现了专业学位研究生与住院医师在课程设置、临床轮转、科研训练等三方面同课堂、同步骤、同要求。

2）以临床案例教学为中心，建立临床案例库，开设案例分析教学课程、以案例为中心的医学人文课程，出版案例教学与研究刊物，规范交互式案例分析考核、经治案例报告与考核规范以及以临床案例研究为中心的学位论文。

3）以临床胜任为导向，制定了口腔临床水平考试的科学化规范。将临床经历考核、经治病案报告考核和客观结构化临床技能考核等三方面的过程考核与结果考核相结合，明确了严格、规范、多层次的专业学位研究生培养目标。

案例撰写联系人：

孙卫斌，谢思静，吴丽，杨洁（南京大学医学院附属口腔医院）

北京大学公共卫生专业学位培养案例

The Cultivating Case of Public Health Professional Degree of Peking University

一、案例简介

1）案例特点：培养方案立足行业需求，注重理论联系实际，多学科交叉教学。

2）案例启动时间：2010 年。

3）案例合作方：美国杜克大学、乔治·华盛顿大学等。

4）案例主要创新点：开设特色课程，聘请实践基地专家讲授实际问题。

二、具体案例撰写

（一）案例背景

为不断完善和改进我国医学学位制度，促进卫生事业发展，培养适应社会主义市场经济需要的高素质、高层次公共卫生应用型专门人才，我国特设置公共卫生硕士专业学位。北京大学是全国首批全日制公共卫生硕士（master of public health，MPH）（以下简称全日制 MPH）专业学位授予单位，并于 2010 年起招收全日制 MPH。从初建时无国内经验可循到经过逐步探索、完善，已初具规模，北京大学成为国内全日制 MPH 招生、培养人数最多的学校。

（二）创新理念和培养目标

创新理念：针对公共卫生行业具有的广泛性、综合性、动态性特点，不断完善、优化公共卫生硕士培养方向。

培养目标：以公共卫生行业岗位需求为导向，以综合素养和应用知识与能力的提高为核心，突出专业学位应用性强的特点，注重理论联系实际，培养学生分析和解决公共卫生领域实际问题的技能。

（三）主要流程及运行

1. 制度建设

1）完善校内管理体制与机制。为加强全日制 MPH 培养，北京大学公共卫生学院多次召开全日制 MPH 专业学位教育教学研讨会，就有关政策、规定展开充分讨论研究，并制定了相关培养方案、实践基地管理规定等指导性文件。

2）建立和完善奖助贷体系。针对公共卫生专业学位研究生的培养特点，逐步建立由学校和实践基地共同支撑的奖助体系，北京大学公共卫生学院将职业道德、实践工作量和实践质量纳入评价体系，依据评价结果确定不同的奖学金和助学金等级，以使全日制 MPH 享有与学术型学位研究生同等的奖助标准。除推免硕士生外，全日制 MPH 均可申请国家学业奖学金，符合参评条件的学生还可申请研究生国家奖学金和研究生专项奖学金。

2. 培养方式

2010 年招生以来，根据公共卫生行业特点及人才需求，北京大学不断对全日制 MPH 的培养方案进行改进、优化、调整与升级。为了实现培养目标，明确全日制 MPH 的培养模式为“三年三段式”，三年指培养时间为 3 年；第一阶段为理论课程学习，第二阶段为专业实践，第三阶段为课题研究和学位论文工作。其中专业实践是全日制 MPH 培养过程中的重要环节，国务院学位委员会颁发的《公共卫生硕士专业学位试行办法》规定，“在学期间安排至少一个月时间进行社会实践”。为保证专业实践效果，北京大学公共卫生学院要求全日制 MPH 的实践不少于 6 个月。科研训练在重视科研工作全程训练的基础上，强调掌握研究方法和技能；学位论文要求学生能够结合实际，运用所学理论与方法分析和解决实际问题。

3. 管理方式

学生入学后由校内导师根据当年执行的培养方案，结合学生个人特点，对课程学习、专业实践、学位论文的预期目标及进度等做出详细规划。培养工作实行导师负责制，专业实践、课题研究和学位论文工作采取学院导师与基地导师双师制的指导模式。学院、系（所/中心）党政领导和导师紧密配合，加强对学生政治思想、科学作风的培养，使其德智体全面发展。

4. 生源遴选与规模

北京大学结合国家教育发展战略、公共卫生行业动态变化的特点，调整招生模式，积极扩大全日制 MPH 招生规模和生源渠道。经过多渠道的招生宣传和引导，招生人数实现稳步增长，从 2010 年的 14 人增加至 2015 年的 42 人，专业学位与学术型学位的招生比例由 1∶3.43 上升至 1∶0.74。招生方向从 2010 年的 6 个增加至 2017 年的 27 个，具体方向每年根据行业实际情况及未来发展对人才的需求趋势进行动态调整。

5. 师资配备

1）优化学院师资队伍。首批全日制 MPH 的指导教师原则上均由博士生导师担任，以保证培养质量。2012 年 11 月，为落实北京大学公共卫生学院人才发展战略和任务，实现人才强院的目标，学院成立人才工作小组，制定学院人才发展规划，旨在发现、推荐、引进和培养未来高层次公共卫生领域领军型人才。学院根据学科发展和人才队伍建设规划，严格执行人员招聘程序，其中至少一半名额面向海外招聘。

2）建设与加强双师制队伍。为了加强对全日制 MPH 专业实践的现场指导，学院实行了双师制，从各专业实践单位聘任全日制 MPH 导师 70 多名。双师制既明确了学院导师与基地导师的各自职责，又将两者的优势完美融合。例如，在论文选题与撰写方面，基地导师可对论文选题进行把关，以使论文与实践结合得更加紧密，在锻炼学生作科研能力的同时，也为实践基地的科学研究做出贡献；学院导师主要负责论文的方法学部分，包括统计学、研究方案设计与实施、研究结果的评价等，帮助学生更顺利地完成论文撰写工作。双师制促进了产学研相结合的教学、实践模式，是培养公共卫生领域复合型人才的坚实保障。

6. 课程设置（含案例教学）

公共卫生学院将传统理论授课方式逐步转变为案例教学、以问题为导向的教学模式，来激发学生学习兴趣，提高课程质量。根据专业学位研究生培养规律，从公共卫生行业岗位职能出发，学院专门开设中国公共卫生理论与实践课作为全日制 MPH 必修课，每个教学模块分别聘请学院教学基地的专家讲授公共卫生领域内不同方向的实际问题，以使学生了解国内外行业最新进展、工作动向，并掌握公共卫生工作的操作方法和实际技能。同时，学院在总结教学经验的基础上，借鉴国外顶尖大学的做法，对 2017 级全日制 MPH 的培养方案再次做出调整，其中基础核心课程设置与学术型学位基本相同，选修课取消了科目限制，学生可根据自身基础、兴趣以及拓宽知识面和专业的需要，在导师的指导下灵活选课。另外，在公共卫生教学领域，北京大学的慕课课程上线早、科目多，实现了灵活教学、远程教学、网络与课堂教学结合、线上线下讨论学习等新型教学模式。

7. 实践安排（含校企合作基地建设等）

1）加强实践基地建设。在实践基地建设方面，北京大学规定公共卫生硕士的实践基地必须是从事公共卫生活动并在专业上具有一定权威的相关机构和部门。为适应专业学位研究生培养规模的需要，公共卫生学院教学基地由初建时不到 20 所增至 2017 年上半年的近 30 所，其中包括国家级、市级、区级卫计委与疾控中心等权威部门。在实践基地管理方面，学院每年召开一次公共卫生硕士实践基地交流总结会议，就培养模式、基地实习管理、上一年度存在的问题、加强基地间联合等具体方面进行回顾和探讨，并不断总结经验，以巩固和加强学院与各教学基地的密切联系。除校外实践基地外，学院也对建立校内实践基地进行过讨论。校内实践基地的依托单位为校级研究所（中心）、行政管理部门等。

2）强化实践教学，提高学生实践能力。充分、高质量的专业实践是专业学位教育质量的重要保证，是培养全日制 MPH 应用理论知识解决专业实际问题、提高综合素质的重要途径。通过专业实践，全日制 MPH 可了解公共卫生工作的基本情况、方法、任务职责、管理形式、卫生服务需求等现状及亟待解决的公共卫生实际问题，提高分析和解决实际问题的能力和职业综合素质。在实践时间及轮转要求上，北京大学全日制 MPH 由学院统一安排至学院教学实践基地等各级各类公共卫生机构进行现场实践，也可由导师安排至国家卫计委、生态环境部等部委，国际机构及疾病预防控制中心等相关公共卫生机构实习，时间不少于 6 个月。实践一般从第三学期开始，原则上应在完成全部课程学习后方可进入专业实践阶段，特殊情况下可申请采取课程学习与专业实践同时进行。

3）专业实践质量的保障与管理。强化实践过程监管，公共卫生学院要求专业实践单位的管理部门定期检查专业实践安排和研究生实践情况，及时发现并协调解决有关问题。管理好专业实践的全过程是确保专业实践成效的基本保证。为了保证实践质量，学院不断完善实践方案，要求学生和实践基地导师按照规定填写全日制 MPH 专业实践申请表、专业实践计划表和实践记录表。

8. 论文工作

全日制 MPH 学位论文的选题要结合专业实践和公共卫生工作的实际需要，从实践教学基地的需求角度出发，选择并完成具有应用价值的学位论文。例如，对某些亟待解决的公共卫生与预防医学或卫生政策制定等方面的问题进行调查研究，收集资料，设计、制订解决方案，并在现场实践的基础上，对存在的问题进行分析，提出对策，撰写公共卫生硕士专业学位论文。在论文形式上，可以是一篇质量较高的现场调查报告，也可以是一篇解决其他公共卫生实际问题的研究论文。

9. 学位授予

完成培养方案规定的学习内容、专业实践，并有一篇学术论文在国内统计源期刊或中文核心期刊以第一作者发表或被正式接收（《关于北京大学公共卫生学院研究生在学期间发表论著的补充规定》中明确要求）。通过学位论文答辩后，经学院学位分委员会审核报医学部学位评定委员会审批，授予公共卫生硕士专业学位。

10. 对外交流（包括国际、国内交流）

为使全日制 MPH 开阔眼界、拓展思维，提升交流能力及团队合作能力，学院要求学生在校期间必须结合专业实践内容，在全国性或国际性学术会议上做学术报告或展示论文。同时，学校与美国杜克大学开展了“北京大学-杜克大学全球健康证书”（PKU-DUKE Global Health Certificate）项目，与乔治·华盛顿大学共同举办“全球健康”（Global Health）暑期培训班等，以扩宽学生的国际视野。

11. 与相近学术型学位的差异性

公共卫生专业学位与学术型学位的差异性体现在培养目标、课程设置、实践环节、学位论文等多个方面，如表 1 所示。

表 1　公共卫生专业学位与学术型学位的差异性

项目	公共卫生专业学位	学术型学位
培养目标	高素质、复合型、应用型高层次公共卫生专门人才	具有一定科研能力的专门人才
课程设置	注重应用、实践，并专门开设中国公共卫生理论与实践课	课程多偏向理论
实践环节	不少于 6 个月的专业实践	教学实践、现场实践或实验室轮转
学位论文	结合实践，分析和解决实际问题	偏重科研能力训练

12. 案例成效

以专业实践能力和就业为导向的培养模式越来越被认同，教师与学生对专业学位的认识不断提高；通过专业实践，学生对公共卫生相关领域有了更全面的了解；双师制的实施调动了多方面的积极性，使教学基地与学院的结合更加紧密；毕业生中部分学生选择到国外一流大学继续攻读博士学位，部分学生在国家级、市级卫计委，疾控中心等实践基地就业，实现了专业实践与未来就业的有效衔接，且毕业生受到了实践基地等用人单位的广泛好评。

13. 案例拓展

全日制 MPH 培养的成功，为非全日制 MPH 的招生、培养提供了丰富的经验和思路，同时为两者的并轨打下了扎实的基础。

14. 案例中遇到的问题与解决方案

（1）后续的培养衔接

全日制专硕作为新生事物，针对其后续的一些培养环节，国家还没有出台相应的政策。例如，继续考博问题、专硕转入学术型博士的问题、专业学位博士的设置问题等。

解决方案：国家可以出台相应政策，在部分院校小规模试点公共卫生专业博士的培养，一方面可以吸引生源，另一方面可以做到培养的后续衔接。

（2）培养质量的监控

国家尚未出台关于全日制专硕管理的规范文件，对全日制专硕的论文选题、开题也无统一要求，特别是对毕业论文的质量标准无具体的规定。

解决方案：尽快制定和完善全日制专硕管理文件，对全日制专硕培养统一严格监控，从而有效提高培养质量。

（3）经费问题

公共卫生是社会公益事业，但现在对全日制 MPH 实行全面收费，且学费高于学术型学位。

解决方案：建议在统筹兼顾国家政策、导师、学生利益的同时，在资金支持和学生就业政策等方面对全日制 MPH 有更多倾斜，进一步完善全日制专硕的培养激励机制。

15. 案例的推广性

本案例中的实践基地建设、双师制等培养经验可推广至临床医学硕（博）士及其他需要学校与基地联合培养的专业学位。

三、案例述评

开设中国公共卫生理论与实践特色课程，聘请实践基地专家主讲公共卫生领域的实际问题；实行双师制，保障实践基地教学质量，确保专业实践成效；论文选题要求与实践内容、行业实际问题相结合。培养方案以公共卫生行业人才需求为导向，根据已存在和新出现的公共卫生问题不断调整、优化；注重理论联系实际，侧重培养具有较强专业能力和职业素养的应用型高层次公共卫生专门人才；多学科交叉教学，包括卫生统计学、流行病学、社会和行为科学等，确保学生在公共卫生各个领域具有核心竞争力。

案例撰写联系人：

王志锋（北京大学公共卫生学院）

贾金忠（全国医学专业学位研究生教育指导委员会）

杜鹃（北京大学公共卫生学院）

中山大学药学专业学位培养案例

The Cultivating Case of Pharmacy Professional Degree of Sun Yat-sen University

一、案例简介

1）案例特点：立足行业需求，培养方案和质量保障体系完善。

2）案例启动时间：2011 年。

3）案例合作方：国家药物安全评价监测中心、北京昭衍新药研究中心、广东省人民医院、中山大学附属第一医院等。

4）案例主要创新点：多元化培养方向、产学研结合。

二、具体案例撰写

（一）案例背景

生物医药产业是国家战略性新兴产业，涵盖新药研发，药品生产、流通、使用及监管等环节。随着产业的快速发展，应用型、复合型高层次技术与管理药学专门人才已成为生物医药行业的急切需求。中山大学药学专硕教育以培养在药物技术转化、临床应用、监管与生产流通等应用领域的高层次、应用型药学专门人才为目标，在培养与教育过程中，全面把握专硕与学术型学位硕士在培养模式上的不同，制定不同的招生制度、培养方案及培养质量考核体系。

（二）创新理念与培养目标

紧密结合生物医药产业高端应用型人才的市场需求，按照药学应用人才的特点与培养规律，针对新药研发技术链的各个关键共性环节，中山大学药学硕士专业学位开设了药物评价、药物质量控制、化学与生物制药工程、药物制剂工程和临床药学等 5 个培养方向，与生物医药企业紧密合作，联合培养市场急缺的高级药学专业应用型人才。

（三）主要流程及运行

1. 制度建设

1）设立药学硕士教育管理委员会，统筹部署药学硕士教育工作。作为中山大学药学硕士专业学位的依托单位，中山大学药学院于 2008 年成立由主管研究生教学的院长、各学科带头人组成的药学类专业研究生教育管理专门委员会（2011 年起更名为药学硕士教育管理委员会），统筹把握药学专硕及药学硕士教育工作发展的方向，以及制定重大教育发展规划。

2）设立药学专硕培养指导委员会，制定质量评价标准和论文标准。成立由药物评价、药物质量控制、化学与生物制药工程、药物制剂工程和临床药学 5 个培养方向带头人及实践基地高管、专家等兼职导师组成的药学专硕培养指导委员会，制定相应的培养与评价体系、质量保证体系、成果与学位论文评价标准等。

3）成立药学专硕培养方向导师小组，分方向培养药学专硕。按照新药研发的链条，利用临床药学、药物制剂工程、药物评价、化学与生物制药工程与药物质量控制的学科积累和行业资源，开设了以上 5 个培养方向，并由各个方向带头人与相关方向的导师组成各培养方向导师小组，全程负责各方向药学专硕的招生、培养、考核及管理工作。

4）设立药学专硕办公室，负责日常管理与服务。设立药学专硕办公室，负责教学管理制度的拟定及日常管理服务，执行药学硕士教育管理委员会制定的相关政策，确保各方向培养方案及考核评价制度的落实。

2. 培养方式

制订了具有鲜明行业特色和职业导向的专硕培养方案，以落实专硕的分类培养。以相应行业领域对高层次应用型人才专业技能和职业素养的要求为依据，制订区别于学术型硕士研究生培养的、具有鲜明行业特色和职业导向的专硕培养方案，全面实行专硕培养方案行业专家论证。

课程内容强调理论与实践的有机结合、基础课程与应用研究的有机结合，充分体现课程训练的职业性和实践性；大力加强案例教学和案例库建设，重视运用实战教学、案例教学、现场研究、模拟教学等，改革创新教学形式。在课程建设中，坚持校企（行业）结合、产学结合，充分发挥行业、企业在课程建设中的积极作用，鼓励行业、企业的专家、骨干参与授课或开设专题讲座，将专业实践中的实际问题引入课堂。

3. 管理方式

1）质量监控。在教学方面，结合学校每学年对研究生课程进行的课程评教结果，及时对专硕课程的教学方式及内容进行调整，规范课程成绩管理。在实践方面，依据药学专硕培养方案，以实践考核表的方式评估专硕实践完成情况，由校外、校内导师针对学生实践学习情况，共同给出评语、意见，最终由校内导师把关是否给予学生考核通过。

2）管理制度制定与执行。药学硕士教育依托中山大学药学院建立，相关的管理机构主要是药学硕士教育管理委员会，负责把握药学硕士专业学位教育的发展方向，以及制定重大教育发展规划；学院研究生办公室在学校学位办的指导下，开展药学专硕的录取及学位授予等工作；学院研究生办公室负责日常的管理和服务工作，并制定了一系列相关的管理规章制度，如药学专硕招生选拔制度、药学专硕导师聘任制度、药学专硕管理与培养制度、药学专硕奖学金与助学金评选制度、药学专硕论文与答辩制度、药学专硕就业跟踪制度等。

3）规范教学管理制度。教学管理制度包括：①规范的考勤制度。坚持严格的出勤管理制度。②严格的考试制度。每门课程的考试由 2—3 位教师监考。③规范的学位论文管理。为了提高学位论文质量，中山大学学位办制定了严格的论文管理制度，每个学生需要经过“选题—开题—资格审查—内审、外审—正式答辩”过程才能拿到学位。其中，选题要求必须与自身的工作实践结合，有针对性，避免大而空。

4. 生源遴选与规模

2011—2016 年，药学应用类专硕及学术型药学硕士的报考及录取情况为：报考人数总计 260 人，呈逐年上升的趋势，录取人数总计 113 人，按照学校分配给药学院药学硕士专业学位的指标，招生人数比较稳定，每年招收 40 人左右。其中部分研究生是从报考中山大学药学院学术型药学硕士自愿调剂过来的。

中山大学药学院药学专硕生源质量良好，每年能招收推免生 10 人左右，来自“985 工程”“211 工程”高校的约占总招生人数的 40%（表 1）。

表 1　2011—2016 年药学专硕生源情况统计　　单位：%

推免生比例		公开招考比例		
本校生	外校生	“985 工程”高校	“211 工程”高校	其他高校
66.7	33.3	38.5	2.2	59.3

5. 师资配备

中山大学药学院药学硕士导师由专职导师和兼职导师（第二导师）组成，总计 110 人，师生比为 1.5，完全能满足课程的需要及学生培养的需要。其中专职导师全部为中山大学的在岗教师，为 56 人，占总导师数的 51%；兼职导师为在新药研发方面具有丰富经验的专家、企业高级人员，总共 54 人，占总导师数的 49%。专职导师中，具有高级职称的达到 100%，98%具有博士学位，100%具有硕士学位；兼职导师中，80%以上拥有博士学位，全部为高级职称。专职导师和兼职导师按照 5 个培养方向组成了 5 个导师小组，导师结构合理。

药学院导师科研经费充足，以 2016 年为例，据不完全统计，该年中山大学药学院纵向、横向项目共获立项 113 项，获批经费 5749.4 万元。其中，承担纵向项目 67 项，获批经费 3752.9 万元；承担横向项目 46 项，获批经费 1996.5 万元。

6. 课程设置（含案例教学）

课程体系充分体现行业领域特点，与特定职业岗位对人才在相关知识、能力和素质等方面的要求相适应，同时积极推进专硕课程与相关职业资格考试内容有机衔接。

7. 实践安排（含校企合作基地建设等）

实践内容：继续致力于培养掌握坚实的基础理论和深入的专业知识，掌握药物研发所需专业指导原则、先进技术方法和现代技术手段，具有创新意识和独立担负药物研发工作能力的，达到专题负责人水平的应用型、复合型高层次人才。在临床药学专硕培养方面，面对国家临床药师存在较大缺口的现实，依托药学院紧邻中山大学附属医疗机构的优势，充分利用医学院和 8 所附属医院现有的临床药师资源，进行药学专硕的培养工作。

实践场所：中山大学药学硕士专业学位点已同有关药物研发、生产、使用、检验、监督等各环节的 10 多家单位签订了联合培养研究生的协议。

为促进实践基地的规范化管理，在药学院研究生工作领导小组与基地负责人、基地导师的共同指导下，制定研究生校外实践指导原则；针对实践基地研究生招生和培养、生活保障等方面情况，制定相应的指导原则。为了考核药学专硕的实践情况，采用学生自我总结、校内外导师评价的形式综合考核研究生实践情况，以此为依据给出专业实践学分。

8. 论文工作

该专业学位培养方案要求学位论文选题要紧密结合药学及相关领域科技转化、注册与申报、生产与技改、推广与流通、临床药学服务及药品监管等实际问题，且要具有针对性、实用性。学位论文可以是针对药学实践领域具有一定经济和社会效益的专题研究或调研报告等，字数应不少于 2 万字。

9. 学位授予

依据《中山大学专业学位研究生培养与学位工作实施细则（试行）》规定，药学硕士的学位论文应由 2—3 位本领域或相近领域具有高级专业技术职务的专家评阅。答辩委员会成员要求由 3—5 名本领域或相近领域的专家组成。

10. 联合培养

药学专硕需要进入合作单位开展实习实践，其中包括国家药物安全评价监测中心、北京昭衍新药研究中心、广东省人民医院、中山大学附属第一医院等 16 家单位。

11. 与相近学术型学位的差异性

针对专业学位与学术型学位硕士研究生培养目标的不同要求，中山大学药学硕士专业学位课题体系具有以下特点：一方面，在保证学生获得药学专业完整系统的基础知识的基础上，根据专业方向的设置，加强对学生专业知识和应用能力的培养，着重突出专业实践类课程，课程设计结合了新药研发和注册及临床药学应用的实际需求，以及药学行业发展的需求；另一方面，适当增加应用型社会药学课程，完善学生的知识结构，强化学生的交流沟通能力，以为今后从事药物研发服务工作打下坚实基础。

12. 案例成效

五年来，学校为着力培养药学领域高级应用型人才，建设了16个长期固定合作的联合实践基地，组建了一支由药学院导师和兼职导师组成的药学专硕导师团队。按照药学应用人才的特点与培养规律，形成了具有应用药学特征的药学专硕研究生培养体系、质量评价与保证体系，组建了药学专硕研究生管理团队，制定了系列规章制度。

按照新药研发技术链，形成了 5 个研究方向，覆盖药物研发及产业化链条的各个主要环节，充分体现出药学硕士专业学位的特色。

毕业生就业情况方面，2014—2016 年，学校共毕业药学硕士 29 名，就业率达到 100%，并广受业界好评，起薪也高于同水平学术型学位硕士。就业单位主要有医药企业、医院药学部、省药品监督管理局评审中心、高校教学管理单位等，另外还有部分毕业生顺利留在硕士培养阶段的实习单位就业，2016 年毕业生的具体就业情况见表 2。

表 2　2016 年药学硕士就业统计情况

毕业时间	层次	入学人数	按学制规定毕业人数	就业率（%）	就业情况（%）		
					企业	科研	教学
2016 年	硕士生	27	27	100	42.9	46.4	10.7

用人单位对本专业毕业生给予了积极的评价，充分肯定了毕业生的工作能力，但也有少数毕业生在抗压能力、奋斗精神上还需加强。

13. 案例中遇到的问题与解决方案

经过五年的发展，学校药学硕士培养方面积累了一定的经验，但仍在一些方面存在不足，如药学硕士导师和研究生的传统观念有待进一步转变；在教育管理制度方面尚未足够细化；个别导师没有严格按照学院制定的药学硕士培养目标实施管理，或将学生完全放在企业培养，忽视对其的学术指导，或将学生完全留在校内学习，忽视对其实践能力的培养和提高；中期考核评估体系不够健全，尚未建立完善的教学质量评价体系。校外兼职导师的聘任一直以院聘形式开展，导致部分兼职导师指导药学硕士的积极性较低。

另外，相关管理部门在奖学金名额设置及评比标准方面仍偏重学术型学位硕士，不利于引导专硕向培养学科应用型人才的发展。

14. 案例的推广性

值得药学硕士专业学位及其他相关硕士专业学位借鉴。

三、案例述评

学校药学硕士专业学位不断为生物医药企业输送高层次应用型药学人才，促进了生物医药产业的发展，并在招生模式、培养方案、质量保障体系、导师配备、毕业成果鉴定、论文评阅等方面进行了改革与创新，效果显著。

学校药学硕士专业学位瞄准生物医药产业高端实践应用型人才的市场需求，结合“中山大学药学专硕教育综合改革试点”项目的实施，通过招生选拔模式、导师遴选与考核方式、学生毕业考评体系的改革，建立了完善的培养方案及培养质量保障体系；通过聘请行业专家担任兼职导师，与生物医药骨干企业联合培养实践基地紧密结合，按照新药研发技术链，形成了产学研相结合的药学高层次应用型人才培养模式，已成为华南地区药学专硕培养示范基地。

案例撰写联系人：

邓鸿（中山大学药学院）

第 四 部 分

Part 4

北京航空航天大学工商管理专业学位培养案例

The Cultivating Case of Business Administration Professional Degree of Beihang University

一、案例简介

1）案例特点：校企联合、资源整合、师生结合、跨界联合。

2）案例启动时间：2010 年 9 月。

3）案例合作方：全球最大智能工控企业台湾研华科技股份有限公司等。

4）案例主要创新点：以案例开发为基础、以案例教学为核心、以案例研究为引领的“三案”共生系统。

二、具体案例撰写

（一）案例背景

近年，国内工商管理硕士（Master of Business Administration，MBA）的案例教学尚存在以下突出问题：①本土教学案例严重不足：洋案例导致学生“水土不服”的现象比较普遍，但中国管理实践情境下的本土案例又存在数量严重不足、质量有待提高的问题。②案例教学效果难以达成：现成案例导致师生双方对真实管理情境的认知受限，案例分析的广度和深度难以拓展，影响学生思辨能力的提升。③案例教学和研究的割裂：案例教学缺乏对管理理论的提升，教师难以同时兼顾案例开发、教学、研究三方面，致使高水平案例研究成果难以转化到案例教学中。

为解决上述问题，北京航空航天大学以“培养勇于创新、富于责任、精于实务、善于合作的复合型高级经济管理人才”为培养目标，本着“扎根本土、教研相长、师生共生”的教育理念，不断挖掘案例价值，将案例开发、教学和研究嵌入 MBA 培养全过程。经过七年扎根本土企业管理实践的持续探索，逐步形成了本土案例开发、教学、研究相互促进、循环迭代、持续优化的相生相长案例教育模式，有效地促进了师生实践和研究能力的双升。案例成果辐射作用显著，开放共享、多方受益的案例教育体系逐步形成。

（二）创新理念与培养目标

北京航空航天大学 MBA 本土案例开发、教学、研究的案例教育模式在推动学生思辨能力和研究能力提升、促进本土高质量案例开发和完善中国特色管理理论体系等方面做出了卓有成效的创新与实践。案例教育模式主要探索教学、研究和实践相互依存、相互转化的路径，创新性地实践“一石三鸟”（学术研究、管理教学、社会服务）、“一案多用”（一个企业故事用于教学案例、研究案例、案例型论文）等案例教育方式，推动学术研究与教学改革的良性互动，以案例开发为基础、以案例教学为核心、以案例研究为引领的“三案”共生系统逐步形成。

为确保案例的鲜活性和时效性，教师在课堂教学、第二课堂应用、案例深度拓展及后续开发等环节，分别从数据、分析、理论、应用范围等不同维度对已有案例进行跨界、跨类的循环迭代，促进“企业实践—管理研究—企业实践”和“开发—应用—反馈—改进—再应用”的持续优化、螺旋式上升的良性循环，创建了案例开发、教学、研究持续优化的发展模式。例如，在课堂教学和第二课堂应用阶段，通过多元化深度应用教师自主开发的原创案例，聚集不同行业、不同领域学生的多维度视角和观点来剖析同一案例，从而促进案例在案例数据、案例分析、理论提炼、应用范围等方面的持续改进。

（三）主要流程及运行

1. 制度建设

通过精细化的立项管理措施，学校从政策引导、人才育成等角度优化案例开发流程，加强优质案例开发，形成了优秀案例成果，具体有：①立项标准精细化。案例开发立项除需提交立项申请书外，还需提供案例正文初稿与案例使用说明书。案例中心安排获得百优案例的老师对提交的立项进行综合评价，择优资助。②激励政策精细化。对每项获批立项案例，立项时学院支持 5000 元经费，然后由百优案例获得者组成专家组对立项案例进行逐个验收，对达到学校案例库标准的案例再奖励 5000 元。③案例作者优选化。为鼓励教师投入更多精力开发优质案例，若连续两届获得百优案例的老师的案例申请书达到学校标准，则可资助其立两项，以鼓励善于写教学案例的教师撰写出更多的优质案例，提高学校案例的整体水平。

2. 培养方式

1）以原创本土案例开发为基础，建设联合开发团队。为解决 MBA 教学过程中本土原创案例严重不足的问题，学校出台激励政策鼓励教师长期扎根中国管理实践，建立高水平原创本土案例库，构建与完善中国特色管理理论。被业内高度认可的北京航空航天大学团队开发案例的特色是：校企联合组成案例开发共同体，师生联合聚力开发高质量案例，以服务于教学和企业实践，师生在共同辨识、分析和解决企业管理实践难题中共同提高实践能力，共同构建与完善具有中国理论自信和文化自信的管理理论。通过七年的投入和积累，经济管理学院已经初步形成了包括战略、市场营销、财务管理、会计、项目管理等十余个专业或方向在内的原创案例库。在课堂上运用这些极具中国特色的本土案例，能有效解决国际案例与中国管理实践相脱节的问题，增强案例教学的针对性和实用性，极大地提高学生的参与热情，从而有效地增强案例教学效果。

2）以案例教学为核心，提升学生实战能力。为解决案例教学效果难以达成的问题，经济管理学院构建了“案例课堂教学—案例第二课堂—案例论文培养”的三阶段交叉融合案例教学模式，将案例教育嵌入 MBA 培养全过程；通过案例公开课、应用自主开发案例、案例主人公进课堂等方式转变教学方式，增强案例课堂教学效果；通过案例俱乐部开展案例研究和参加国内外案例比赛，学生的思辨能力在第二课堂得到进一步提升；出台案例型学位论文撰写规定，将案例开发嵌入论文培养阶段，深度提升学生的思辨能力。

3）以国际先进案例研究为引领，创新案例教育模式。为解决案例教学和研究的割裂问题，经济管理学院以案例为载体，探索学术研究与教学、实践相互依存、相互转化的路径，创新性探索并实践“一石三鸟”“一案多用”等案例教育模式，持续深化教育改革，形成了教研相长的良性循环。

3. 管理方式

严格执行相关制度，实现案例教学常态化。围绕“规范化、普及化、常态化”的改革思路，MBA 教育中心出台并执行了案例公开课等一系列措施。

4. 师资配备

为有效提升教师的案例开发能力，建立高水平案例开发团队，经济管理学院通过激励政策、培训交流、骨干帮扶等方式鼓励教师参与教学案例开发，在制度上保障更多的教师尤其是青年教师深入企业实践开发教学案例，提高自身的实践能力和案例开发能力。此外，学院还采用“请进来，走出去”的方式加强教师案例教学培训。

5. 课程设置（含案例教学）

在 MBA 案例课堂上，教师积极应用原创本土案例，促进学生深度参与。

引入案例主人公，增强理论与实践的对话效果：案例主人公还原案例发生的真实情境，与师生一起解析企业面临的管理难题，以及决策背后的管理逻辑，使学生体会实战专家的管理智慧，感悟理论对实践的指导作用，从而极大地激发学生的参与热情，有效提高学生辨识、分析和解决企业复杂管理难题的能力。

跨界开发视频案例，植入案例教学情境：受教育部学位与研究生发展中心委托，学校牵头组织全国高校的部分骨干教师立项开发视频案例 14 项，通过视频把故事的真实情境植入学生脑海，给学生带来丰富的信息量与生动的画面感，推动学生深入参与案例讨论，实现案例的深度应用。

将实践和实验融入案例教学，强化理论与实践的深度结合：深入案例企业，采用实验模拟企业决策过程，通过亲身体验决策者的管理智慧及实战演练企业的运营过程，将理论与实践深度结合，进一步提升案例教学效果和学生的实践能力。

6. 实践安排（含校企合作基地建设等）

在实践环节，学校倡导学生主导第二课堂，以提升学生的互助综合能力；倡导学生自发成立案例俱乐部进行协作互助学习，从而促进不同领域学生的相互交流，培养具有跨行业、宽视野的复合型人才。推动以案例学习为特色的第二课堂建设，检验案例教学效果，在实战演练中提高学生的实践能力。教师团队与参赛团队共同研究案例，共同辨识案例问题、分析问题存在的原因，共同提出解决方案。学生通过参与大赛，将理论运用于实践的能力及团队合作能力均得到显著增强。

7. 论文工作

在学位论文撰写环节，强化案例论文质量。依据全国 MBA 教育指导委员会关于 MBA 论文的要求，参照学校关于专硕学位论文的规范，本学位点制定并出台了《关于专硕学位论文撰写案例型学位论文的管理规定》，这是迄今为止国内 MBA 院校首次出台专硕案例型学位论文管理规定，是一项创新性举措。该规定使全国 MBA 教育指导委员会倡导的案例型学位论文的撰写具有了可操作的实施办法，较好地激励了教师和学生合作撰写案例型学位论文，且绝大多数学生选择以自己所实习的企业为案例型学位论文的研究对象。2013—2016 年，MBA 优秀硕士论文绝大多数是案例型学位论文，案例型学位论文数量的大幅提升和质量的逐步提高为优秀教学案例开发奠定了坚实基础，保证了每年高水平教学案例的产出，师生的实践能力也在论文培养阶段得到了有效巩固和加强。

8. 对外交流（包括国际、国内交流）

学校 MBA 案例教学的成功经验在国内外 60 余家 MBA 培养院校中得到高度认可和广泛推广。学校接待 30 余所国内外商学院来访，相互交流案例开发与教学经验，并在近 30 所 MBA 院校做案例教育相关讲座，引领了国内 MBA 案例教育发展。

9. 案例成效

经过 7 年的发展和实践，学校 MBA 本土案例开发、教学、研究相生相长的案例教育模式取得的成果达到了国际先进、国内领先水平，实现了从零到卓越的跨越，得到国内 MBA 及专业学位案例教育领域的高度认可并被广泛推广和应用。例如，学校教师与 MBA 学生合作撰写的案例在全国获奖的有 36 篇，其中 4 篇分别由世界知名的哈佛大学商学院和韦仕敦大学毅伟商学院案例库收录，MBA 优秀案例数量全国排名第 2；MBA 课程质量整体水平显著提升，学生思辨能力显著提升，学生满意度大幅提高；MBA 优秀案例学位论文实现零的突破；学校的 MBA 教育也成为全国 18 家 MBA 综合改革试点项目中案例教学成效突出的院校，并受全国 MBA 教育指导委员会委托继续开展 MBA 综合改革的深化工作。

10. 案例的推广性

学校 MBA 案例开发、教学和研究相生相长的案例教育模式和案例论文撰写规范得到全国 MBA 教育指导委员会等专业机构的认可和借鉴。其中案例学位论文撰写规范被全国 MBA 教育指导委员会中国管理案例共享中心借鉴，成为国内唯一的 MBA 案例型论文标准。

深度参与中国专业学位教学案例中心建设，成果在国内专业学位中被广泛推广；为教育部学位与研究生教育发展中心中国专业学位教学案例中心建设提供了有益的咨询意见，并承办了首期中国专业学位教学案例中心案例教学与写作培训班。作为核心参与者，开展了案例教学视频录制和视频案例制作，推动了国内专业学位案例教学的发展。多名教师 10 余次在全国 MBA、会计硕士专业学位、国际商务等专业学位的重要会议上作主题报告，分享学校 MBA 案例开发、教学和研究相生相长的案例教育模式。

学校的成功经验在国内外 MBA 培养院校中得到高度认可和广泛推广，引领了国内 MBA 案例教育的发展；开发的案例在北京交通大学、西安工业大学等高校得到广泛应用，在中国管理案例共享中心案例库的浏览总量达到 40 782 次，单篇最高浏览量为 3358 次。

扎根中国特别是北京企业管理实践的案例开发、教学和研究，提升了本土企业的管理水平。通过来源于企业、服务于企业的校企联合方式开展案例开发和研究，促进了企业人才综合管理能力的提升，推动了企业管理水平的整体提高，学校案例团队的实力得到了企业的高度认可和信任。例如，与全球最大智能工控企业台湾研华科技股份有限公司合作多年，师生深入该企业共同开发了《研华实践阿米巴经营的前序后幕：组织惯例的管理》《研华科技中国公司渠道协同发展之惑》等全国百篇优秀管理案例 2 篇，出版数据执行保护全球数字化赋能计划案例 1 篇；该企业捐助 20 万元供案例骨干教师团队开发其企业案例，以为全国核心经销商提供问题诊断和管理培训。

三、案例述评

为解决国内 MBA 案例教学过程中普遍存在的本土教学案例严重不足、案例教学效果难以达成、案例教学和研究割裂等问题，学校在多年持续深化教学改革的过程中，形成了 MBA 本土案例开发、教学、研究相生相长的案例教育模式。本案例成果包括创新了案例嵌入 MBA 培养全过程的方式、创建了“三案”相生相长的发展模式、建设了深度案例开发的企业基地，在加强案例教学效果、推动学生思辨能力提升、促进本土高质量案例开发和完善及构建中国特色管理理论等方面做出了卓有成效的创新与实践。

（一）创新了案例嵌入 MBA 培养全过程方式

建立制度转变案例授课方式，促进师生共同挖掘原创本土案例价值；引导学生自行研究案例和参赛，案例教学效果在第二课堂得到检验、反馈和拓展；首推案例型学位论文撰写规范，鼓励师生联合开发本土案例，深度提升了学生的思辨能力，填补了国内 MBA 论文培养阶段案例研究的空白。

（二）创建了“三案”相生相长的发展模式

首创以案例开发为基础、以案例教学为核心、以案例研究为引领的相互促进、循环迭代、持续优化的相生相长发展模式，使得“三案”兼顾、相互转化、协同发展，产生了一批“顶天立地”的本土案例教学与研究成果，师生的实践能力和研究能力得到提升。

（三）建设了深度案例开发的企业基地

案例开发质量和团队的研究实力获得了企业的高度认可和积极响应。企业在主动参与案例开发、教学和研究的全过程中及时反馈，保证了案例的鲜活性和时效性，同时也推动了企业人才管理水平和决策能力的提升。

案例撰写联系人：

周宁、欧阳桃花、秦中峰、韩小汀、黄劲松、潘立新、邓路、邹艳（北京航空航天大学经济管理学院）

上海交通大学工商管理专业学位培养案例

The Cultivating Case of Business Administration Professional Degree of Shanghai Jiao Tong University

一、案例简介

1）案例特点：多学科、多层次、全方位的人才培养体系。

2）案例启动时间：2007 年。

3）案例合作方：上海交大机械与动力工程学院、上海交大电子信息与电气工程学院、麻省理工学院（Massachusetts Institute of Technology，MIT），以及苹果、戴尔、霍尼韦尔国际、溢达集团、华为、思科、闪迪、德尔福、威瑞森、中国商飞等公司。

4）案例主要创新点：创新型课程、个性化培养、实践式学习、协同性运作。

二、具体案例撰写

（一）案例背景

近年来，社会技术的快速发展、知识的迅速融合、信息的全面渗透，对高层次人才的需求发生了很大的变化：从单一学科背景型转向多学科背景型，从专项型人才转向复合型人才，从聚焦本土情境转向兼具全球视野。在中国加快产业转型升级和结构调整的全面深化改革进程中，上海作为改革和创新探索的先行者，肩负着培养具有国际视野与创新能力、精通管理和技术的高层次复合型人才的职责。

专业学位研究生教育旨在培养具有较强专业能力和职业素养、能够创造性地从事实际工作的高层次复合型应用人才。我国近年来的全日制专业学位研究生培养模式主要是在已有学术型研究生培养模式的基础上衍生而来的，并不适用于高层次复合型应用人才的培养，还存在诸如缺乏多学科交叉的复合型课程设计，理论学习与工作实践存在脱节，忽视软技能、国际化视野和领导力的培养，缺乏对学生的个性化培育等问题。因此，高层次复合型应用人才的培育迫切需要对传统的专业学位研究生培养模式进行创新。

专业学位研究生培养模式的创新是当前研究生教育改革发展的重要领域，对此，近年来上海交大以中国全球运营领袖（China Leaders For Global Operations，CLGO）项目为核心开展了一系列的探索和实践，通过管理学和工学协同、学校与企业协同、上海交大与 MIT 国际协同，创造性地构建了高层次复合型应用人才的培养模式，取得了显著成效。

（二）创新理念与培养目标

创新理念：理论与实践相结合、工程和管理相整合，用个性化的培养方式，打造一流的专业学位项目。

培养目标：CLGO 项目力求为中国乃至全球运营领域培养精通技术、深谙管理、具有全球化视野，同时对中国市场环境有深刻理解的领军人物。

（三）主要流程及运行

1. 培养模式

CLGO 项目的培养模式包括以下环节：20 门以上课程的学习、全程领导力训练、6 个月的企业实习、短期企业咨询项目、企业实地访问、专业论坛和毕业论文。CLGO 项目的学制为三个学期集中授课+第四学期著名企业实习+第五学期学位论文写作与答辩。

2. 管理方式

上海交大、MIT 与合作企业三方共同成立了 CLGO 项目管理委员会，负责全面参与项目监督与管理。每年定期召开两次管理委员会会议，三方就项目的现状、发展前景、面临的问题进行讨论。合作企业不仅为 CLGO 项目提供制造运营领域最新管理理念与最佳实践，同时为 CLGO 项目学员提供长达半年的实习，还给 CLGO 项目毕业生提供前景灿烂的就业机会。三方共同管理的方式保证了 CLGO 项目的人才培养目标与企业需求一致，也保证了 CLGO 项目始终与先进的教育理念接轨。

3. 生源遴选与规模

CLGO 项目的申请条件如下：获学士学位，理工科优先，入学时至少有两年的相关工作经历（大学本科毕业后工作 3 年或 3 年以上，获硕士学位或博士学位后工作 2 年或 2 年以上）；热爱并愿意投身制造与运营领域；有较强的领导力潜能；熟练的英语听说读写能力等。

CLGO 项目的招生人数为 40 名左右。CLGO 项目是双硕士学位项目，考生须同时被上海交大 MBA 和上海交大工程硕士录取（备注：2016 年 9 月后录取流程有所调整）。

4. 师资配备

MIT 承担培训 CLGO 项目授课教师的责任。自 2007 年合作以来，已有 22 位安泰经济与管理学院的教师和 15 位工学院的教师到 MIT 分别接受了至少一学期的培训，也已按照计划完成了第二期师资培训。

5. 课程设置

CLGO 项目的总学分为 65 学分，其中学位课学分为 41 学分。CLGO 项目多学科交叉层次化的课程体系体现了以下三个主题。

1）基础：具备具有国际视野的制造运营领域高层次复合型应用人才所必须掌握的管理和工程基础知识及基本技能。

2）综合：工程学和管理学两大领域理论和实践的融合，体现了 CLGO 项目的创新培养理念，即未来高层次复合型应用人才必须具备工程和管理的整合能力。创新的跨学科交叉层次化课程设置不是工程类课程与管理类课程的简单叠加，而是两者的深度融合，互为补益。

3）领导力：通过能力培养、实践磨炼和回顾总结，提升学生的领导力。

6. 实践安排

CLGO 项目课程强调理论和实践的同步，学生必须通过课程内嵌入式实践项目实现学以致用。CLGO 项目的每届学生都会组队完成“龙之队”短期咨询项目，以团队的形式解决企业在运营过程中遇到的实际问题。麻省理工学院全球运营领导（MIT Leaders for Global Operations，MIT LGO）项目学生和 CLGO 项目学生还会联合组队完成“狮之队”短期咨询项目。此外，CLGO 项目学生还必须独立完成一个具有挑战性的企业实习项目，该项目全部基于企业实际遇到的制造和运营问题，具有较大挑战性；学生作为项目领导者主导项目实施；实习时间长达 6 个月；每个学生配有 3 位指导教师；在实习项目的基础上完成 MBA 和工程硕士双论文。

CLGO 项目自 2007 年起，总计开展了 300 多项正式的实习项目、150 项“龙之队”短期咨询项目和 20 项“狮之队”短期咨询项目。通过大量的多层次课内外实践活动，学生实现了“做中学，学中做”，提高了对跨学科复杂问题的分析和解决能力，也锻炼了团队协作等软技能，扩宽了国际化视野。

7. 论文工作

CLGO 项目学生每年一月份参加论文答辩，因 CLGO 项目为双硕士学位项目，每位同学需要完成两篇硕士论文，分别为 MBA 论文和工程硕士论文，并且由安泰经济与管理学院和工学院分别组织答辩，答辩通过后，论文被递交学位委员会，经审核合格者方能顺利毕业（备注：2016 年 9 月后论文工作流程有所调整）。

8. 学位授予

学位论文需结合所在实习企业的实习项目或自身的研究方向撰写，由导师负责指导。课程考试合格，修满规定学分并通过学位论文答辩的学生，经学校审核批准，将被授予上海交大 MBA 学位证书、上海交大工程硕士学位证书、上海交大研究生毕业证书和 MIT 全球运营领袖项目学习证明（备注：2016 年 9 月后有所调整）。

9. 联合培养

因 CLGO 项目为双硕士学位项目，学生由上海交大安泰经济与管理学院、机械与动力工程学院和电子信息与电气工程学院联合培养。

10. 对外交流

作为MIT LGO项目的姊妹项目，CLGO项目从MIT得到了诸多学术上的支持和交流机会。CLGO项目的授课老师均曾赴MIT进行课程培训，以确保CLGO项目的教学保持世界领先水平；MIT 教授定期到上海交大开设讲座和研讨会。CLGO项目管理人员赴MIT进行培训，以保证该项目的流程和管理与在美国本土的项目达到同一水准；MIT LGO项目的管理人员定期访问上海交大，指导该项目的运作和管理。CLGO项目与MIT LGO项目学生之间有共同交流、共同合作完成企业实习项目的机会，以及共享合作交流平台。

11. 案例成效

上海交大CLGO项目创立的高层次复合型应用人才培养和实践模式得到了国内外专业教育机构、国内外知名企业以及包括媒体在内的社会各界的高度认可。

1）国际权威认证机构的高度评价。上海交大安泰经济与管理学院是国内最早获得三大权威认证［国际商学院协会（Association to Advance Collegiate Schools of Business，AACSB）、欧洲质量发展认证体系（European Quality Improvement System，EQUIS）、英国工商管理硕士协会（Association of MBAs，AMBA）］的商学院。在这三大机构对该学院的认证报告中，无不对CLGO项目给予了高度评价。AACSB认证专家的评价是："与MIT合作的CLGO项目非常成功，这是该学院的一个示范项目。"EQUIS认证专家的评价是："在各种课程中，学校让企业合作伙伴参与课程开发、实习和融资（如与 MIT 合作的全球运营中国领袖课程）。"AMBA认证专家的评价是："该项目集理论与实践于一体，采用了MIT著名的制造业领袖课程模式，结合了中国顶尖大学在工程与管理学科的优势和特点。"2017年1月，英国《金融时报》2017年度全球MBA百强榜正式出炉，上海交大安泰经济与管理学院的全日制MBA项目（CLGO项目和IMBA项目）跃居全球第34位。

2）国内同行的赞誉。上海交大多次应邀在全国MBA教育指导委员会会议、全国MBA教育综合改革试点工作交流会等会议上对CLGO项目创立的高层次复合型应用人才培养模式进行介绍，受到了与会专家的高度评价。作为全国18所MBA综合改革试点单位之一，上海交大的CLGO项目获得了全国MBA教育指导委员会的高度认可。2012年，上海交大和清华大学、复旦大学一起成为首批通过中国高质量MBA教育认证的学校，认证专家在认证报告中写道：上海交大安泰经济与管理学院在MBA和高级管理人员工商管理硕士（Executive Master of Business Administration，EMBA）教育中的一些创新做法在中国的商学院中起到了引领作用。CLGO 项目分别在 2009 年、2012 年获得上海交大教学成果奖一等奖，2013 年获得上海市教学成果奖一等奖。

3）国内外知名企业的青睐。平均 50% 的 CLGO 项目毕业生在合作企业就职，另外 30%以上的毕业生在其他企业找到了与制造和运营管理相关的中高级岗位。CLGO 项目的毕业生相对于就读前的岗位和薪资都有了显著的提升。在见证了 CLGO 项目的成功和给合作企业带来的收益之后，更多企业决定成为 CLGO 项目的合作企业。

4）国内外主流财经媒体的关注。CLGO 项目在中国 MBA 教育中独树一帜，多次得到国内外主流财经媒体的报道。在由 21 世纪传媒主办的“21 世纪商学院竞争力调研”中，CLGO 项目在 2011 年度和 2012 年度连续两年被评为“最具特色竞争力 MBA 项目”。2011 年 6 月，福布斯中文网刊登了 CLGO 项目专题报道《让 MBA 到广袤的工厂去》，通过 CLGO 项目学生在中国龙工控股有限公司实习的例子，表明了 MBA 教育实践的重要性，为企业业绩的提升做出贡献是 MBA 教育的核心价值。

5）其他学校的效仿。CLGO 项目对高层次复合型应用人才培养模式的探索和实践为国内其他高校提供了借鉴。浙江大学在推出与加拿大麦吉尔大学合作的全球制造管理硕士项目前，到上海交大对 CLGO 项目进行调研。清华大学推出的“MBA+工程硕士”双学位计划中也可以看到 CLGO 项目的影子。2013 年 10 月，由中国高等教育学会主办的“物流管理与工程类专业建设暨实践教学改革研讨班”在上海交大交流学习期间，对 CLGO 项目的培养模式给予了充分肯定，认为该项目具有很强的借鉴意义。

12. 案例中遇到的问题与解决方案

1）如何建设基于多学科交叉的专业学位课程体系。CLGO 项目起步伊始，引进和吸收了 MIT LGO 项目的课程体系，覆盖了管理和工程学科的基础课程，也包含了多门跨学科的综合课程，且领导力的培养贯穿项目的始终。在课程建设过程中，CLGO 项目借鉴国际一流大学经验，结合中国国情以及现代管理和技术的发展进行了创新，丰富了课程中本土化的实践内容，并添加了新的课程模块（质量管理模块、采购管理模块、沟通能力实战模块等），创建了管理和工程学科交叉层次化专业学位课程体系。

2）如何构建个性化培养机制。CLGO 项目学生的个性化培养机制主要体现在以下三个方面。第一，个性化课程选择。跨学科培养体系为学生在专业方向和选修课方面提供了更多的个性化选择。例如，机械类学生可选择工业工程方向，而电信类学生可选择互联网技术项目管理方向。不同的工程方向设置了差异化的培养方案，除了必修核心课程外，还提供多门 MBA 和工程硕士方向的选修课供学生选择。第二，多样性实践项目。众多跨产业合作企业提供了大量的实践机会，包括短期咨询项目及企业实习等，学生可以结合自己的专业以及今后的职业发展意愿选择参与不同的实践项目。第三，全周期领导力培养。CLGO 项目引进了 MIT LGO 项目全周期领导力培养模式。在两年半的学习历程中，全周期领导力培养以课程、实践、论坛等丰富多彩的形式展开。领导力课程授课教师结合学生特点给予他们个性化指导。

3）如何凸显实践在学习过程中的作用。在两年半的学习中，CLGO 项目学生至少需参加三种不同形式的实践：课程内嵌入式实践、大量短期企业咨询项目、长达半年的企业实习。多年来，CLGO 项目与国内外多家先进企业开展了深度合作，建立了代表国际先进制造及运营管理水平的实践平台。CLGO 项目合作企业通过提供大量的实践项目深度参与学生联合培养。

4）如何持续提高教学质量。在安泰经济与管理学院参与国际商学院协会认证过程中，CLGO 项目构建了自身的学习保证体系，以保证课程的规范化和教学质量的稳步提升。在持续提高教学质量的过程中，MIT 和合作企业肩负着监督反馈工作，通过 CLGO 指导委员会和 CLGO 管理委员会机制，对 CLGO 项目的教学质量进行监督，与来自上海交大三大学院的 CLGO 项目学术主任一起商议持续提高教学质量的措施。

5）如何建设高水平国际化师资队伍。以 CLGO 项目共建为契机，上海交大与 MIT 开展了师资培训合作。按照合作协议，MIT 承担培训 CLGO 项目授课教师的责任。富有成效的师资培训为 CLGO 项目的可持续发展奠定了坚实的基础。受训教师已经成为各个学院在教学及科研方面的骨干力量，双方教授之间定期的合作交流也实现了良性互动。

三、案例述评

CLGO 项目秉承理论与实践相结合、工程和管理相整合的理念，不断改革，取得的主要创新成果有以下四点。

（一）创新型课程

CLGO 项目在引进吸收 MIT LGO 项目现代制造及运营管理课程体系的基础上，围绕基础、综合和领导力三大主题，结合中国国情和管理与技术的发展，实施了更多的课程创新，创建了管理和工程多学科交叉的层次化双学位课程体系。

（二）个性化培养

CLGO 项目通过提供多学科课程、多工科方向学习和多行业实习项目（电子类、航空类、消费者产品类等）以及全程领导力培养，帮助学生追求多元化职业发展，实现了高层次复合型应用人才的个性化培养。

（三）实践式学习

CLGO 项目在代表先进制造及运营管理水平的合作企业的大力支持下，建设了由三种不同形式实践（课程内嵌入式实践、大量短期企业咨询项目、长达半年的企业实习）组成的多层次实践式学习平台和网络。

（四）协同性运作

CLGO 项目创新性地实施了由上海交大、MIT、合作企业三方共同参与、共同管理的项目运作模式，由 MIT 专家组成的 CLGO 指导委员会和由企业及高校组成的 CLGO 管理委员会对 CLGO 项目的教学质量进行积极监督并提供大力支持，帮助 CLGO 项目实现健康可持续发展。

案例撰写联系人：

董明、陈晓荣（上海交大安泰经济与管理学院）

杨根科（上海交大研究生院，电子信息与电气工程学院）

熊振华（上海交大机械与动力工程学院）

上海财经大学工商管理专业学位培养案例

The Cultivating Case of Business Administration Professional Degree of Shanghai University of Finance and Economics

一、案例简介

1）案例特点：鲜明财经特色的 MBA 培养机制、输送具有国际竞争力的商界领军人物和精英人才。

2）案例启动时间：1991 年。

3）案例合作方：英国剑桥大学，美国加利福尼亚大学伯克利分校、斯坦福大学、弗吉尼亚大学、加利福尼亚大学圣迭戈分校、弗吉尼亚大学达顿商学院、韦伯斯特大学、乔治·华盛顿大学等。

4）案例主要创新点：以学生为中心、以结果为导向的全流程培养机制和全人格培养方式。

二、具体案例撰写

（一）案例背景

上海财经大学MBA教育始于1991年，是国内首批开展MBA教育的9所院校中唯一的一所财经类院校，截至目前，已累计培养毕业生6422名。2011年初，学校根据“建设具有鲜明财经特色的多科性研究型大学”的发展定位，决定恢复建立商学院，并确立上海财经大学商学院的使命为：为研究商学而设，为培植商业人才而设，为引领商人而设，为传播商学和商业文明而设。

（二）创新理念与培养目标

1）创新理念：坚持以国际国内高等商学教育认证标准为指引，建立以学生为中心、以结果为导向的全流程培养机制和全人格培养方式，并创新性地构建与人才培养相配套的学院内部治理结构。

2）培养目标：培养践行人类共同商业伦理和核心价值观、具备国际视野、洞悉中国商业环境、具备扎实的财经专业训练和管理技能、具有导向能力和组织能力、求真务实、勇于创新的管理实践者和创业者。

（三）主要流程及运行

1. 制度机制与管理方式

上海财经大学于1991年获准开办MBA教育以来，坚持以提高人才培养质量为中心，抓住MBA这个综合性最强的“牛鼻子”项目，建立了由上海财经大学MBA 教育指导委员会统一领导、以商学院院长联席会议为内部协调机制、以商学院为项目载体的学位项目体制。

经过多年的不断探索，上海财经大学逐步明确和完善了独特的“杠杆型、实体化、开放式”的商学院架构。以MBA项目为枢纽，商学院通过双聘方式，集中了全校200名分布于不同学院的师资；通过长短聘相结合的方式，整合了校外300 余名国内外专家教授。商学院坚持使命导向，以学习效果保障体系建设为重点、以师资聘用改革为突破口，内外协同，探索出了一条特色鲜明的MBA项目发展之路。

2. 招生与培养方式

上海财经大学MBA项目的招生理念是要遴选出高质量的、与学校理念有高契合度的优秀生源，为此，MBA项目自2011年开始采取预面试制度，特别注重考核生源的商业背景、管理经验、应用能力、培养潜质和综合素养。

1）入学导向。上海财经大学MBA项目自2011年开始开展新生入学导向系列活动，为期 3 个月，分预备课程、团队融合、职业发展和文化传承 4 个模块，鼓励新生从情感、知识储备、生涯规划等角度为即将开展的专硕研究生教育做好准备。

2）培养方案。上海财经大学 MBA 项目的培养方案充分体现了使命驱动、结果导向的特点，在学校和学院商学教育使命的指引下，提炼出 MBA 教育的价值观，并将其映射到培养目标中，重点培养学生的组织能力和导向能力，并在此基础上搭建课程体系、设置相应的领导力要素、分析能力和商学核心基础等课程模块。

3）职业发展活动。商学院有专门的职业发展中心来辅助 MBA 学生的培养，如职业发展中心推出了常态化、科学化、体系化的职业发展举措，聘请职业导师为 MBA 学生指导职业生涯及规划；持续举办“职业发展咨询零距离”讲座 51 场，累计服务学生及校友近 300 人；举办名校 MBA 专场招聘会，参会雇主达 140 余家，提供岗位超过 1500 个；开发职业生涯规划、职业发展技能、职业发展专项等系列课程，形成了一整套比较完备的职业发展课程体系。

3. 师资配备与课程设置

1）师资配备。上海财经大学 MBA 项目持续加大师资配备力度，按照 AACSB 国际认证新标准，将商学院的师资分为 SA、PA、SP、IP 四类，即学术型学者、实践型学者、学术型从业者和教学型从业者。根据课程体系和学生特点，有的放矢地配备教师。

2）提供个性化课程。上海财经大学 MBA 项目的课程体系更加注重满足学生的个性化培养需求，在保证学生掌握商学基础知识的前提下，给学生充分自主选择的空间，这样既能够满足学生知识提升的差异化、个性化需求，又能够及时地根据社会需要和培养目标的要求做出调整。

3）突出金融特色课程。上海财经大学 MBA 项目的课程体系注重体现上海财经大学特色，在入学导向、核心课和专业选修课等中都增加了财经相关课程的比例。在入学导向的预修课程模块中，专门为财经基础知识相对薄弱的学员开设了专业基础知识课程；在核心课方面，提供财经相关的核心课程比例高达 50%以上；在专业选修课中，60%的课程属于财经类方向。

4）重视案例教学。上海财经大学 MBA 项目特别重视案例教学，不仅在授课过程中积极鼓励教师采用案例教学方式，还专门设有案例研究院负责案例开发和案例教学的所有相关事宜。截至目前，案例研究院已开发面试小案例或课堂小案例 600 余篇，大型教学案例 70 余篇，共有 10 篇案例荣获“全国百篇优秀管理案例”。

5）创新教学模式。上海财经大学 MBA 项目采用多种教学方式如案例教学、实践教学、混合式教学、模拟教学等并行的方式开展教学。例如，创新性地采用了“双师同堂”和“多师同堂”的模式，将学术老师和业界老师同步请进课堂，与学生共同完成某一主题的学习和探讨；同时，还尝试运用翻转课堂和慕课模式，充分利用现代技术提升教学品质和教学效果。

4. 实践安排（含校企合作基地建设等）

上海财经大学 MBA 项目将实践安排作为 MBA 项目的试错场，通过实践融合理论知识的学习，通过实践反思和促进理论的延展；同时，还将创新创业教育作为新的亮点，不断加大投入和支持力度，帮助学生孵化创业梦想。

5. 学位论文与学位授予

1）学位论文写作。上海财经大学 MBA 项目为学生完成学位论文提供了充分指导和全程服务。通过多种形式和渠道加强对学位论文写作、论文盲审及答辩通过率等环节的重视，帮助学生恰当选择和联系导师，要求学位论文的写作要严格遵守学术标准规范和学术诚信。

2）学位授予。上海财经大学 MBA 项目在学位授予环节设立了严格的流程和制度，全部通过学术不端检测、双盲抽检、预答辩、答辩、复审和学位分委会及校学位委员会等系列流程后，方可获得硕士学位，有效地保障了学位授予的质量和公平公正。

6. 联合培养与对外交流

上海财经大学 MBA 项目以参与国际认证为契机，始终坚持国际化办学方向，在联合培养和对外交流方面坚持“走出去，引进来”的原则，构建双向交流通道，取得了多方面的进步。

1）发起中欧商校联盟、达成“MBA+X”协议。2013 年，商学院发起成立中欧商校联盟（Alliance of Chinese and European Business Schools，ACE），学院在 ACE 中承担重要管理责任。在 ACE 框架下与两家欧洲商学院达成“MBA+X”协议，根据协议，上海财经大学在读 MBA 学生可同时申请对方工商管理专业或相关硕士学位。

2）Doing Business in China（“商业中国”）暑期活动。围绕“全球化视野，本土化实践”的核心主题，商学院推出针对外国著名商学院的“商业中国”（Doing Business in China）学分模块，并举办全球暑期学校项目或暑期夏令营活动，吸引了荷兰伊拉斯谟大学鹿特丹管理学院、捷克布拉格经济大学、美国纽约大学、美国夏威夷大学、中国澳门大学、英国诺丁汉大学等约 30 所境外知名院校的学生。

3）案例教学交流。与哈佛商学院、韦仕敦大学毅伟商学院、巴布森学院长期合作开展案例教学及创新创业师资培训。2012 年起，每年派遣 5—8 名 MBA 专任教师赴哈佛商学院、巴布森学院接受为期 1 周以上的案例教学和创新创业师资培训。与中国管理案例共享中心、韦仕敦大学毅伟商学院共同举办面向全国的案例教学与写作培训，累计培训学员超过 300 人次。

4）境外名校游学。2008 年起，上海财经大学 MBA 项目先后与剑桥大学、加利福尼亚大学伯克利分校、斯坦福大学、弗吉尼亚大学、加利福尼亚大学圣迭戈分校、弗吉尼亚大学达顿商学院、韦伯斯特大学、华盛顿大学达成合作协议，每年派遣约 40 名 MBA 学生到对方学校进行为期 2 周的海外学习。

7. 专业学位教育资质与职业资格认证

上海财经大学 MBA 项目充分考虑学员职业发展路径与切实需求，立足自身特色，发挥财经专业优势，结合职业资格认证要求，将 MBA 项目课程与财经类职业资格认证课程进行有效匹配和衔接，在专业选修方向上，为学员设计与财经类职业资格认证相匹配的课程内容。从 MBA 项目历届学生的就业情况可以看出，入学时金融行业学生仅占 30%，毕业就业时选择金融行业从业的学生升至 70%。上海财经大学 MBA 项目将特许金融分析师（Chartered Financial Analyst，CFA）一级职业资格课程融入 MBA 金融专业方向课程，是对“知行合一”的有效探索与创新实践。

8. 与相近学术型学位的差异性

与相近学术型学位的差异性主要体现在培养目标、课程设置、师资配备、教学环节和学生活动等方面（表 1）。

表 1　工商管理硕士与管理学硕士的差异

<table>
<tr><th colspan="2">类别</th><th>工商管理硕士</th><th>管理学硕士</th></tr>
<tr><td rowspan="3">“三同”</td><td>同等地位</td><td colspan="2" rowspan="3">在助学金、宿舍、公费医疗等方面享受同等待遇，在奖学金、科技创新课题、优秀论文等方面享受相同激励措施</td></tr>
<tr><td>同等待遇</td></tr>
<tr><td>同等激励</td></tr>
<tr><td rowspan="5">“五不同”</td><td>不同培养目标</td><td>高层次专门人才，管理实践者和创业者</td><td>学术领域储备人才</td></tr>
<tr><td>不同课程设置</td><td>重在提升应用能力和创新能力</td><td>重在提升学术研究水平</td></tr>
<tr><td>不同师资配备</td><td>实践型学者、学术型从业者和教学型从业者比例较高</td><td>以学术型学者为核心师资</td></tr>
<tr><td>不同教学环节</td><td>案例教学和模拟教学</td><td>讲授和讨论</td></tr>
<tr><td>不同学生活动</td><td>以学习应用为主，辅以经验分享和职业答疑</td><td>以学术交流为主，辅以讲座和论坛</td></tr>
</table>

9. 案例中遇到的问题与解决方案

上海财经大学 MBA 项目得到了学生、校友、企业和社会的多方认可，但在探索实施的过程中，也遇到了一系列困难和问题。

1）培养方案持续改进。为进一步提升 MBA 教育的国际化水准，适应商学权威认证的前沿要求，上海财经大学自 2013 年起对 MBA 项目课程体系进行了调整，遵循知（knowing）、行（doing）、是（being）三大国际主流商学培养理念，对 2014 年版课程体系进行了改革，突出了个性定制、知行合一、财经特色和践行使命等四大特色，同时将“升舱计划”和“整合实践”作为两大亮点，以提升学生的专业知识水平、个人综合能力和品格道德层次，培养全人格的商业人才。

2）AOL 体系构建。学习效果保障（assurance of learning，AOL）体系是以学生学习效果提升为核心而设计运行的一套教学质量保障体系。上海财经大学商学院专门成立教学研究部，制定 AOL 体系建设方案，并由 MBA 项目学术主任牵头实施 AOL 体系各项工作。

3）师资建设。上海财经大学商学院严格按照国际标准积极打造师资队伍，引入北京大学、杜克大学等国内外知名院校毕业的博士学者；定期选派优秀教师参加国际师资培训；定期邀请国际顶级教授来学院进行交流指导。

10. 案例成效与推广性

（1）教育奖项

2001 年，上海财经大学 MBA 项目获得高等教育国家级教学成果奖二等奖；2014 年，学校申报的“以国际国内认证为抓手，以终身成长为导向，财经类院校 MBA 培养模式改革探索”项目喜获研究生教育成果奖二等奖，也是唯一获评的财经类专业院校；2014 年，完成上海市研究生教育学会课题“专业学位人才培养规律与创新研究”，同年在上海财经大学教学成果奖名单中，商学院以 5 项获奖成果成为全校摘取奖项最多的单位；2015 年，完成上海市高等教育学会课题“应用本科与专硕贯通培养模式改革研究”“大数据运用于高校发展研究——以上海财经大学 MBA 教育为例”；2016 年，获上海市教委中外合作办学表扬项目，完成上海市学位办的研究生教育项目“财经类院校创新创业生态建设与 MBA 双创教育实践”。

（2）高等商学教育认证

上海财经大学 MBA 项目积极参与国际、国内高等商学教育认证，对照国际一流商学院通行准则，结合国际先进教育理念与我国国情，整合优质教育资源，以评促建，探索创新 MBA 培养模式，得到了各方肯定。2012 年，上海财经大学全日制 MBA 项目、在职 MBA 项目和 EMBA 项目顺利通过 AMBA 国际认证，并得到了高度评价，批准认证有效期为 5 年，这标志着上海财经大学 MBA 项目在国际化道路上有了质的飞跃。2013 年，上海财经大学商学院成为国内首批通过中国高质量 MBA 教育认证的五所院校之一。2017 年，上海财经大学商学院完成了

AACSB的现场认证，标志着上海财经大学MBA项目办学质量向着国际水准又迈进一步。

（3）社会贡献

上海财经大学MBA项目通过创新探索与改革，在实现高校社会服务职能方面取得了良好成效。

1）上海财经大学MBA项目为社会发展特别是经济工作领域的发展给予了很大贡献。2013—2015年，参与制定会计准则共41项；1人担任中国银保监会偿付能力监管专家委员；1人担任中国人民银行自由贸易试验区分账核算业务专家委员；参与制定自贸区FT账户设置及实施标准共7项；3人担任中国证券业协会、中国基金业协会从业人员资格考试专家，参与制定从业标准及年度大纲共5项；本项目学生所在企业参与制定行业企业标准的情况较为普遍。

2）积极参与中国（上海）自由贸易试验区、上海国际金融中心建设。2013年以来，上海财经大学MBA项目教师担任由学校牵头的“中国自由贸易试验区协同创新中心”及校级“上海国际金融中心研究院”“上海自由贸易区研究院”“上海发展研究院”的主要负责人。其中承担自贸区负面清单、第三方绩效评估等重大项目37项；承担自贸区金融改革相关研究21项，上海地方经济发展研究项目18项。2013—2015年，累计上报专家建议300余篇，90余篇获中央和上海市领导重要批示。

三、案例述评

上海财经大学MBA项目聚焦财经特色并围绕人才培养目标开展教学改革，使得特色创新达到新高度，教学质量呈现新格局，特别是如下创新表现极为突出。

（一）招生方式创新

上海财经大学MBA项目将服务社会和招生工作融合创新，无私分享优质资源回馈社会，全力传承和传播商业文明。特别是由校园初体验、备考专题模块和互动模块三大板块组成的“预体验”活动，受到了考生的高度好评。

（二）培养过程创新

上海财经大学MBA项目坚持通过商学教育使命塑造商学教育价值观，持续改进培养方案，并创新性地围绕财经特色提出具有体验特点的课程体系，同时打造了“升舱计划”和“整合实践”两大亮点，建立了以学生为根本、以结果为导向的全方位、多层次的培养方案和课程体系。

（三）课程与教学创新

上海财经大学 MBA 项目借助学校的金融特色，将课程学习与 CFA 职业资格相衔接，为学生在获取专业知识的同时，提供了职业资格认证的便利通路。2014 年，与荷兰伊拉斯姆斯大学鹿特丹管理学院和意大利米兰理工大学 MIP 管理学院达成合作共识，顺利开展了双学位培养项目。

（四）职业发展创新

上海财经大学 MBA 项目的职业发展教育不仅“授之以鱼”，传授学生职业发展相关的理论资讯及提供具体帮扶，更“授之以渔”，帮助学生发掘自身的兴趣和潜质，构建可持续发展的职场核心竞争力，最终实现了人岗匹配的职业发展路径。

上海财经大学 MBA 项目开展以来，将商学教育使命贯穿项目运作始终，以申请国际、国内认证为抓手，使得 MBA 项目得到全新的改进和提升。

案例撰写联系人：

骆玉鼎、薛丽萍、王少飞、吴云珍（上海财经大学商学院）

上海对外经贸大学工商管理专业学位培养案例

The Cultivating Case of Business Administration Professional Degree of Shanghai University of International Business and Economics

一、案例简介

1）案例特点：全球化人才培养模式、打造国际商务管理新精英。

2）案例启动时间：2011 年。

3）案例合作方：上海人才金港企业集团有限公司。

4）案例主要创新点：该专业学位点的师资组成为“三三制”。

二、具体案例撰写

（一）案例背景

学校 MBA 项目有着优良的发展环境。上海对外经贸大学的前身上海对外贸易学院隶属国家对外贸易经济合作部，2013 年，经教育部批准，更名为上海对外经贸大学。上海对外贸易学院多年来培养国际商务人才的经验，为我们在新形势下开展 MBA 项目提供了足够的条件。MBA 项目成立之初，学校特设 MBA 教育领导小组，由校长亲自领衔，主管副校长任副组长，相关部门行政主管参加。领导小组的建立，为成立之初的 MBA 项目的制度性建设以及各种资源的提供创造了良好的环境，保证了 MBA 项目的有效有序开展。

未来，该专业学位点将充分利用上述环境与机遇，根据如下发展思路和重点进一步发展：一是加强在师资、课程、实践（内训与外训）、管理等方面的专业化、系统化；二是加强与其他 MBA 培养单位的合作与交流；三是推动 MBA 多层次、多渠道的国际合作，拓展与国际知名商学院的交流规模与内容；四是着重加强与业界的多元合作；五是配合推动各级主管部门出台符合 MBA 发展规律的管理制度与建设方案。

（二）创新理念与培养目标

在学校领导的高度支持下，经过多次研讨，MBA 的办学理念和办学目标得以确定：秉承学校“以学生为本”的基本办学理念，充分利用长期以来形成的高素质应用型对外经管人才培养的办学优势和办学资源；以重视跨文化交流能力、重视社会实践、重视案例教育为特色；从素质、能力、知识三方面着手，培养在经济全球化背景下具有国际化视野、职业素养高、社会责任意识强的高素质工商管理人才。

（三）主要流程及运行

1. 制度建设

该专业学位点在研究生部和工商管理学院严格的质量保障体系下，结合 MBA 的特点和实际情况制定了适合 MBA 发展的相关管理制度和规则，并在选拔、培养合格学员的各个阶段都建立了有效的项目质量保障体系。例如，在招生阶段设置了招生复试标准和录取规则；在教学阶段建立了双向质量控制反馈机制和激励机制；在论文阶段建立了完善的论文撰写指导、开题、预答辩和答辩管理机制。

2. 培养方式

新生进校的第一堂课为团队野外拓展训练，之所以这样安排，不仅为了考察学员，也为了帮助学员在团队训练中认清自己、了解同学、理解学校规定。随着社会进步和信息技术时代的到来，团队已成为完成工作的一种重要组织方式。团队，能合理利用每一个成员的知识和技能协同工作，解决问题，实现共同的目标。经过多年来的实际运作，事实证明，团队野外拓展训练已经成为学员间交流的绝好机会。

在日常教学中，该专业学位点利用学校多年来与北美洲、欧洲、亚太地区等20多个国家的80余所院校建立的合作关系，立足学校国际化的教育资源，在课程中有机融合海外合作商学院成熟的MBA课程，采用国际化师资和教材，并定期为学员提供海外游学机会。通过国际化课程和国际交流活动，让学员体验不同国家的教育环境与文化、结交国际友谊、分享管理经验以及积累国际交流体验；结合本土时下热点和学校传统优势，通过案例分析、探索实践、学习与分享，让学员切实感受到MBA课堂的魅力。

3. 管理方式

该专业学位点由MBA教育领导小组、工商管理学院、MBA教育中心三部分组成。具体来说，MBA教育领导小组代表学校对MBA项目进行领导；工商管理学院作为MBA项目的承办院校为MBA项目的开展提供平台支持；MBA教育中心是全面管理的实施主体。

4. 生源遴选与规模

作为全国第九批MBA培养院校之一，学校MBA项目充分利用后发优势，进行办学尝试和创新。在近年严峻的招生环境下，根据MBA招生市场的变化相应调整招生机制与政策，凭借地域优势和专业优势，保证了招生工作的顺利进行。其中报名人数和第一志愿录取人数逐年上升，充分证明了品牌力量的不断增强，获得了考生的青睐。

5. 师资配备

该专业学位点的师资组成为“三三制”，即本校教师、外校教师（含海外教师）、企业教师各占1/3左右。普通项目共有任课教师49位，企业导师22位；人才金港项目共有任课教师14位。

96%以上的课程都配备了至少两位能胜任教学的教师，其中，核心课程100%配备多名教师（含客座教授和副教授）。

6. 课程设置（含案例教学）

该专业学位点的课程设置分为入学教育模块、核心模块、基础模块、公共选修模块、方向选修模块、整合模块、论文撰写与答辩七大模块。

自编教学案例是该专业学位点的一大特色，而每一篇自编案例都需要教师花费大量的时间和精力。

7. 实践安排（含校企合作基地建设等）

MBA课程中的整合模块包括企业考察实践、名人名师名家大讲堂、海外学习之旅。实践训练为学员提供了大量接触企业深层管理问题的机会，与课堂教授的理论知识结合起来，对增强学员的理解和分析能力大有裨益。

该专业学位点开设了人才测评、创业管理实践、企业诊断分析等实务课程，依据课程需要积极与相关企业联系，组织学员走出课堂，并邀请企业高管、政府经济管理部门领导及其他高校专家走进课堂为 MBA 学员作专题报告，学员得到了充分的实务训练。

在奢侈品营销课程中，任课教师开发了移动课堂形式，带领 MBA 学员走进奢侈品公司、珠宝专营店学习和体验课程知识内容；企业诊断分析课程密切联系企业管理实践，任课教师带领 MBA 学员走进企业与管理人员座谈，模拟咨询，找出问题并帮助企业解决问题。

同时，该专业学位点与众多单位签订了实习、实践基地合同，具体有如下两种类型：一是由上海市学位办审核通过的实践基地，如与中航机场系统设施建设有限公司签署的实践基地和与玖玖玖玖（上海）贵金属经营有限公司签署的实践基地；二是由学校审核通过的实践基地，如与上海陆家嘴金融城人才发展中心签署的实践基地等。通过校企合作共建实践基地，学员不仅得到了更多更加切合自身发展需求的锻炼机会，而且可以在指导教师的带领下，在案例采编及论文撰写等方面取得收获。

8. 论文工作

为确保毕业生学位论文的质量，在工商管理学院领导的高度重视下，MBA 教育中心严格把控 MBA 学位论文写作的全过程。从学位论文动员会到师生互选，从选题、开题、中期检查、预答辩到正式答辩，为期一年的学位论文工作严格按照《上海市工商管理硕士专业学位论文基本要求和评价指标体系》《上海对外经贸大学研究生学位管理办法实施细则》的各项规定和流程执行。

在学位论文工作开始前，MBA 教育中心会邀请学位论文专家为学员进行论文写作规范指导，也会将学位论文写作要求及模板挂至教育中心网站，方便学员下载并查阅。此外，企业诊断分析课程会为学员学位论文的写作提供指导。在重重把关之下，该专业学位点的学位论文做到了格式规范，内容充实，实践性突出，理论联系实际，有可操作性，能够解决实际问题。

9. 学位授予

完成全部培养计划并符合学位授予条件的，授予其研究生毕业证书、工商管理硕士学位。

10. 对外交流（包括国际、国内交流）

立足于学校丰富的国际化教育资源，MBA 教育中心每年组织学员“走出去”，定期为学员提供海外游学机会，让学员切身感受不同国家的环境与文化、结交国际友谊、分享管理经验、积累国际交流体验。例如，2014 年春季成功组织了 MBA 学员赴美国游学。游学期间，学员先后在美国西乔治亚州立大学和马萨诸塞州文理学院参与课程学习，并与两所学校的学员和教授深入交流；参访了北亚当斯地区的沙伯基础创新塑料、英特普莱特、克瑞公司等三家企业，与企业高管交流互动，领略了不同行业领域的企业文化和管理特色；还参观了哈佛大学、MIT、西点军校、哥伦比亚大学、纽约大学等多所美国知名高等学府，感受了名校的文化和底蕴。

在 2013 年 MBA 教育中心成功举办第五届金砖五国商学院学生会议的基础上，2014 年 10 月，MBA 教育中心又组织 MBA 师生一行 5 人赴北京参加第六届金砖五国商学院学生会议，并获得学员团体演讲第一名。

11. 与相近学术型学位的差异性

与相近学术型学位的差异性如表 1 所示。

表 1　本校 MBA 与工商管理（学术型）专业的差异性

类别	本校 MBA	工商管理（学术型）专业
培养目标	国际商务管理新精英	应用研究型人才
培养方式	实践型、案例教学	研究型、理论教学
质量评价	以能力水平测评	以学术水平测评

12. 案例成效

该专业学位点自 2011 年正式招生以来，秉承“以学生为本”的办学理念，始终坚持以精英培养、品牌建设为导向，以培养具有反思的胸怀、战略的思维、决策的勇气的高素质新商界精英为使命，以打造国际商务管理新精英的摇篮为愿景，得到了潜在考生、在校学员以及用人单位等的一致认可。

13. 遇到的问题与解决方案

生源问题是制约上海对外经贸大学 MBA 教育绩效的瓶颈，也是学校下一阶段需要解决的重点问题。MBA 培养院校之间竞争的关键因素不在于排名，而在于招收到优质生源，在于不断提高自己的教学质量及知名度。因此，品牌之路仍将是学校不变的战略选择。中国 MBA 教育的两极分化速度在加快，优质生源的争夺也在加剧，世界性、全国性的 MBA 品牌逐渐形成，地区性的 MBA 品牌也在发展中，在这样的浪潮中，作为第九批 MBA 培养院校之一，学校必须“重定位、重定义”自己，形成新的办学特色。

1）区位化定位：专业学位点需进一步深入思考自己的使命是什么，目标市场在哪里，在什么人群中宣传、推广和招生。“一带一路”倡议是国家的重大战略决策，作为国际性大都市，上海积极推进“一带一路”倡议的实施方案已形成。上海将结合自身优势，在人文交流领域提高对外交流水平，制定与“一带一路”沿线国家的中长期交往规划，打造多边交流网络，根据沿线国家的教育需求，支持各类院校开展境外办学。因此，上海对外经贸大学需充分利用地处上海的这个地理区域优势，在自贸区建设、金融投资等领域发挥现有优势，努力聚焦，形成特色，以开拓、吸引更多优质生源。

2）走适合自己的特色路线，扩大品牌影响力。作为新进入者，该专业学位点要想在招生中占据有利地位，不仅要在制度建设和师资队伍建设“两个抓手”的引领下形成自己的特色，而且要秉承“服务上海，建设上海”的宗旨，争取政府支持，与地方的企事业单位积极交流，探索和开拓高层管理培训与发展项目市场，扩大服务范围和内容，利用口碑营销，牢牢抓住本地的 MBA 生源市场，从根本上解决第一志愿的生源问题，进而解决招生规模问题。

14. 案例的推广性

该专业学位点的建设立足本土，面向国际，结合了校内、校外、企业各方面的力量，力图在竞争激烈的 MBA 教育市场中谋取一席之地，其培养理念、战略确定、管理方式具有较强的推广性。

三、案例述评

在调研、比较、精心设计的基础上，该专业学位点按照 MBA 办学规律，以制度建设为根本、师资队伍为核心、学校历史为铺垫、学生需求为导向，立足 MBA 教育的实践性特质，强调在实践基础上的创新，培养出具有反思的胸怀、战略的思维、决策的勇气的现代工商管理人才。在师资队伍、教学方式、道德教育三方面投入了大量人力、物力，并精心管理。

1）师资队伍：该专业学位点的师资组成为“三三制”，即本校教师、外校教师（含海外教师）、企业教师各占 1/3 左右。

2）教学方式：强调实用性与应用性，在课程设置中开设实务课程，实施“走出去”与“引进来”相结合的方式，让学员得到充分的实务训练。

3）道德教育：重视相关领导才能的软技巧训练，重视沟通技巧和团队合作精神的训练，重视商业道德和社会责任的教育。

（注：在本案例修订的 2017 年招生结束的实例中，学校的建设思路和举措已经得到完满的验证，第一志愿上线率首次达到 75%以上）

案例撰写联系人：

魏农建（上海对外经贸大学 MBA 教育中心）

西安交通大学工商管理专业学位培养案例

The Cultivating Case of Business Administration Professional Degree of Xi'an Jiaotong University

一、案例简介

1）案例特点：系统化、整合化、实践化。

2）案例启动时间：2012 年开展试点，2013 年 9 月在全体 MBA 学生中全面展开。

3）案例合作方：在专业领域中具有丰富管理经验及高知名度的职业经理人。

4）案例主要创新点：MBA 综合学习环节课程的独特设置。

二、具体案例撰写

（一）案例背景

中国开展 MBA 教育以来，全球化背景下的商业环境与企业实践已发生巨大变化，对 MBA 教育提出了新的要求。与此同时，中国从 1991 年开始试办 MBA 教育从 9 所院校发展到超过 240 所。一方面，新的独立商学院的出现、众多中外合作办学的 MBA 项目的兴起，再加上不少国外一流商学院到中国开办 MBA 巡展，并开始在中国本土举办 MBA 教育，这些都使得中国 MBA 教育市场面临着更加激烈的竞争。另一方面，MBA 学生的低龄化趋势明显。这个群体既拥有良好的教育背景、宽广的知识面、头脑灵活、学习能力强等特点，也存在着缺乏社会实践经验，在团队合作、人际沟通、伦理素质、企业实战等方面有待提升等问题。

结合工商管理教育所面对的新形势与新变化，西安交通大学认为有必要对 MBA 教育进行彻底的系统思考，对本校 MBA 培养方案进行改革与创新，以顺应世界工商管理教育的发展潮流，并使学校 MBA 教育在国内乃至国际工商管理教育领域占有一个合理的地位。

作为全国首批试办 MBA 教育的院校之一，西安交通大学 MBA 项目自 1991 年以来本着服务社会、保证质量、积极探索的精神，经过 30 来年办学经验的积累，已拥有良好的社会声誉和品牌形象。2011 年 4 月，西安交通大学管理学院正式获得 AACSB 国际认证，这不仅是对学校过去管理教育所取得成绩的肯定，也为学校未来的持续发展搭建了一个良好的平台，并促使学校在 MBA 教育方面开始新的探索。

（二）创新理念与培养目标

1. 创新理念

MBA 综合学习环节以品格与软技能开发、体验式学习、整合性学习为出发点，通过不同类别实践课程的设置，帮助学生建立起面向解决实际问题的综合实践能力体系。从实践中的具体问题出发，进行问题的分类整理，在此基础上，梳理面向综合问题的知识体系，并通过具体的管理问题的实践训练，帮助学生完成从单一课程知识体系到综合知识体系再到综合能力体系的提升，切实提升学生的综合实践能力。

2. 培养目标

MBA 综合学习环节的设计与实施，是 MBA 教育与实践相结合、将体验式学习和实践教学落地的必然选择。MBA 综合学习环节的设置旨在更新教育观念，树立系统培养观念，推进教学与实践紧密结合，改革人才培养机制。在 MBA 的培养机制中，坚持能力为重，丰富社会实践，强化能力培养。在原有企业课堂以及实验教学的基础上，通过对实践类课程的重新设计，侧重学生实践能力的培养，突出职业导向，培养目标更加侧重对学生组织能力、领导能力、技术技能与沟通能力等解决实际问题的综合能力的培养和提升。

（三）主要流程及运行

1. 制度建设

针对不同的课程类别，对项目申报、项目筛选、项目确定、企业调研、方案设计、项目实施、项目报告等各环节的实施进行优化设计，并根据课程特点，设计基于学生的课程考核体系以及基于教师的课程评价体系。按项目最初的设计，完成了《MBA 综合学习环节指导手册》，该手册主要包括以下几项内容。

1）针对综合学习环节各课程类别，统一设计和完善课程大纲。综合学习环节各门课程的大纲均在课程目的、课程组织、学生分组、课程实施过程安排、学生参与实践过程控制设计、课程结果及考核等方面进行了完善，在此基础上根据课程设置的特点，对课程大纲的内容进行补充说明。

2）建立综合学习环节评价体系。该体系主要包括对课程实施效果、任课教师、学生三方面的考核与评价，分别设计了综合学习环节教学评估表（学生用）、指导教师工作量考核表，以对课程实施效果、任课教师的指导效果进行评价；针对学生的考核与评价，主要依据学生课程实施成果答辩、学生个人参与度进行。

2. 培养方式

在教学方式方面，主要进行了体验式、浸入式教学方式改革，进一步加强了对基于行动性学习的教学方式的完善和巩固，探索并形成了融课程教学、实践问题、校企导师联合指导、企业现场实践为一体的互动式、体验式教学模式。MBA综合学习环节由 MBA 教育管理中心和课程组共同管理，其中 MBA 教育管理中心负责学生的分组、指导教师的选派、课程学分的对接；课程组负责定期对课程大纲进行修订与完善、课程实施前的理论课辅导及课程的考核与评价。

1）MBA 综合学习环节课程选择：该环节共设置了 6 门选修课程（每门 3 学分），总学分要求 6 学分，因此每名学生应选择 2 门选修课程。经营模拟课程为集体授课，班级选课人数超过全班人数的 70%（一般不低于 30 人）时方可开课。经营模拟课程的授课需要分组进行讨论，因此授课前，学生须按每组 6 人完成分组。

2）学生分组：①学生在选定课程后，应严格按照课程设置的人数要求进行分组，同一门课程允许学生跨班级自由组队，不建议学生跨年级组队。②学生分组时，应充分考虑组内成员的行业背景、专业背景、工作背景，尽量使组内成员背景多元化，以达到更好的课程效果。③学生分组后，各组应明确一名组长，在课程实施过程中负责组员与指导教师间的沟通协调，课程结束时按要求提交课程资料。

3）指导教师职责：MBA 教育管理中心统一为各实践小组选派 1 位指导教师，由指导教师负责所指导小组的综合学习环节课程的组织和管理工作，主要包括帮助学生明确调研项目及调研方向、掌握课程实施的进度状况、考察调研项目的结题情况、参与课程考核答辩、审定最终项目报告、评定学生成绩，以及向 MBA 教育管理中心提交相关资料。

3. 管理方式

1）MBA 综合学习环节的过程控制。为了保证 MBA 综合学习环节课程的实施效果，MBA 教育管理中心对 MBA 综合学习环节的课程设置、课程选报、课程实施、课程结课答辩等每一环节的关键点都予以把控。在组织学生选课前，由课程组长为学生进行综合学习环节课程宣讲，课程选报结束 3 周内要求学生提交综合学习环节选课申请表，初步明确实践项目并和指导教师对接完毕；综合学习环节结课前 4 周，由 MBA 教育管理中心统一组织各分组学生参加综合学习环节答辩资格审核，由专家对各组学生提交的《综合学习环节结题报告》进行评审，评审不合格的学生不得参加综合学习环节的结课答辩。同时，学生一旦选定课程，不允许因预评估结果不合格申请调整所选课程。MBA 教育管理中心通过对综合学习环节关键点的把控，来确保学生所选课程能落实到位。

2）MBA 综合学习环节的教学质量评估。MBA 课程质量评估方式有任课教师自评、学生评价、专家（或 MBA 课程组）评估、企业评价等方式，以学生评价和专家（或 MBA 课程组）评估为主。学生评价由 MBA 教育管理中心负责组织，在课程结束后进行。根据学生所填写的指导教师工作量考核表，由 MBA 教育管理中心对本学期综合学习环节各课程的评估情况[包括教师自评、学生评估、专家（或 MBA 课程组）评估）]进行数据处理和排序，提交给各课程组组长及学院分管教学的院长，以对各门课程的教学质量做出最终认定。

4. 师资配备

MBA 综合学习环节指导教师须符合 AACSB 认证体系中对教师资质的要求。指导教师一般应具有丰富的 MBA 教学经验、一定的实践经验，教学效果良好且责任心强。为保证综合学习环节课程的顺利实施，根据课程建设需要，各课程组设组长一名，任课教师 4—6 人，负责课程的建设与完善。

综合学习课程组长优先选择担任过 MBA 核心课程组长且具有丰富实践教学经验的教师担任；课程组内教师应由具有至少 5 年 MBA 课程授课经验、3 年以上 MBA 学位论文指导经验的教师组成。MBA 综合学习环节的指导教师面向全院教师公开选聘，选聘时优先考虑课程组内的教师。MBA 教育管理中心通过教学任务书向各课程组长通知综合学习环节各课程教学任务，由课程组长和 MBA 教育管理中心共同完成指导教师的选聘，按每组 1 位教师的原则为每组学生安排指导教师。学院教学委员会通过的《关于学院教师参与专业学位综合学习环节指导工作的要求》，为 MBA 综合学习环节的师资选聘提供了一定的保障。

另外，根据 MBA 不同培养方向的需要，可选聘少数在某专业领域中具有丰富管理经验及高知名度的职业经理人，承担部分 MBA 综合学习环节课程的指导任务。由 MBA 教育管理中心负责组织 MBA 教育专家，根据职业经理人的实践经验、工作业绩及社会影响力进行认定，决定是否给予其 MBA 综合学习环节指导教师资格。

5. 课程设置

MBA 综合学习环节包括经营模拟、企业诊断、创业计划分析、案例写作、创业大赛和案例大赛，每名学生均需任选其中两个，以完成相关的学分要求。

6. 实践安排

综合学习环节一般安排在学生基本完成 MBA 培养方案核心课程之后，非全日制 MBA 学生的综合学习环节安排在入学后的第三学期开始实施，一门课程的时间一般为 3 个月左右。

MBA 学生在全面了解综合学习环节课程设置与介绍后，根据自己的专业背景、知识能力、兴趣爱好等，选定课程后自由组队。根据 MBA 全国性赛事的安排，创业大赛、案例大赛一般在 MBA 学生学习的第二学期开始，通过校园赛前选拔、校园赛两个环节，完成校园赛即可提交学分申请，校园赛的前 2 名队伍可获取参加分区赛及全国赛事的资格。企业诊断、案例写作、创业计划分析等课程则在 MBA 学生学习的最后一个学期开展，通过 3 个月的企业实践，在第三学期末完成各组实践项目，答辩通过后申请学分。

7. 案例成效

1）切实提高了学生的操作能力及综合能力。通过对一年多所学理论知识进行整合并将其运用到实践中，真正做到了理论联系实践，不仅帮助学生提高了在实践过程中发现问题、分析问题、解决问题的能力，还有效帮助学生提升了沟通能力、协调能力、组织能力等软实力。这也是新的 MBA 培养方案设置综合学习环节的主要目的。

2）帮助大部分学生在综合学习环节实现了角色转变，让学生充分感受到了主动学习的快乐。学生由传统的被动式接受知识转变为综合学习环节的主角，在企业选择—企业调研—最终方案的设计整个过程中，学生必须充分调动自己的主观能动性才能有效完成课程学习。

3）增进了师生之间的关系，增强了学生对学院和学校的归属感。通过在综合学习环节实施过程中的不断反思、总结、交流，学生与学生之间的交流增加了，与指导教师的关系更加密切了，与学院的感情更加深厚了。不少学生坦言，希望通过综合学习环节的有效实施，彰显西安交通大学 MBA 教育的品牌特色和影响力。

8. 案例中遇到的问题与解决方案

通过综合学习环节方案的实施和不断优化，学校 MBA 项目在取得成效的同时，也有几个问题值得进一步思考。

1）指导教师方面。相对于普通的授课环节，综合学习环节的指导教师需要耗费大量的时间和精力，与学生共同参与并完成课程，教师参与的成本较高，教学科研任务较重，导致对学生的实际指导和课程设置要求存在一定差异。针对上述问题，该专业学位点需要探索面向企业管理问题的诊断与改善所需要的教练团队的知识和能力构成要素，结合校内师资和校外企业导师，构建面向 MBA 学生实践能力提升的教师队伍。在此基础上，基于双向选择原则，构建学生团队、教师团队以及企业问题的双向互选机制，完成问题解决团队的组建，确定工作范围。

2）学生方面。在职学生参与综合学习环节必然面临实地考察项目需投入的时间与其自身工作时间相冲突的矛盾，小组成员约定统一时间参与调研也存在时间相冲突的问题，这在一定程度上制约了学生的学习效果。针对上述问题，该专业学位点需要考虑在整个过程中，如何让学生充分调动自己的主观能动性，感受主动学习的快乐，由传统的被动式接受知识转变为综合学习环节的主角。

3）实践资源方面。综合学习环节需要实践单位的积极配合，如果企业不愿意提供足够的信息，对学生实践的结果不予反馈，则会使学生的实践成效受到影响。因此，该专业学位点需要加快校外实践基地建设，加强与企业间的沟通合作，并在合作企业中遴选优秀企业导师作为学生的企业实践导师。通过与企业建立战略性的校企合作关系，一方面希望企业能为学生提供丰富信息来促进实践课程的落地；另一方面希望学生能深入企业发现问题，并为企业存在的现实问题出谋划策，从而达到双赢效果。

三、案例述评

MBA 综合学习环节的设置是通过多种途径和方式提升 MBA 学生的综合能力、提升西安交通大学 MBA 教学水平和 MBA 教育品牌的重要手段和措施。该环节的设计与实施不仅顺应了国际、国内 MBA 教育的发展趋势，而且适应了市场需求和市场竞争的需要，充分体现了西安交通大学 MBA 教育理念的转变。通过具有操作可行性和实施有效性的综合学习环节的开展，让学生直接面向企业实际管理问题的解决，以主动学习的姿态，借助体验式学习和整合式学习，融会贯通理论知识和实践经验，从而大大提高学生发现问题、分析问题和解决问题的能力。

MBA 综合学习环节面向企业实践中的管理问题，从已有的课程体系中梳理出解决这些问题所需要的管理理论、工具和方法，开发相应的综合性实践课程，通过教师的综合讲解与指导以及学生组建团队协同工作，促进知识的整合、吸收和转化。

结合校外实习基地和校外导师团队，为企业提供切实可行的管理咨询服务，锻炼学生的实际操作能力；同时，探索基于行动学习的知识体系的整合效果及实践能力提升的评价方法，构建对学生、指导教师以及调研企业的管理及考核机制，构建起基于全面质量管理的 MBA 学生知识整合和实践能力提升的质量保证体系。

案例撰写联系人：

葛京、职慧（西安交通大学 MBA 教育管理中心）

中国人民大学公共管理专业学位培养案例

The Cultivating Case of Public Administration Professional Degree of Renmin University of China

一、案例简介

1）案例特点：依托政府的招生方式、能力导向的课程体系、学生为本的学习模式、实践导向的学位论文。

2）案例启动时间：2001 年，率先开展在职（单证）公共管理硕士（Master of Public Administration，MPA）专业学位教育项目；2007 年，率先开展试点全日制（双证）MPA 专业学位教育项目；2010 年，全面开展全日制（双证）MPA 专业学位教育项目。

3）案例合作方：依托政府招生，政府、企业、学校跨部门共建。

4）案例主要创新点：培养以解决实际问题为导向的高层次复合型人才，开辟了独树一帜的学科教育方向。

二、具体案例撰写

（一）案例背景

中国人民大学是全国较大、较具影响力的 MPA 培养基地之一，是全国首批 24 所招收 MPA 的院校之一。2017 年 7 月，中国人民大学 MPA 项目成功获得全球公共管理院校联盟（Network of Schools of Public Policy，Affairs，and Administration，NASPAA）国际权威认证，充分说明中国人民大学 MPA 项目已达到国际先进水平。2017 年 9 月，《教育部 财政部 国家发展改革委关于公布世界一流大学和一流学科建设高校及建设学科名单的通知》发布，公布了“双一流”建设高校及建设学科名单，中国人民大学公共管理学科入选“双一流”建设学科名单。中国人民大学 MPA 项目精英荟萃，通过吸收国内外先进的教学经验，形成了内涵丰富、特色鲜明的教育风格。

中国人民大学公共管理学院的 MPA 项目旨在培养具备良好政治思想素质和职业道德素养，掌握系统的公共管理理论、知识和方法，具备从事公共管理与公共政策分析能力，能够综合运用管理、政治、经济、法律、现代科技等方面知识和科学研究方法解决公共管理实际问题的，德才兼备的高层次、应用型、复合型公共管理专门人才。

（二）使命、核心价值观与胜任能力

经过与老师、学生及优秀校友的充分讨论，公共管理学院总结了十余年来的工作经验，对 MPA 项目的使命、核心价值观及学生的胜任能力进行了提炼与概括。

1. 使命

中国人民大学 MPA 项目通过严谨的教学、原创的研究和积极的服务，致力于为国家和地方公共组织培养具有远见、求实、创新、奉献品质的领导者，以提升公共治理能力，弘扬责任、正直和公正的价值观。

2. 核心价值观：责任、正直、公正

中国人民大学 MPA 项目倡导责任、正直和公正的价值观，这是 MPA 项目使命的内在要求，也深深根植于学校历史之中。秉承为国家培养公共管理人才的传统，坚持“人民、人本、人文”的办学理念，即“人民的大学”“以人为本的精神”“以人文社科为主的特色”。

3. 学生的胜任能力

领导和管理的能力；参与并影响政策过程的能力；分析和解决问题的能力；践行公共服务精神的能力；沟通和互动的能力；立足本土、放眼世界的能力。

（三）主要流程及运行

1. 制度建设

中国人民大学 MPA 项目依据国家（地方）有关法律法规，结合学校、学院特征和实际工作情况，对制度建设进行了改革与创新，不仅制定了完善的制度架构，明确了各机构、岗位的责任、权利和义务，还率先成立了“两个委员会”制度，来确保战略制定、实施的有效性。

（1）设立专门的行政管理办公室

2001 年 MPA 项目启动之时，学校设立了专门的 MPA 教育办公室，后经整合、扩大成立 MPA 教育中心，负责 MPA 项目的全流程管理，成为 MPA 教育的管理支撑平台。MPA 教育中心设主任 1 名，由公共管理学院副院长兼任；副主任 2 名，均为学院在职授课学者；专职行政人员 4 人。针对 MPA 项目的特点，学校制定了完善的管理制度、规范的管理流程，对 MPA 教育的开展进行了专业化的管理和服务。

（2）制定完善的行政管理制度

根据中国人民大学研究生院与公共管理学院的精神，制定了有关 MPA 项目学生培养、论文认定和教授聘用方面的一系列管理文件。

（3）成立决策机构及咨询机构

在发展过程中，公共管理学院成立了 MPA 教育发展顾问委员会及 MPA 教育发展指导委员会，这是对制度建设的创新与发展。

MPA 教育发展顾问委员会成员有 9 人，主要由行业领导代表及 MPA 项目的杰出校友代表组成。该委员会的工作职责主要有三项：①研究 MPA 人才培养方面的新趋势、新问题；②就 MPA 教育发展提供决策咨询；③就 MPA 人才培养质量改进及保障措施方面提供建议。

MPA 教育发展指导委员会成员有 13 人，由 MPA 核心课程教师担任。该委员会的工作职责有五项：①贯彻执行教育部、学校和研究生院以及全国公共管理专业学位研究生教育指导委员会的各项工作；②组织审定学院 MPA 人才培养管理制度；③指导学院 MPA 项目的招生、学位管理、课程建设等工作；④研究讨论学院 MPA 人才培养质量改进及保障措施；⑤研究决定学院 MPA 教育发展的其他重大事项。

中国人民大学 MPA 项目的“两个委员会”制度是国内 MPA 项目的首创，也是治理结构的创新与变革。

2. 生源遴选与规模

1）与政府部门构建合作招生模式，挖掘优质生源。MPA 生源主体是政府部门、事业单位在职工作人员，考生所在单位的政策支持，是学校获取优质生源的重要保障。学校将与政府部门合作招生作为重点，并与国家部委和地方政府建立了长期合作的招生关系，委托中央和地方政府为学校推荐综合素质高的生源。

2）改革复试制度。复试突出对考生综合素质、实践经验和教育背景的考察，适当扩大复试差额比例，加大复试权重，聘请在实际工作部门的专家作为面试考官，从而更客观、全面地考查考生的综合能力，为考生提供一个更为完善的公平竞争平台。

3）提前批复试制度。2013 年起启动提前批复试工作，获得提前批录取资格的考生，只需要考研成绩通过国家线和政治分数线即可被录取，选拔方式与正常批复试制度类似，突出对考生综合素质、实践经验和教育背景的考察。

3. 师资配备

1）专兼职结合的师资队伍。为了适应 MPA 教育的特点，中国人民大学实行开放式的师资队伍建设方针，整合校内外、海内外优秀师资力量，组建了一支专兼职相结合的师资队伍。专职任课教师 119 名，以中国人民大学公共管理学院在职教师为主体，并充分利用全校各学院的优秀师资。中国人民大学在职教师中具有海外背景的已达 30%（外籍教师 3 名）。此外，还聘请校外专家 83 名，其中有来自实际工作部门的官员或资深专家。

2）制度创新的教学团队。根据培养方案的要求，MPA 的主干课程包括核心课程和专业方向课程两类。学校结合多年来的教学经验，首创核心课程首席教授制和专业方向责任教授制，具体做法是：①首席教授制。每门核心课程设首席教授 1 名，由相关学科领域著名教授担任。首席教授根据 MPA 日常教学的需要，确定教师团队模式，组织并管理教学团队；定期召开教学研讨会，解决教学过程中的难题，分享教学经验和心得，保障教学质量。②责任教授制。每个专业方向设立责任教授 1 名，由相关学科领域的学科带头人担任。责任教授负责设计专业方向建设方案，组织和管理教学团队、导师团队，保障课程质量和学位论文质量。学校对首席教授和责任教授及其团队进行定期评估，以及时发现问题并提出改进意见。

4. 方向设置

MPA 授课方向应关注社会进步和发展，注重培养研究生的社会责任感和公共精神，提高职业修养和行动能力。学校 MPA 开设了 11 个专业方向，包括政府治理与领导、公共安全与应急管理、公共政策、管理科学与决策分析、区域发展与城市管理、房地产管理与城乡发展、财政与税收管理、非营利组织管理、社会保障、组织与人力资源管理和卫生政策与管理等，并及时调整课程结构、课程内容及师资团队。MPA 专业设置中有两个极具重要意义的方向。

1）非营利组织管理。近年来，非营利组织在国际公共组织中得到了长足发展，选择非营利组织管理方向的海外 MPA 学生比重已达 40%。学校于 2012 年开设此专业方向，在国内开展 MPA 项目的院校中尚属罕见。近年来，公共管理学院在此专业方向已取得较为成熟的发展。2015 年，康晓光教授获得校友资助 1000 万元，成立了中国公益创新研究院，并与美国的非营利组织与志愿行动研究协会（Association for Research on Nonprofit Organizations and Voluntary Action，ARNOVA）建立了长期合作关系。依靠强大的师资力量与研究机构设置的非营利组织管理专业方向，已成为公共管理学院 MPA 项目的一张名片。

2）卫生政策与管理。在我国，卫生政策与管理大多隶属于医学院，学校公共管理学院单独设置此专业方向在国内 MPA 项目中独树一帜。该方向由王虎峰教授领衔，配备包括国家高层次人才特殊支持计划（也称“万人计划”）专家王俊教授在内的 8 位学者，来引领卫生政策与管理专业方向的教学与发展。

5. 课程设置

MPA 项目结合多年教学经验并在原培养方案的基础上进行课程结构调整，力求体现时代特色，满足培养对象的学习需求。学校创新性地设置了包括核心课程、专业方向课程和能力课程三大模块在内的强调能力的三维课程体系，其中核心课程和专业方向课程是 MPA 研究生培养模式中的必备课程模块，能力课程是新增模块，强调对 MPA 研究生演讲谈判、危机公关和领导能力的培养。

1）案例教学的推广与应用。案例教学是 MPA 教学的必然发展方向。2010 年，公共管理学院成立了学院案例中心。自 2017 级开始，开设案例教学理论和实践课程，主要介绍公共管理教学案例的特征、作用和创作编写的要求及程序，同时结合公共管理专业学位学科自身特点，组织学院教师编写教学案例，实施案例教学，注重提高学生的实践能力和解决现实问题的能力，提高教学效果，为进一步推广实践型、应用型教学模式打下坚实基础。此外，为进一步鼓励 MPA 研究生进行案例写作，参与全国性案例大赛，另设案例开发课程，要求学生就某一个公共事务问题，通过实地调研开发具有原创性的适合公共管理教学的案例。

2）数字化课程建设。MPA 教育中心积极发展数字化教学手段。2016 年开始，对核心课程实施数字化教学，将课程的理论知识置于网络，要求学生课前对相关内容进行自学，课上集中应用案例教学。通过现代化教学手段，建立网络虚拟课堂，以解决在职学生的工学矛盾，力图为在职研究生提供一个全天候、全程式的学习环境，以保障培养质量。

6. 实践安排

培养学生的社会实践能力是专业学位研究生教育区别于学术型研究生教育的特质。MPA 教育中心重视对学生实践能力的培养，积极完善社会实践训练，并协同高校与政府，共同开展创新性实践活动。

第一，建设交叉型的特色实践基地。MPA 生源的主体为在职人员，具有一定的实际工作经验，学校鼓励他们前往不同类型、不同行业的实践基地实习，以丰富实践知识和技能。第二，建立公共管理实践实验室。通过对现实情境的模拟来提供实践场所，提升实践技能。第三，发挥高校的社会服务功能。学校通过承担政府课题、为政府提供决策咨询等方式，建立了与政府互动的良性互嵌机制，推动了社会实践基地的建设，促进了社会实践工作的开展。

7. 论文工作

为引导 MPA 研究生加强科学研究，发表学术论文，学校公共管理学院先后制定了一系列办法来推动学生的学术论文发表。

2013 年，学院根据要求，总结历届全国 MPA 优秀论文撰写经验，启动 MPA 优秀学位论文“种子计划”，积极发展具备撰写优秀学位论文潜力和培养价值的学生进行学术论文的研究与发表。同时，组织学院教师成立“MPA 优秀学位论文方法导师库”，对“种子计划”学生的学位论文研究方法给予规范、科学的指导。“种子计划”学生的学位论文采取双导师制，双方导师从专业方向和研究方法两方面入手，对学生的学位论文进行全面性的指导。

此外，MPA 教育中心高度关注在校生的论文发表情况，并制定了完善的奖励办法来推动学术论文的发表。同时，所有 MPA 在校生均有资格参加本年度学位优秀论文的评选。

8. 学位授予

完成全部培养计划并符合学位条件的，授予其公共管理硕士学位。

9. 国际交流

在学生交流学习方面，近年来，MPA 教育中心积极开展双硕士学位国际交流项目，选派 MPA 研究生赴美国、英国等国的著名高校攻读学位。同时，学校 2010 年设立了国际公共管理硕士（International Master of Public Administration，IMPA）项目面向海外招生，生源覆盖了亚洲、欧洲、美洲、非洲和大洋洲，国际影响力与日俱增。

在教师交流合作方面，学校 MPA 教师每年赴美国密歇根大学、日本一桥大学等世界知名学府讲授全英文课程。诺贝尔经济学奖得主奥斯特罗姆、皮萨里德斯等世界知名学者曾先后应邀访问学校并发表专题演讲。

10. 与相近学术型学位的差异性

中国人民大学公共管理学院开设了系统的学术型学位项目，这是 MPA 教育的坚实基础。

MPA 学术型学位与专业学位有以下不同之处。

1）培养方案不同。学术型学位的培养方案注重学科的学术性；专业学位的培养方案以解决实际问题的能力为导向来设置课程，该类培养方案吸取了委托单位的培养意见。

2）教学方式不同。学术型学位基本为全日制在校生；专业学位学生绝大多数为在职人员，进行非全日制学习，以周末授课或定期授课为主。

3）教学方法不同。学术型学位的授课更注重学科理论基础的完整性，以老师传授知识为主；专业学位课程通过案例研讨的方式，将学科的基础知识和现实问题紧密结合在一起。

4）学位论文导向不同。学术型学位的学位论文以学术为导向；专业学位的学位论文以解决实际问题为导向。

11. 案例成效

为国家培养了大批公共管理人才，提高了我国公务员队伍的能力水平，同时，教师在 MPA 教学中提升了自己的教学与科研能力，为我国 MPA 教学做出了前沿性探索，如案例教学的应用、数字化课程的应用。

三、案例述评

挖掘学科优势，结合培养目标，培养以解决实际问题能力为导向的高层次复合型人才。中国人民大学公共管理学院 MPA 教育紧密围绕学院优势学科众多、师资力量雄厚的背景，开发结合社会热点需求、以解决实际问题为导向的强势专业，探索性地开辟了独树一帜的学科教育方向，如非营利组织管理、卫生政策与管理等；牢牢抓住对学生解决问题的能力的培养，引入案例教学，通过案例研讨的方式，将学科的基础知识和现实问题紧密结合在一起。许多院校来学校开展调研和学习交流，并给予了充分肯定。学校的 MPA 项目依托政府部门招生，政府、企业、学校跨部门共建。

（一）依托政府部门招生

学校以与政府部门的密切合作关系为基础，依靠各级政府和组织人事部门的政策支持，采用“组织委托、统一考试、择优录取”的方式进行招生。十余年来，公安部等国家部委及北京等各城市组织人事部门推荐和遴选了大批优秀公务员报考学校的 MPA。

在录取过程中，学院围绕“科教兴国、人才强国”的大局，强调面试工作的重要性，提出了公务员优先、有丰富工作经验者优先、综合素质高者优先的“三优先”录取原则，防止了“唯分数论”的倾向，真正抓住了 MPA 教育培养对象的主体部分。

（二）政府、企业、学校跨部门共建

MPA 教育的目标是为党政机关和其他公共部门培养应用型人才，这就需要与各类公共部门建立并保持良好的沟通关系，为此，学校进一步强调了“政府、企业、学校的跨部门共建”。

继续发扬学校优势。近年来，学校与各级各地机关事业单位建立了良好、稳固的合作关系，推进了关系更紧密、层次更高、领域更广的合作共建。

继续主动加强与公共管理行业、部门的联系，探索全流程合作共建模式，争取培养数量更多、素质更高、能力更强的 MPA 研究生。

紧跟政府体制改革，培养合格管理人才。学校将继续秉承为社会主义现代化建设、和谐社会构建服务的理念，为我国公共部门改革培养更多的中高层次管理人才，并将有针对性地开展事业单位改革课题，为事业单位改革和发展提供人才培养服务。

案例撰写联系人：

麦秋林（中国人民大学公共管理学院 MPA 教育中心）

清华大学深圳研究生院艺术专业学位培养案例

The Cultivating Case of Fine Arts Professional Degree of Graduate School at Shenzhen, Tsinghua University

一、案例简介

1）案例特点：多课融通构成体系、多个学科交叉融合、通过企业实践提升能力。

2）案例启动时间：2015 年 9 月。

3）案例合作方：深圳市梁子时装实业有限公司（简称梁子时装公司）。

4）案例主要创新点：多学科、多专业的交叉融合教学实践。

二、具体案例撰写

（一）案例背景

该课程教学案例是基于以下两个主要需求而创建出来的。

1）深圳企业创建自主品牌的需求。走在中国经济改革最前列的深圳市，于 2000 年就率先提出将“深圳速度”转变为“深圳质量”，将“深圳制造”提升为“深圳创造”，将“深圳产业集聚”提升为“深圳品牌集聚”，并出台了“腾笼换鸟双转移”等政策，加快转型升级的步伐，努力创建自主品牌成了这个时代的最强音。深圳是我国最大的女装品牌生产基地，全国 85%的女装产自深圳，拥有 800 多个女装品牌。近年来，深圳服装业在从“制衣车间”升级为“时装名城”的过程中急需提升品牌形象和加强原创产品设计。因此，对懂品牌、会策划、精设计和善管理的高层次艺术设计人才十分渴求。

2）清华大学深圳研究生院（简称清华深研院）创建办学特色的需求。清华深研院自 2001 年成立以来，根据深圳地区社会经济发展需求，将艺术硕士（Mster of Fine Arts，MFA）人才培养的目标定位为：培养国际化、复合式、应用型、创新创业型高层次设计和管理的专门人才，从而以原创性的新观念、新产品、新服务引领文化创意产业的发展。打造的教学特色是：围绕培养目标，优化课程体系，开设精品课程，整合教学内容，创新教学方法，实行案例教学，开展阳光课堂；以品牌形象战略为核心，通过理论联系实际和产学研相结合，实现多专业交叉融合，提高学生协同创新能力；充分利用深圳及东南沿海地区的社会产业资源优势，建立多种形式的实践基地，提升学生实践能力和职业素质。

（二）实践课程特色

打破设计院校采用单一专业课程教学的模式，进行大胆创新探索，将品牌形象战略与设计和服装综合造型研究两门课程的教学单元打通，通过调配或外聘市场营销学、品牌形象学、设计艺术学、品牌管理学、品牌传播学及商标专利法律等专业的多名教师进行授课，实现视传、服装、染织三个专业在品牌形象战略的统领下的多学科、多专业交叉融合。同时，引进著名的梁子时装公司的实际项目作为课程实践研究内容，设立奖学金，并在企业开设第二课堂，从而拓宽学生的知识面，做到理论联系实际，培养创新创业型人才，同时努力为企业提供服务。

（三）主要流程及运行

1. 课程及项目名称

课程名称：品牌形象战略与设计、服装综合造型研究
项目名称：天意莨绸男装品牌形象系统设计研究

2. 参加人员

清华深研院 2014 级艺术硕士生 30 人和梁子时装公司 2 人。

3. 师资配备

1）课程教师：黄维，博士，品牌形象战略与设计课程教师，清华深研院社会科学与管理学部副主任、清华深研院社会科学与管理学部设计艺术研究所所长、教授、博士生导师；陈燕琳，博士，服装综合造型研究课程教师，清华深研院社会科学与管理学部设计艺术研究所副教授、硕士生导师。

2）企业导师：梁子，梁子时装公司董事长；黄志华，梁子时装公司总经理。

3）合作教师：何隽，博士，清华深研院社会科学与管理学部副教授，主要从事知识产权法、竞争法研究；聂晓梅，博士，清华深研院社会科学与管理学部讲师，主要研究领域为品牌形象管理与传播等；邝亦平，中国白银集团有限公司总裁，在商业模式的解析及创建、品牌的管理及市场运营、营销链创建及系统管理、产品线规划及精益策略等方面具有丰富的实战经验。

4）助教：崔俊峰，清华深研院设计学博士研究生。

5）项目管理者：李晶，梁子时装公司运营总监；温雪媛，清华深研院培养处艺术硕士教务主管。

4. 教学安排+项目研究

品牌形象战略与设计课程的教学安排如下。
授课时间：2014 年 9 月 22 日—11 月 8 日（每周一的 14：00—17：20）

这是一门以品牌学、形象学和艺术设计学为主干，同时涉及管理学、营销学、传播学和法学等多学科领域的交叉型、综合性、应用类的国内首创课程，首讲于2004年秋季学期。它反映了课程创建者在人才培养目标与教学内容方面对应对中国经济转变发展模式、中国企业转型升级和创建自主品牌需求所做的思考与回答，也是课程创建者针对中国企业品牌形象建设的现状和问题，经过长期的理论研究和设计实践的成果——品牌形象战略理论体系的完整、系统展示。通过本课程的学习，学生能够从塑造百年品牌的战略高度来认识品牌形象与战略的意义和价值，认识跨学科、跨专业、综合性、全方位、多维度融合对品牌形象与设计的重要性，通过设计实践系统地掌握品牌形象策划与设计的基本知识和方法，增加创新创业的信心与必要的准备。本课程教学成果获2008年“清华大学优秀教学成果奖”，2012年被评为学院精品课程，2016年获得“清华大学精品课程”称号。

在教学方法上也进行了一定创新，每堂课都采用“一课一议”和“一堂双言”的教学形式。“一课一议”指的是每一课都围绕一个问题展开讨论，主题明确，话题聚焦，师生互动频繁；“一堂双言”指的是学生按不同专业交叉分组，每堂课由一组同学就课前布置的研究课题进行协同研究，写出报告，课上先予发布，大家讨论质疑，然后由教师阐述他的观点。教师不讲已有的观点，只讲他自己原创的研究成果，供大家参考借鉴，以此来培养学生自主学习能力和避免出现教师“一言堂”的现象。

5. 社会调研

2014年10月19日，全体研发人员在课程教师黄维教授和陈燕琳副教授的带领下，来到福建省晋江市调研男装品牌建设实态，并与企业共商建立产学研实习基地等事宜。晋江市委市政府对这一活动十分重视，指派专人热情接待和精心安排了整个行程。

在两天的调研活动中，师生先后走访了七匹狼集团和利郎集团等企业。著龙国际智造企业联盟有限公司董事长蔡著龙亲自带领师生参观。该企业通过实体企业商业模式创新，联合本土优质中小企业，形成了上下游、国内外产业链，投巨资打造了大型贸易服务平台，在短短的8个月时间里就联合了78家企业加盟，总产值超过100亿元，员工近3万人。该企业的这种创新运营模式给师生留下了深刻的印象。

在七匹狼集团，师生参观了国内唯一的中国男装博物馆，并参加了座谈交流会，晋江市纺研中心、公务员局、市委人才办和经济贸易局等有关部门的负责人，以及七匹狼集团领导出席了该座谈会。七匹狼集团的副总裁姚健康向师生详细地介绍了我国男装市场品牌竞争的现状以及七匹狼男装品牌的应对战略。

师生还参观了利郎集团，了解了该企业创建自主品牌的艰辛历程和所取得的骄人业绩，晋江企业家创新创业的精神极大地鼓舞和激励了同学们努力学好本领、早日投身国家经济建设的信心。

两天的行程虽然短暂，但师生深感此行收获颇丰，感触良多。例如，通过亲身感受企业面临的问题与需求，加深了他们对课堂理论的理解与掌握，明确了他们研究的方向，增强了他们设计创新的意识，坚定了他们为企业服务的信心。

此外，学生还多次到梁子时装公司的专卖店担任营业员，以收集第一手资料，切身体会目标消费者的心理需求。

6. 校内教研

1）课程教学和项目研发。作为研究生的主要专业必修课，品牌形象战略与设计和服装综合造型研究两门课程的教学都采用理论与实践相结合的方法，任课教师要研究教学法，力争在有限的课时内将专业理论讲深讲透，从而使学生掌握相关的专业理论与方法，然后通过实践予以理解、消化和掌握。同时，学生按不同专业交叉组成 5 个研究小组，对“天意莨绸男装品牌形象系统设计研究”项目进行创意设计，任课教师分别对 5 组学生的设计研究方案进行精心辅导，以使设计方案日臻完善。

2）开展交叉课程教学。为了使学生掌握市场调研方法、品牌传播方法和知识产权保护法，特别邀请了相关专家作为合作导师，为学生授课并带学生到市场做调研实操。特邀合作导师邝亦平总裁讲授“如何进行市场调研分析实操”；特邀合作导师何隽副教授讲授“如何实施商标与服装设计专利保护策略”；特邀合作导师聂晓梅讲师讲授“如何实施品牌形象传播策略”。

7. 第二课堂

2014 年 11 月 17 日，全体项目研发人员来到梁子时装公司开展第二课堂教学活动。在这次活动上，国内服装时尚市场营销专家张喆先生首先作了《中国时尚产业分析》的特邀报告，他以自己丰富的海内外工作阅历和行业经验，从服装业的业态发展、国内外时尚行业竞争格局以及应对挑战的策略思考等方面做了深入精辟的分析。接着，该公司总经理黄志华介绍了该公司的核心竞争力——莨绸的特点、研发和保护的艰辛过程，并就中国男装文化和天意莨绸男装品牌产品研发思路提出了自己独到的见解。最后，该公司生产总监董女士详细介绍了莨绸服装面料制作工艺对设计的具体要求。通过在企业进行第二课堂的学习，学生一致认为深受启发，不仅更加了解了服装时尚品牌市场的发展实态，对设计的价值与功能有了更深刻的认识，也更加明确了从本课程引发的研究项目——“天意莨绸男装品牌形象系统设计研究”的思路与方向，对完成这项研究工作充满了信心。学生表示非常喜欢这样的教学新模式。

8. 案例成果

在历时 13 周的时间里，30 名不同专业的同学紧紧围绕“天意莨绸男装品牌形象系统设计研究”项目，对中国男装市场调研分析、品牌文化体系建立、品牌形象识别系统研发和品牌服装产品设计等方面展开了深入的创意与设计。5 组学生先后提出了 60 多套品牌形象构思方案和 50 余套服装设计方案，经过多轮的修改和提高，最后确定了 11 套主系列方案进行发布。

成果发布会于 2014 年 12 月 15 日在梁子时装公司进行，在听完各组汇报之后，黄志华总经理对学生良好的素质、钻研的态度、协作的精神、美妙的创意、新颖的表达表示十分赞赏，对研究成果给予了充分肯定，而且认为这种校企结合的模式做到了创新和落地，很好地实现了校企双赢。他表示，一定要继续推进这项合作，并将尽自己所能，帮助学生将课程教学成果变成实物，并投入市场接受消费者的检验。

9. 案例总结

2015 年 6 月 24 日，清华 · 天意男装品牌系统设计课程成果展示暨课程奖学金颁发仪式在位于深圳市福田区凤凰大厦的梁子时装公司举行，学院副院长王晓皓、梁子时装公司总经理黄志华等出席了该活动。

黄志华总经理对该课程教学成果十分满意，希望与学院继续合作共赢。王晓皓副院长感谢了梁子时装公司对学院课程教学的大力支持，并对这门跨界交叉的课程教学创新方式给予了充分肯定，认为它体现了清华深研院办学的特色。黄维教授代表任课教师对该课程的教学过程及成果做了回顾和总结。会上，院领导和企业领导还一起为获奖集体和个人颁发了奖学金。本课程教学到此完美收官。

学生对这种跨专业课程研究表现出了极大的兴趣和热情，认为这样的课程既仰望天空又接地气，既求真务实又有创新的品质，纷纷表示要将这种创新观念和研究方法带到下一阶段的实习环节中去。

2015 年 1 月 28 日，全国艺术硕士专业学位教育指导委员会秘书长丁凡教授和秘书处办公室主任宋慧文老师到梁子时装公司考察和调研本课程教学模式和成果，听取了黄志华总经理的介绍。他们对学院将课程教学与产业需求相结合、专业研究与企业课题相连接的做法十分赞赏。

10. 案例推广

该案例思路清晰，目标明确，操作简单，效果明显，易于评估。该教学成果在社会科学与管理学部设计艺术研究所微信平台推送后，广受学校、企业和学生的欢迎，因此，具有很好的推广价值，而且为下一次课程教学积累了有益的经验。

三、案例述评

这是一次旨在培养艺术专硕综合解决问题能力的课程教学创新尝试，通过多学科、多专业的交叉融合教学实践，引进企业实际设计项目，引导学生将课堂上学到的知识及时地转化为解决问题的能力。这种创新尝试既得到了企业的欢迎与肯定，也受到了学生的一致欢迎和认可，实现了校企合作共赢的目的，体现了清华深研院艺术硕士人才培养特色。

案例撰写联系人：

黄维（清华深研院社会科学与管理学部设计艺术研究所）

温雪媛（清华深研院培养处）

华东理工大学艺术硕士专业学位培养案例

The Cultivating Case of Fine Arts Professional Degree of East China University of Science and Technology

一、案例简介

1）案例特点：紧跟社会需求、实践教学、共同培养。

2）案例启动时间：2011 年。

3）案例合作方：上海德必文化创意产业发展（集团）股份有限公司。

4）案例主要创新点：研究领域紧跟社会需求。

二、具体案例撰写

（一）案例背景

华东理工大学艺术设计与传媒学院的设计专业本科教学始于 1985 年，2001 年获批设计艺术学硕士点，2011 年获批一级学科（设计学）硕士点和二级学科（工业设计）博士点，提升了学院研究生教育的培养层次。学院设计学科的带头人程建新教授，是设计学科唯一获得“上海领军人才”称号的专家，具有广泛的社会影响力。学科现有教授 8 名、副教授 24 名、博士生导师 4 人，其中具有博士学位的教师 16 人；现拥有国家动漫产业振兴基地和上海市创意产业人才培训基地，同时获得上海市教委批准，建设“上海工业设计知识服务平台”。

长期以来，艺术学科高层次人才培养存在的突出问题是：培养规格单一，培养类型以学术型为主，没有很好地体现艺术的特点和艺术人才的成长规律，也不能很好地满足社会的需求。因此，探索艺术学科特点和人才成长规律以适应社会需求、提高艺术教育的整体水平、促进艺术教育的国际化，日益成为社会关注的问题。

（二）创新理念与培养目标

学院的设计学科立足创意产业，以学科交叉为特点，以社会应用和前沿学术研究为目标，依托学校强大的理工背景，形成了现代设计伦理研究、设计政策引导与设计产业链打造和现代创意产业与城市更新研究三大重点研究领域。

（三）主要流程及运行

1. 制度建设

学院设置了艺术硕士管理办公室，对艺术专业领域研究生的招生、培养、毕业环节进行统一管理。艺术硕士管理办公室接受学院研究生工作领导小组的直接领导。艺术专硕实践实训和科研项目的展开由学院各相关研究所负责，如提供相应的师资、科研项目支撑。为了确保艺术硕士学位点的高效发展，学院还设置专门责任岗位，由资深教授负责监督该学位点科研教学的顺利开展。

学校 MFA 的培养主要在四个领域展开：设计艺术研究、新媒体艺术研究、造型与景观艺术、艺术史论研究。这四个领域均是针对创意产业发展的人才培养需求设置的。

2. 培养方式

在人才培养模式上，紧跟社会需求，致力于主动拆除艺术教育与产业、地域间的藩篱，以创新思维为导向，联手相关产业，发挥设计创新在上海都市建设和产业融合中的主导作用。具体做法是将课程教学与上海“设计之都”的实际需求、长三角地区企业的需求相挂钩，以实践教学为最大特色，形成稳定的校外实践实习平台；重视强化创造性思维的专业教育，搭建从课程过渡到企业实战的桥梁，找到将企业产品设计与理论知识学习相互融合的教学新途径；鼓励学生积极参加各类设计大赛和企业产品项目设计，以实绩来检验专业学习的成效。在专业人才培育上的特色如下所示。

1）建立研究生工作站，结合行业需求，展开专业学位研究生教育，结合产业需要，深入推进专业学位研究生教育和社会生产实践人才培养模式，促进专业学位研究生早进入研究、实践阶段，以提高研究和实践兴趣与能力。

2）鼓励学科交叉、产学研结合，形成“122”研究生培养模式。专业学位研究生在学习期间，至少拥有两个导师、两种经历，以能既紧跟学科的学术前沿，又能运用学科知识投入创新实践。“两个导师”中一个为学科导师，另一个为项目导师，或来自企业的导师；“两种经历”一种是在学院的学习、科研经历，另一种是通过各种途径到相关企业开展实践实训的经历，强调产学研结合以及多学科交叉。

3）强化实践育人环节，寓教于研。结合专业特点和人才培养要求，分类制定实践教学标准，确保各类专业实践教学必要的学分（学时），配齐配强实验室人员，提升实验教学水平，组织编写一批优秀的专业学位教材。

4）建立科学多元的研究生评价制度，加强人才评价中对专业学位研究生创新能力和实践能力的考察，充分发动各方面专家参与评价活动。

3. 生源遴选与规模

该专业学位点自 2011 年开始招生，至 2015 年，共招 45 名学生，其中本科院校为教育部直属高校的为 38 人，占全部招生人数的 84.4%；非教育部直属高校的为 7 人，占全部招生人数的 15.6%。生源质量较好。

该专业学位点招生分推荐免试和统考两种类型，采取笔试和面试相结合的形式，选拔标准都侧重考查学生的外语口语交流能力、专业基本知识、专业素质与能力、综合素质及培养潜质，突出考查学生的实践创作能力。

4. 师资配备

（1）专业领域师资队伍的结构和梯队情况

MFA 的学科导师共 23 人，其中教授 8 人、副教授 15 人。学历结构为博士 9 人，占总人数的 39%；硕士 8 人，占总人数的 35%；本科 6 人，占总人数的 26%。MFA 的企业导师共 18 人，其中 10 人为正高级职称，8 人为副高级职称。学历结构为大专 2 人，占总人数的 11%；本科 5 人，占总人数的 28%；硕士 10 人，占总人数的 55%；博士 1 人，占总人数的 6%。

（2）专业师资教学、科研、展演等方面的主要成果

2011—2015 年，MFA 导师的科研、教学成果主要体现在以下两方面。

1）纵向科研项目。近年来，MFA 导师累计获得纵向科研项目立项 8 项，包括上海市领军人才培养计划 1 项、上海市浦江人才计划 2 项、国家社会科学基金项目 2 项、教育部人文社会科学基金项目 2 项、国家自然科学基金项目 1 项。这些纵向科研项目为师生开展科学研究和项目实践提供了条件，为学生科研能力的培养提供了高起点的平台。

2）横向科研项目。近年来，MFA 导师累计取得的横向科研项目立项 75 项，其中影响重大的包括“水晶、玻璃、教玩具、乱针绣工艺品开发设计及宝应县特色产业发展合作研究”等。这些项目的取得既体现了导师队伍服务社会和产业转

型的实战能力，也为 MFA 研究生的实践教学提供了支撑。

5. 课程设置（含案例教学）

1）设置原则。该专业学位点的课程设置注重实践性、应用性，注重企业专家进课堂，采用案例教学方式。课程设置分为公共课、学位课、选修课和必修环节。其中公共课占 8 学分、学位课占 17 学分、选修课占 7 学分、必修环节占 4 学分。

2）具体实施。建立全日制 MFA 培养实践基地、联合培养基地，鼓励学生到基地参与实习，采用集中实践与分段实践相结合的方式，学生在学期间，必须保证不少于 6 个月的实践教学。

6. 实践安排（含校企合作基地建设等）

（1）专业领域实践技能的培养和展示

艺术工学实验中心的 G-Magic 虚拟现实系统（G-Magic，一种多用户的沉浸式虚拟现实产品）提供了良好的研究操作平台和有特色的实验环境，有效地培养了学生定量化地描述感性意象与设计元素之间对应关系，以及艺术心理与情感测定的能力，对学生进行了科学与艺术的双重训练，促使学生能够应用更先进、更科学的手段进行设计研究。

金属首饰工艺实验室主要服务设计艺术研究和艺术史论研究两个专业领域的研究生。在仿真工作室及车间的工作环境中，通过金属表面处理工艺实验、金属饰品制作工艺实验等，学生能掌握首饰历史、与首饰相关的知识和首饰加工制作的基本技能，了解贵金属材料和宝玉石矿石的基本属性，设计出既具有创新意识又符合制作工艺，同时具备市场销售潜力的金属首饰产品。

专业学位研究生创新工作中心由设计打样区、材料实验室等组成。设计打样区内陈设高端 3D 打印机以及各种高级展示台，方便学生三维建模、修正设计概念、确定加工工艺、试验材质性能，是设计从图纸到作品的必经环节。在材料实验室内，学生可挑选适合自己设计作品的材料，这是设计作品从设计到成品的重要媒介。

此外，学校 MFA 研究生还多次参加由华东理工大学主办的“三国四校设计作品展”“中韩设计作品展”，并于 2010—2014 年连续参加中国国际消费电子博览会，产生了比较大的社会影响力。

（2）校企合作实践基地

2012 年起，该专业学位点开始建设华东理工大学-上海德必文化创意产业发展有限公司 MFA 实践教学基地，该基地依托德必易园设计与制造产业对接平台。该平台有四大功能区：设计精品多功能展示区、设计研发区、中欧设计交流区、创客工作坊。之后，该基地成为学校 MFA 实践实训和创新设计能力培养的主要训练场所，并主要开展了如下建设内容。

1）复合型人才培养。根据科研、人才和学科发展三位一体的思想，将科学研究贯穿于艺术设计创新人才培养过程，为上海、长三角地区乃至全国的创意产业发展培养复合型国际化人才。

2）应用课题研究。探索创意设计在区域经济发展中助推传统制造业产业升级的方式与途径；探索在以上海与长三角地区为主的辐射全国的大中型企业、品牌企业中生产满足个性化消费时代人的需求变化的设计导向产品的可行性；将最新科学技术与设计相结合作为设计的原创驱动力，进行原创性设计。

3）学生未来职业发展。通过实践基地的训练，学生掌握了设计前沿领域的最新资讯和全新设计流程、设计工艺，成为传统制造企业的创新中坚和创意设计企业的技术骨干，乃至行业发展的领军人才。

7. 学位授予

完成课程学习并获得相应学分、达到毕业作品规定要求、通过学位论文答辩者，授予其艺术硕士专业学位。依据中期考核制度和预答辩制度等严格筛选，对学生进行有效分流。对艺术硕士论文质量进行严格把关，预答辩不合格者，延迟其申请学位流程的时间。

8. 联合培养

与上海德必文化创意产业发展（集团）股份有限公司联合培养，学生需在该公司的 MFA 基地进行一定学时的实践活动才能进入毕业环节。

9. 专业学位教育资质与职业资格认证

该专业学位点的任课教师均是具有深厚学术修养和丰富实践经验的教师，2011—2014 年，分别有四位任课教师先后荣获华东理工大学“研究生优秀课程任课教师”二等奖，三位荣获三等奖。程建新教授执教的设计原理课程在 2013 年立项为华东理工大学精品课程；另一门设计创新与城市发展课程被选为国家精品视频公开课，取得校教学成果奖二等奖，作为国家精品视频公开课上线以来，受到众多院校的关注。

10. 对外交流（包括国际、国内交流）

近年来，MFA 导师群体发挥自身创作优势，多次参加国际国内有影响力的展览展示，分别在 2014 中国国际工业博览会、2014 中国·洛阳（国际）创意产业博览会、2014 上海设计双年展、2014 上海时尚生活消费展览会、2010—2014 中国国际消费电子博览会等国内外知名的展演舞台上发表自己的作品。

11. 与相近学术型学位的差异性

专业学位学生的实践能力更强，理论研究能力也不弱，其理论研究更多是基于社会实践开展的，因此具备较强的理论联系实践的能力。

12. 案例成效

其一，MFA 导师和研究生创新团队参与研究与设计的高新科技成果得到转化。其中较突出的项目包括“南京第壹有机光电有限公司 OLED 系列产品开发”，研究生创新团队设计的数款产品得以量产；参与中兴通讯股份有限公司“智能家庭终端”项目的设计，其多款具有前瞻性的智能产品设计被企业吸纳。

其二，参与“设计立县”计划，取得显著的社会及经济效益。研究生创新团队参与了江苏省扬州市宝应县的水晶产品设计，大胆采用元素混搭的方式，将水晶与红木相结合，提升了产品的文化附加值；在为小官庄镇设计“圣诞玻璃工艺品”时，从被动的来样加工向主动的推出新产品跨越，塑造了区域品牌形象。随着“设计立县”计划的推进，研究生创新团队先后参与了华东地区六个县市的创新设计工作，累计开发超过 300 余款产品，社会及经济效益显著。

其三，参与地域文化旅游产品开发，推动地域经济发展。2014 年 7 月，学校 MFA 研究生参加了第二届“两岸大学生闽南文创产品设计营”，通过对闽南文化的深入调研与研究，提出了考古—解读—创新三段式文创产品设计流程，以及文创产品的时代感、文脉性、互动性等产品特点，借助文创产品的设计有效地推动了当地文化创意产业与经济的发展。

13. 案例拓展

本案例着重于学院产学研共同培养的模式，可以拓展到如工业设计工程等其他专业学位领域。

14. 案例中遇到的问题与解决方案

1）深化探索培育艺术与技术相结合的人才的途径，凝聚特色。学校艺术硕士和工程硕士的招生规模还较小，年招生人数在 30 人以内，因而基地的资源很充裕，可以进一步扩大受益范围。同时，专业学位研究生的专业口径比较宽泛，深化探索培育艺术与技术相结合的人才的途径，凝聚特色，成为基地建设下一步需要面对的问题。

解决方案：通过协同创新的学科建设思路，将学科融合和学科建设与产业发展相融合，通过特色课程建设，深化学科内涵，通过与兄弟院校的学科平台进行交流，开展资源共享和优势互补。

2）增强学生专业方向和对接单位对学生需求的一致性。由于设计类企业具有自身的特点，学生专业方向和对接单位对学生需求的一致性需要进一步增强。

解决方案：专业导师与企业导师建立稳定长效的沟通机制，对学生在实践基地实习过程中的学习重心、实践需求和培养目标进行切实探讨，及时调整。

3）借助基地资源开展创业型人才的培养模式探索。在国家大力发展文化创新产业的大背景下，培育具备扎实学科基础和创新思维的创业人才是亟待进一步深化研究的问题，该专业学位点虽开展了一定尝试但尚无有效经验。

解决方案：借助基地的创客空间资源，在现有基础上对学生的设计能力、服务能力、营销能力进行全方位训练，引导学生通过众筹模式将设计作品市场化、产业化，在实践中进一步理解设计、设计管理、设计服务、设计产业之间的逻辑联系，对优秀的创意项目进行重点孵化，培育小而优的学生文化创意企业。

15. 案例的推广性

该案例开创的学科交叉融合、产学研用闭环结合的创新模式，值得研究和推广。

三、案例述评

在开展 MFA 学科点建设的多年间，通过导师群体与学生的共同努力，该专业学科点对区域经济的发展做出了应有的贡献，产生了示范效应。该案例具有以下特点。

（一）结合前沿

紧跟社会需求，依托上海市设计学四类高峰学科建设，致力于主动拆除艺术教育与产业、地域间的藩篱，以创新思维为导向，联手相关产业，发挥设计创新在上海都市建设和产业融合中的主导作用。

（二）提供实践

将课程教学与上海“设计之都”的实际需求、长三角地区企业的需求相挂钩，以实践教学为最大特色，形成稳定的校外实践实习平台。学院与著名文化产业园区、大型设计企业及著名设计企业合作建立稳定的实习实践基地，并为学生配备导师。

（三）共同培养

重视强化创造性思维的专业教育，搭建从课程到企业实战的桥梁，鼓励设计师进课堂，实行双导师制，探索符合行业发展前沿需求和理论学习无缝对接的教学新途径。

案例撰写联系人：

傅蓉蓉（华东理工大学艺术设计与传媒学院）

东华大学艺术专业学位培养案例

The Cultivating Case of Fine Arts Professional Degree of Donghua University

一、案例简介

1）案例特点：注重理念更新、资源协调运用、模式的转变。

2）案例启动时间：2005 年 9 月。

3）案例合作方：上海艺术专业学位研究生教育指导委员会、上海培养 MFA 的 12 所院校（东华大学、上海戏剧学院、上海音乐学院、复旦大学、上海交大、同济大学、华东师范大学、华东理工大学、上海大学、上海师范大学、上海工程技术大学、上海体育学院）。

4）案例主要创新点：标准先行、规范教育；搭建平台、协同教育；突出实践，鼓励创作。

二、具体案例撰写

（一）案例背景

2005 年，国务院学位委员会办公室发布《关于开展艺术硕士专业学位教育试点工作的通知》，东华大学等 32 所院校成为首批开展艺术硕士专业学位教育试点工作的培养单位，由此我国艺术硕士专业学位教育拉开大幕。对于艺术硕士专业学位教育，东华大学从无到有，面对的问题也在不断变化和深化。回顾十余年来艺术硕士专业学位教育的发展过程，可以说经历了三个阶段，存在三大问题：首先，第一阶段存在对艺术硕士专业学位教育的理念认识不够，人才培养经验不足，培养模式、手段单一等问题；其次，第二阶段存在对国内外资源利用不充分，校际协调育人机制缺失，与行业企业联系不够，亟须构建产学研结合平台和协同创新模式等问题；最后，第三阶段存在艺术硕士专业学位人才培养的评价标准不一，质量保证和监督保障机制缺乏等问题。

鉴于此，东华大学不断更新理念，锐意进取，通过“经天纬地”“博观约取”“以象入意”三个层面的努力，以及“三个率先”等举措，出版了五部专著，经常性举办七大展览，培育了一批高层次应用型艺术专门人才，实现了既定目标。

（二）创新理念与培养目标

1. 理念指引

“经天纬地”，即专业布局依托优势学科，发挥既有特色，培养目标主动对接地方建设需求，为上海建设“设计之都”“全球城市”服务。

“博观约取”，即积极利用国内外优质教育资源，构建以校内外具有深厚艺术功力的大师为任课教师和导师的师资团队；与国内外著名行业企业组建 MFA 实习实践基地，协同培育 MFA 研究生。

“以象入意”，即全面提升 MFA 研究生的艺术精神和创造理念，加强实践环节和考核评价，构建质量保证和监督体系，深入打造 MFA 质量文化。

2. 明确目标

针对学校 MFA 的培养目标，在课程设置、教学理念、培养模式、质量标准和师资队伍建设等方面，与设计学学术型学位的要求拉开距离，尊重人才市场对不同层次人才的定位与需求，在教学过程中特别重视实践教学内容与环节，利用学校在纺织服装等领域的优势，在系统艺术理论、艺术创作技能、创作思维能力和表现力、流行时尚的艺术性与商业性、视觉艺术的前卫性和实用性方面，努力寻找最佳平衡点，突出 MFA 培养特色。

（三）具体举措及成效

1. 招生方面

1）优化招考方式，延揽优质生源。针对艺术人才的现状和培养特点，学校对招考的试题、面试等环节不断优化，积极吸引优质生源报考。针对艺术人才“强实践”的特点，由校内外专家联合组成复试专家团队，加强对考生全方位的考察。例如，从 2008 年起深化改革面试方式，降低笔试在入学考试中的比重，加强对考生实践经验的考察，增加设计创意能力的考核比重；要求考生直接面对自己专业技能的试卷内容进行设计创作阐述，以“不拘一格招人才”的精神，选拔在设计与创作方面符合人才培养目标的优秀生源。

2）招生规模稳定增长，生源质量持续提升。2005 年以来，学校累计招收 MFA 研究生 576 名。在非全日制艺术硕士教育方面，学校一直坚持高标准、严要求、高质量的培养原则，受到全国艺术硕士专业学位教育指导委员会的表扬，专业领域也由最初的 1 个增加到 2 个，即 2012 年增加了美术领域，同年的招生限额由最初的 30 名提升至 75 名，排在全国前列。

2. 培养模式

1）改革培养模式，“三全程”贯彻始终。学校历来重视产学结合的培养方式，积累了丰富的高层次应用型人才培养经验。MFA 教育贯彻执行学校提出的“三全程”培养方式，即“行业专家全程参与人才培养改革设计，创研项目全程融入培养计划，校内外导师全程参与合作培养”，从而有效提升了 MFA 研究生的艺术素质、设计水平和职业能力。

2）课程体系日趋完善，课程教学手段日趋丰富。结合学校的办学特色和师资力量，学校设立了不同的专业方向，即在艺术设计领域下设服装艺术设计和综合艺术设计，在美术领域下设综合绘画和公共艺术。针对全日制和非全日制学生不同的知识基础和职业经历，设计了同中有异的课程体系，还开设了进一步拓展 MFA 研究生视野的讲座、论坛等。邀请不同学科领域的专家、学者和有丰富经验的专业实践人员组成教学团队，共同分章节讲授，共同承担 MFA 研究生的培养工作；不断完善和加强课程与毕业设计的实践考核标准，在课程教学与毕业设计环节，要求师生共同加大创作的比重，根据创研项目和研究课题，使教学成果实物化，全方面提升学生的动手能力。

3. 资源利用

1）博采众家之长，实现协同育人。学校充分利用国内外优质资源，不断践行协同育人理念，形成共赢体制机制。一方面，在上海市学位办的领导下，以学校为主任委员和秘书处单位，组建了首个地方 MFA 教育指导委员会，并形成定期交流机制；另一方面，学校积极举办或承办国际设计论坛和其他展览活动，鼓励学生在论坛或展览中发表新作品、阐述新观点，实现了“做中学”“练中进”。

2）集聚国内外优质资源，实践教学效果初显。学校的 MFA 教育保持开放办学的姿态，一方面加强与境外院校的交流与合作，包括联合课程、联合工作坊、联合设计成果展览等各种形式，先后与荷兰、韩国、澳大利亚、德国、瑞士等国家的艺术设计院校和相关师生开展了课程合作、设计交流。另一方面加强与行业企业的联系与交流，建设了 2 个上海市级实习实践基地，11 个校外教学实习实践基地、教学创作实践基地和艺术创作实践基地等，还与业内中外著名企业开展项目合作，有效地培养了学生创新精神与理论联系实践的能力，为学生提供了更为广泛的实习平台和就业机遇。通过校企合作，促进了产学研的紧密结合，有效地保障了培养娴熟技艺和市场开拓能力的高素质艺术设计人才。

4. 质量保障

（1）加强实践考核，建设保障体系

MFA 研究生特别需要通过实践来提升创作水平和能力。学校一方面签约固定的实践基地，为学生提供实习、实践机会和平台；另一方面加强对实践教学的考核，全面落实实践环节。在此基础上，学校作为牵头单位，联合上海十余所举办

MFA 的高校联合研制了《上海市艺术硕士专业学位论文基本要求和评价指标体系》，并于 2012 年由上海市学位办发文试行。2015 年首次发布《上海艺术专业学位研究生教育质量报告》，全面呈现了多年来上海 MFA 教育的成绩，引起了社会各界的高度关注。

（2）校内外师资队伍壮大，形成双导师合作培养机制

优质的师资队伍是 MFA 教育的重要保障。学校通过“内促外引”，一方面创造条件支持、鼓励校内青年教师的成长；另一方面聘请校外导师加强师资力量。十余年来，校内师资数量得到逐步增加，由 2005 年的不到 30 名增加至 60 名，聘任校外导师 62 名。校内外导师的职称结构、学缘结构、学历层次、年龄结构等均不断优化。校内外导师充分沟通，且具有明确的职责分工，其中校内导师负责相关艺术理念、设计思路等的培育，校外导师负责实践设计等环节的把关，形成了校内外双导师协同育人的培养机制。

（3）构建了覆盖各环节、全流程的质量保证机制

组织保证：学校层面负责规划和统筹 MFA 教育的发展战略、标准和要求等事宜。学院层面成立了专业学位办公室，专门负责 MFA 研究生的教育管理工作，并设专人负责协调学生的实习实践基地建设，下设 MFA 教务办公室，派专人负责协调和管理教学安排与学生服务等。

1）招生环节。加强招生录取中对考生实践经历和能力的考核。一方面，对不同教育序列的考生规定最低实践经验年限，如大学本科毕业后 2 年或未达到 2 年但具有 4 年及以上艺术创作实践经验者也可以报考等；另一方面，在试题和面试中加强对考生实践能力的考核，以保证录取到文化知识和实践能力并重的学生。

2）培养环节。强调创新思维和实践水平并重，建立学校与行业企业联动的双导师制度和“三全程”培养方式，即以校内导师的指导为主，企业导师全程参与 MFA 研究生的招生、实践过程、项目研究、课程教学与毕业创作等指导工作。

3）学位环节。学校在对 MFA 专业学位论文的评价中，把毕业创作作品的分值提高至 70%，毕业论文（作品阐述）和现场答辩的分值仅占 30%；明确了答辩委员会的专家来源，本校教师占 40%以下，校外相关专业领域具有丰富实践经验的专家学者占 60%以上，以达到接受社会特别是用人单位检验的目的。同时，根据上级文件的要求，学校及时完善了东华大学申请艺术硕士专业学位审批表、东华大学专业学位研究生（艺术硕士）毕业创作和论文答辩评分表等答辩及申请学位的材料，如在东华大学申请艺术硕士专业学位审批表中，根据艺术专业学位教育的特点，增加了对实践经历和学习总结等的考核，明确了学位作品的方向和类型，规范了 MFA 研究生毕业创作和设计的有序开展。

5. 培育了一批高层次应用型艺术设计人才

从2008年授予4人艺术硕士专业学位以来，学校累计授予艺术硕士专业学位367人，其中全日制105人、非全日制262人。2012年6月，首批19位全日制MFA研究生成功毕业并获得学位，这也是我国首批全日制艺术硕士专业学位获得者。

MFA专业学位教育为广大学生提供了发展平台，为他们的职业发展提供了更大助力。例如，有学生担任著名服装公司的首席设计师或设计总监、艺术设计学院的院长、相关艺术工作的总裁等；也有很多学生获得了省市级乃至全国级的各类设计展、美术展比赛的一等奖。据不完全统计，在所有学位获得者中，人均获奖1次以上，尤其是在全国专业学位研究生教育指导委员会举行的首次艺术硕士美术与艺术设计优秀作品评选中，上海共有十件作品入选，全部为学校MFA研究生，后赴中国美术馆展出，并入选了《全国艺术硕士（MFA）研究生美术与艺术设计优秀作品集》。

6. 案例的推广性

学校系全国首批开展MFA教育的高校之一，在十余年的教育实践中，先试先行、不断探索，先后编辑出版了五部作品集，受到社会各方的广泛赞誉；牵头研制首个地方标准，已试行多年；在上海市学位办的领导下，成立首个地方MFA教育指导委员会，协同兄弟院校共同提升MFA教育品质；发布全国首个MFA质量报告等，受到新华网、人民网、东方网、《文汇报》等20余家新闻媒体的关注和报道；先后接待清华美院、中央美术学院、中国美术学院、南京艺术学院、江南大学等十余所兄弟院校交流MFA办学经验，共同研究提升MFA教育质量之道。

总之，上述经验虽然来源于学校，具有开创性和典型性的东华特色，但又遵循了MFA教育的规律，更具有普遍性，可以供国内相关院校参考交流。尤其是在当前我国MFA专业学位授予单位已增至202所的情况下，学校的实践探索和创新经验，更显得弥足珍贵。

三、案例述评

（一）标准先行，规范教育

学校相关专家牵头，联合上海12所开展MFA教育的高校历时一年在全国率先研制了六易其稿的《上海市艺术硕士专业学位论文基本要求和评价指标体系》这一地方标准，受到了上海市学位办的肯定，于2012年3月开始试行。此外，学校相关专家还联合上海12所开展MFA教育的高校共同制作了全国首个艺术专业学位研究生教育质量报告，于2015年12月首次发布，引发了社会各方的高度关注和赞誉。

（二）搭建平台，协同教育

在上海市学位办和上海市研究生教育学会的主导下，学校于 2014 年 12 月在全国率先成立地方 MFA 教育指导委员会——上海艺术专业学位研究生教育指导委员会，由来自上海市 13 所高校和 3 个行业组织（上海市服装行业协会、上海市工艺美术行业协会、上海市经济和信息化委员会都市产业处）的共 40 余位委员组成。这是积极推动上海艺术专业学位教育的改革、创新与发展，加强上海艺术专业学位培养单位的交流与合作，促进上海艺术专业学位教育水平提高，为上海高等院校艺术专业学位教育教学工作进行研究、指导、咨询、服务的专家组织机构。2015 年恰逢艺术硕士学位点设置十周年，上海艺术专业学位研究生教育指导委员会专门筹备了十周年庆系列活动，包括音乐、舞蹈、戏剧、戏曲专业领域优秀作品会演，美术、艺术设计、电影与广播电视专业领域优秀作品汇展；编辑出版了《上海艺术专业学位研究生教育十周年（2005—2015）优秀作品集》《上海艺术专业学位研究生教育十周年（2005—2015）优秀学位论文集》，引发了强烈的社会反响。

（三）突出实践，鼓励创作

聘请校外行业专家开展教学并指导学位创作，突出实践教学和评价，校内外双导师共同努力培养宽口径、精专业和高素质的高层次艺术专业人才。学校在每届 MFA 专业学位研究生学位论文答辩时均举办毕业设计汇展，并定期编辑出版优秀学位作品集。

案例撰写联系人：

丁明利、刘晨澍、刘晓东、刘晓刚、冯信群（东华大学旭日工商管理学院）

第 五 部 分

Part 5

上海专业学位研究生教育“六化”模式的改革与探索

The Reform and Exploration of the “Six Oriented” Mode of Shanghai Professional Degree Graduate Education

一、案例简介

1）案例特点：注重顶层设计、注重标准引领、注重质量保障。

2）案例启动时间：2008年。

3）案例合作方：上海市教委、上海的部属及市属高校、上海市教育评估院、上海市卫生和计划生育委员会（简称上海市卫计委）、上海市文化局等。

4）案例主要创新点：提出了以“六化”模式为核心的专业学位研究生教育发展对策。

二、具体案例撰写

（一）案例背景

为进一步推进研究生教育改革与发展，促进专业学位研究生教育更好地适应经济社会发展对高层次应用型人才的需要，并逐步建立健全具有中国特色的专业学位研究生教育制度，教育部从2010年起，在部分高校开展了专业学位研究生教育综合改革试点工作。2015年，教育部在以往专业学位研究生教育综合改革试点的基础上，又开展了深化专业学位研究生教育综合改革工作，上海市被列入深化专业学位研究生教育综合改革试点单位。

当前，上海正处在“创新驱动、转型发展”、全力推进“四个中心”建设、打造全球城市的关键时期，对高层次应用型人才的需求越加紧迫和旺盛，对专业学位人才培养模式改革提出了新的、更高的要求。上海作为全国最早开展专业学位研究生教育的地区之一，针对上述问题与现象，积极探索改革路径，缜密做好顶层设计，以质量为本、以标准为魂，深入开展了专业学位研究生教育综合改革。

（二）主要思路

上海遵循专业学位人才培养规律，紧密结合经济社会发展需求，积极探索改革路径，缜密做好顶层设计，以质量为本、以标准为魂，以培养模式创新和专业素养提升为重点，以专业学位与职业任职资格衔接为突破口，探索开展了以“六化”为核心的培养模式改革，即培养规格行业化、知识能力复合化、实习实践制度化、导师队伍“双师化”、考核评价系统化、培养途径国际化。

（三）具体举措

1. 培养规格行业化

专业学位是为适应现代科技进步与社会快速发展而设置的学位类型，专业学位人才培养应紧密结合行业人才需求，符合行业人才规格。上海各高校探索形成了校内外导师共同制订人才培养方案、依托合作项目共同培养、共同制定培养质量评价标准的“三个共同”模式，使高校和企业在专业学位人才培养理念、知识结构要求、专业能力构成等方面达成共识，使得专业学位人才培养的目标定位、规格标准符合行业要求。2010 年 10 月起，在教育部、国家卫计委等部门的指导和大力支持下，上海开展了临床医学专硕教育与规培结合改革试验（简称“5+3”项目）。在“5+3”项目取得一定经验的基础上，从 2014 年开始，上海开始探索临床医学博士专业学位研究生教育与专科医师规范化培训相结合的改革试点工作（简称“5+3+X”项目），并将其纳入上海市政府重点工作和上海市教育综合改革项目。2014 年，各试点高校招收临床医学博士学位（“5+3+X”项目单证模式）研究生 11 名；2015 年，复旦大学单列 5 个名额用于招收“5+3+X”项目双证模式研究生并全部招满；2016 年，“5+3+X”项目得到了教育部的大力支持，获得 100 名专项博士生招生名额，复旦大学等 3 所高校又对招生名额进行了 1∶1 配套，共招收“5+3+X”项目双证模式博士生 216 名。同年，上海还制定了同等学力申请“5+3+X”项目单证模式的标准和管理规定，并完善了“5+3+X”项目双证模式的招生简章、培养管理、学位授予、导师队伍建设等的实施细则。

上海还继续推进了教育硕士与中小学（中职）见习教师规范化培训结合改革试点，推动上海音乐学院、上海交响乐团和纽约爱乐乐团三方共同组建了上海乐队学院，开展艺术硕士与知名乐团演奏人才培养结合改革试验。

2. 知识能力复合化

高层次应用型人才既需要掌握扎实的基础理论知识，又需要具备较强的专业技术能力。上海各高校不断改革专业学位研究生课程体系设置，在注重基础理论传授的同时，加大了对实践课程、市级和校级案例库的开发力度，强化了对专业学位研究生实践能力的培养，实现了理论知识和应用能力的共同提升，初步建成了体现能力复合要求的案例库。2008 年起，上海先后开展了法律硕士、工商管理硕士、公共管理硕士、翻译硕士等案例库建设。在此基础上，选取案例教学最成熟的工商管理硕士，建设了“上海 MBA 课程案例库开发共享平台”，该平台由中欧国际工商学院牵头，上海 14 家 MBA 培养单位参与建设。该平台已经遴选了

856 篇案例，形成了上海 MBA 课程案例初始库，建成了上海 MBA 课程案例库应用平台。该平台自 2015 年 2 月开通以来，已经为上海开展 MBA 教育院校的 1030 位老师提供了免费使用的账号，近 200 位老师下载了 2000 多次案例用于教学，覆盖了 7700 多名学生。为了扩大上海 MBA 课程案例库的影响力，提升案例库数量与质量，中欧国际工商学院与清华大学签署了案例库合作协议，联合向全国各院校、企业推广该案例库，2015 年已有 68 所大学的图书馆和 3 家企业购买了该案例库的年度使用权。上海 MBA 课程案例库开发共享平台主办了八期案例培训班和两次案例教学相关研讨会，参加培训人数超过 600 人次。此外，上海 6 个市级专业学位教育指导委员会从 2015 年成立以来就着手开展案例库建设，并陆续制定了案例库建设标准，组织案例教学和案例开发培训，建立案例共享平台，开展案例征集和评选工作，通过优秀案例评选，各教育指导委员会已经初步建立了案例初始库。

3. 实习实践制度化

实习实践是专业学位研究生培养过程中的重要环节，也是提高专业学位研究生理论联系实际、解决实际问题能力的重要途径。在高校层面，将实习实践教学纳入培养方案，通过具体的实践教学计划加以落实，支持教师与行业企业合作，结合行业实际情况，编写专业学位研究生实习实践教材。2013 年，华东理工大学出版了工程硕士专业实践系列用书。为提升专业学位研究生实践能力，从 2012 年起，上海开展了专业学位研究生实践基地建设，截至 2016 年 9 月底，上海市教委已累计投入 1.5 亿元，建成了 303 个市级专业学位研究生实践基地、47 个示范级专业学位研究生实践基地，2016 年又遴选建立了 15 个优秀示范基地，每年承载着近 1 万名专业学位研究生的实习实践。结合各高校和院系建立的两级实践基地，上海已经构建了较完善的实践基地体系。上海市教委还建立了上海市专业学位研究生实践基地信息管理平台，出台了实践基地管理办法，对研究生实习实践进行规范。同时，上海市教委每年投入 1200 万元专项经费，为高校购买第三方社会责任险，有效地消除了高校、企业、学生和家长等各方对实习实践安全的担忧。

4. 导师队伍“双师化”

产学结合的双师型导师队伍，是提高专业学位人才培养质量的重要保障。上海积极推动高校与行业对接，吸引行业专家“走进来”，构建由校内导师和行业专家共同参与的双导师指导体系，共同承担专业实践教学和学位论文指导工作。2011 年起，上海市教委实施了“上海高校教师产学研践习计划”。选派优秀青年教师到政府和企事业单位挂职锻炼，每人给予 5 万元的资助；同时允许高校拿出 3%的师资编制，鼓励教师脱岗进入企事业单位工作，其编制予以保留，有效地促进了校内导师的“双师化”；推进高校建立专业学位导师评聘标准，选拔与实践部门合作紧密的教师担任专业学位研究生导师及任课教师。一些高校从实践部门直接聘用相关人员担任导师及任课教师。2013年，华东师范大学、上海师范大学从上海市中小学校中选聘近40位高级教师担任兼职教授，承担对教育专硕的教学任务。

5. 考核评价系统化

建立健全培养环节的质量监控和评价指标体系，是实现专业学位人才培养目标的关键因素。上海市教委在学位论文、实践基地、师资队伍等方面制定了较为完善的考核评价体系。从2012年起，上海市学位办组织专家组研制的法律硕士等36种专业学位论文的基本要求及评价指标体系，既符合国家有关文件精神和国家各专业学位教育指导委员会的要求，又得到上海相关高校认可，体现了不同专业学位类别间的共性和各类别的特色，对提高上海专业学位研究生培养标准起到导向作用。2016年，上海市组织专家对原有的36种专业学位论文基本要求及评价指标体系进行了修订并研制了新增的中医硕士专业学位论文基本要求及评价指标体系。为帮助各高校专业学位导师更好地了解相关指标体系的规定和要求，上海还对专业学位导师进行了培训。近年来，在1.5万篇硕士专业学位论文中，有近80%的论文采用了调研报告、案例分析等新的论文形式。在上海市市级集中双盲评审的5000多篇专业学位论文中，专家评审的异议率降低了近2个百分点。

6. 培养途径国际化

汇聚全球资源、深化专业学位研究生教育国际合作，是提升专业学位研究生教育质量的重要途径。上海各高校积极参与国际认证，吸引国际生源，引进海外师资，打造国际化课程，鼓励师生到海外访学，努力推进人才培养国际化。上海高校积极开展专业学位中外合作办学，在专业学位研究生教育方面开展国际认证，在通过AACSB和EQUIS标准认证的中国高校中，上海均占1/3。MBA院校的国际认证主要有AACSB、EQUIS、AMBA三大认证，上海是相关高校商学院认证比例较高的地区之一，上海交大是国内较早通过三大认证的高校之一。同时，在2013年英国《金融时报》公布的全球高级管理人员MBA项目排名中，复旦大学、上海交大和中欧国际工商管理学院的EMBA项目都名列前茅。上海还积极开展专业学位研究生海外实践基地建设，例如，华东师范大学汉语国际教育硕士在美国、澳大利亚、新西兰等国家建立了实践基地；上海外国语大学翻译硕士在联合国总部建立了实践基地；上海海洋大学的农业硕士（渔业领域）在西班牙、马绍尔群岛共和国建立了远洋实践基地；上海电机学院的工程硕士（风电方向）在瑞典建立了实践基地。

（四）案例的推广性

以“六化”为核心的专业学位人才培养模式改革，凝聚了各方共识，统筹了优质资源，健全了机制体制，加大了教育投入，营造了良好环境，逐步建立起了具有上海特点、高校特色、专业特征的专业学位研究生培养体系。其中，临床医学硕士培养模式改革率先取得了显著成效。2010 年 10 月，在教育部的大力支持下，上海在医药卫生改革、医学教育改革、专业学位研究生教育改革三个框架下，开展了临床医学硕士教育与规培结合改革试验，其主要内容可以概括为“三个结合”，即研究生招生和住院医师招录结合、研究生培养和住院医师培训结合、学位授予标准与临床医师准入标准结合。截至 2016 年 7 月，该项目共招收 3737 名临床医学硕士，1400 余名研究生已顺利毕业。经过努力，这项工作得到各方高度肯定，也为在全国范围推进以“5+3”为主体的临床医学人才培养体系提供了宝贵经验。

本项目成果在上海地区得到广泛应用，成效显著，得到教育部、国家卫计委等部门的高度认可，以及《中国教育咨询报告（二）》的推荐；在全国培养模式改革推进会等会议上作主旨报告；北京、湖北、广东、广西、新疆等省份来上海学习交流；相关成果已出版专著或发表论文。

三、案例述评

（一）案例评价

1. 领导高度重视，加强组织协调

专业学位人才培养模式改革得到了上海市相关领导的高度重视，上海市教委和有关职能部门紧密协作，高校全力以赴，共同推进各项改革工作。上海分管研究生教育的市领导和教委领导，非常重视专业学位研究生教育的发展，在每年的春季研究生教育工作会议和秋季工作会议中，会同各高校研究生教育分管领导和主要负责人，围绕专业学位研究生教育开展专题研讨和互动，组织协调各项工作。

2. 顶层优化设计，科学制订方案

改革方案是开展改革的指导和引领，上海市教委与各高校密切合作，在改革方案制订过程中，多次召开专家咨询会和工作研讨会，广泛征求意见，加强顶层设计，科学制订方案。例如，各高校在专业学位研究生培养方案制（修）订过程中，积极吸取行业企业专家的意见和建议，不断完善培养方案和课程体系，促进专业学位研究生培养目标主动适应行业企业需求，同时体现各培养单位的优势和特色。

3. 健全体制机制，鼓励自主创新

上海市教委注重推动高校加强体制机制建设，加强对改革工作关键环节的管理，鼓励高校自主探索，创新人才培养模式。上海相关高校在专业学位研究生教育的各项管理工作中创新组织管理和联动机制，按相关类别专业学位研究生教育指导委员会的要求，成立了学校层面的专业学位研究生教育指导委员会，有的高校在专业学位研究生教育管理方面实行校院两级管理体制，有些培养单位还成立了专业学位评定分委员会，一些培养单位成立了专业学位人才培养督导组或教学督导组。这些机构或组织分别负责专业学位研究生教育的决策咨询、行政管理、学术管理、监督指导，它们各司其职、各负其责、相互配合，在培养单位内部形成了科学有效的专业学位研究生教育管理及运行机制，为专业学位研究生教育的健康发展提供了组织保障。

4. 建立保障体系，加强考核评估

上海市教委为专业学位人才培养模式改革提供经费保障和政策支持，同时要求各高校积极争取行业企业支持，积极筹措项目经费，加强项目跟踪管理，建立质量监控体系，适时开展考核评估。随着改革工作的深入开展，高校在课程设置、教学方法、导师队伍、实践基地、考核评估等工作中取得了新的成效。

5. 加强宣传交流，发挥示范作用

针对专业学位人才培养模式改革具有政策性强、涉及面广、社会关注度高等特点，上海市教委和各高校积极进行政策宣传，广泛听取各方意见，汇聚各方力量。同时，做好经验总结和交流推广，发挥改革的示范引领作用。

（二）案例创新

1. 创新组织形式，建立推进机制

在上海市政府的高度重视下，上海市研究生教育学会、政府主管部门（上海市学位办）、教育部学位中心上海研究基地（全国三个基地之一）、第三方评价机构（上海市教育评估院）、研究生培养高校、相关行业等多方联动，紧密协作，多角度多维度保障专业学位研究生教育质量，激励高校全力以赴，共同推进上海专业学位研究生教育的综合改革与发展，会同全市研究生培养单位的分管领导和主要负责人，围绕专业学位研究生教育开展专题研讨会、培训会等互动形式，组织协调、整体推进和实施各项改革工作，拓展专业学位人才培养路径。2012 年，《上海市人民政府办公厅转发市教委等十六部门关于加强校企合作提高高等教育、职业教育质量意见的通知》发布，要求举全市之力推进教育与科技、经济互动，加强校企合作，提高高等教育质量。

2. 注重顶层设计，优化质量标准

改革方案与策略是开展改革的指导和引领，也是改革成效的关键。在上述新型组织联动合作和各相关专业学位研究生教育指导委员会的指导下，经过多次召开专家咨询会和工作研讨会，广泛征求意见，注重顶层设计，以培养质量和学位授予标准为核心，科学合理地制订改革实施方案。

针对 36 种专业学位类别，首次系统研制并推出了《上海市艺术硕士专业学位论文基本要求和评价指标体系》，同时建立了市级实习实践基地建设管理办法，推动了若干专业学位类别与职业资格制度衔接的试点等。

3. 推进“六化”模式，保障教育质量

针对专业学位研究生教育面临的突出问题和瓶颈，创新性地提出了以“六化”模式为核心的专业学位研究生教育发展对策，从对接行业、改革教学、加强实践、建设队伍、优化标准以及推进国际化等方面入手，提高专业学位研究生教育质量。鼓励高校自主探索、创新人才培养模式，加强对改革工作关键环节的管理。按照“六化”模式的要求，上海高校创新组织管理和联动机制，成立了学校层面的专业学位评定分委员会、专业学位研究生教育指导委员会、专业学位人才培养督导组及专业学位教育中心，在高校内部建立了专业学位人才培养质量保障和评价体系，有效地提升了专业学位研究生教育质量。

案例撰写联系人：

束金龙、吴庆仝（上海市学位办）

马爱民（华东师范大学研究生院）

丁明利（东华大学旭日工商管理学院）

牛培源（上海立信会计金融学院）

上海临床医学硕士专业学位教育与住院医师规范化培训结合改革试点

Pilot Reform of Combining Clinical Medicine Professional Master's Degree Education with Standardized Training for Resident Doctors in Shanghai

一、案例简介

1）案例特点：医教协同，实现临床医学硕士教育与规培的紧密结合。

2）案例启动时间：2010 年。

3）案例合作方：上海市卫计委、复旦大学、上海交大、同济大学、第二军医大学（海军军医大学）、上海中医药大学。

4）案例主要创新点：创新了“5+3”项目为主体的我国临床医学人才培养体系。

二、具体案例撰写

（一）案例背景

随着我国经济社会发展和生活水平的提高，人民对高水平的医疗卫生服务有了更大的需求。探索医学教育改革、培养合格临床医师，是提高医疗卫生工作质量和水平的根本之策，对于维护和提升人民群众健康水平、深化医药卫生体制改革、实现“健康中国梦”具有重要意义。

经过长期探索，根据国家和上海医改方案的总体要求，自 2010 年起，上海在全市公立医疗机构统一实施了规培制度。建立规培制度、全面提升各级医疗机构临床医师的整体水平，是建设高水平临床医师队伍、保障医疗质量和医疗安全的必然要求。

在教育部、国家卫计委的指导下，上海市教委和上海市卫计委经过反复调研论证、充分听取各方意见，于 2010 年 10 月正式启动“5+3”项目。

（二）创新理念

“5+3”项目通过界定临床医学硕士同时具备住院医师和研究生的双重身份，实现了研究生招生和住院医师招录结合、研究生培养和住院医师培训结合、学位授予标准与临床医师准入制度结合的“三个结合”，合格研究生毕业时可获得执业医师资格证书、规培合格证书、研究生毕业证书和硕士学位证书。

本项目以临床医学硕士教育改革为突破口，不仅探索了我国研究生临床技能水平提高的根本途径，实现了临床医学硕士教育与规培的实质性结合，促进了我国规培制度的建立健全，而且创新了以“5+3”项目为主体的我国临床医学人才培养体系，明确了我国医学教育结构优化和学制学位调整的改革方向，引领了我国其他领域专业学位教育模式改革。更为重要的是，本项目聚焦社会和人民关注的重大问题，立足教育和卫生两大民生工程，开创了“教改医改互动，满足人民需求”的成功典范，对于深度推进我国医学教育体制改革和医药卫生体制改革等社会事业改革有着极其重要的意义。

（三）具体举措

1. 制度建设

上海在全市建立了统一标准、统一准入、统一考核的规培制度，该制度具有权威性、约束性和保障性，得到了行业内外的高度认可。同时，该制度明确规定了培训的效力，将规培合格证书作为全市各级医疗机构临床岗位聘任和晋升临床专业技术职称的必备条件之一。

在加强组织管理方面，成立专门的项目推进与实施组织管理，包括领导小组、专家小组和工作小组，分别负责项目的统筹安排、专家咨询指导以及工作计划实施等事宜。在试点项目实施过程中，工作小组建立了工作例会制度，以及时协商解决项目实施过程中的各种具体问题。

在强化质量保障体系建设方面，针对研究生招生、培养、课程设置、教材建设、论文答辩、导师指导等环节，“5+3”项目划拨了专门的经费，并深入开展质量保障体系等方面的课题研究，推进并强化了项目的质量保障体系建设。

2. 培养方式

硕士生在临床轮转的同时，必须在规定学习期限内完成必需的课程和学分，应达到的要求及论文水平按照学位授予标准制定。硕士生的培养方向应顺应学科发展的主流趋势，并结合本学科的实际情况确定，应注意根据硕士生的专业水平和临床技能的提高与发展，有计划地实施培养过程。

本项目中的硕士研究生学制一般为 3 年，修读年限最长为 4 年。规培全过程中因各种原因退出者，其研究生学籍将予以取消；未能获得执业医师资格证书和规培合格证书者，其研究生学籍将自动取消。

3. 管理方式

1)实行双集体指导方式：由培训医院按培训科目组织硕士生和导师分别成组。导师组须由 5 名以上专硕生导师组成，并选定一名导师作为组长，负责导师组对硕士生培养的协调管理。在导师组的指导下，硕士生根据学科培养方案和本人的学术意愿，确定研究方向，接受临床能力训练、考核，并撰写学位论文。

2）《上海市住院医师临床轮转登记手册》《上海市临床医学专硕（住院医师）培养手册》是导师指导硕士生学习的依据，也是对硕士生毕业和授予学位条件进行审查的依据。硕士生在入学一个月内及时填写《上海市临床医学专硕（住院医师）培养手册》。培训计划确定后，硕士生组和导师组均应严格遵守计划规定，在执行培训计划的过程中，若因特殊原因提出修改者，必须填写申请表，经导师组和培训医院同意后报研究生院医学院分院培养办公室审批、备案。

4. 师资配备

各高校为学生指定论文指导老师。在临床轮转培训过程中由各学科高年资主治医师以上级别的带教医师作为研究生临床技能培训导师。培训医院的带教医师应具有扎实的临床技能和良好的医德医风，能以身作则，认真履行各项工作职责。

各学科的带教医师与住院医师的比例不低于1∶2。

5. 实践安排

1）硕士生严格按照培训计划，在导师组的指导下，接受规培的临床实践训练。

2）硕士生通过临床能力的训练，掌握本专业及相关学科的诊断，治疗技术，本学科常见病、多发病的病因、发病机理、临床表现、诊断和鉴别诊断、处理方法等。学会急诊处理、危重病人抢救、病历书写等临床技能，培养严谨的科学作风和高尚的医德。

3）不同专业的硕士生进入培训医院后的轮转需按照《上海市住院医师临床轮转登记手册》《上海市临床医学专硕（住院医师）培养手册》的要求进行。

6. 论文工作

临床医学硕士的论文一般应以临床实践过程中出现的问题为研究课题，应注意选择有重要应用价值的课题。硕士生在第四学期结束前应完成硕士学位论文的开题工作。

学位论文类型分为病例分析报告、文献综述、经验介绍类论文等。为确保论文质量，要求硕士生做到以下两点：第一，在导师组的指导下确定研究方向，通过查阅文献、收集资料和调查研究确定研究课题，在规定的时间内完成开题报告；第二，学位论文应紧密结合临床实际，以总结临床实践经验为主，在学术上有一定的理论意义或应用价值。

7. 学位授予

临床医学硕士申请学位的条件包括4个：①完成培养方案所规定的临床轮转、课程学习、学分、各阶段临床能力考核，且成绩合格；②取得医师资格证书；③取得上海市规培合格证书；④完成论文后，于答辩前一个月将论文送两位评阅人进行盲审，评阅人认为该论文达到了规定水平，则盲审通过，可填写论文答辩申请表，经培养单位和医学院研究生管理部门批准后，参加并通过论文答辩。同时符合上述四项条件者可向有关学位授予单位提出申请，经学位评定委员会审核通过后，由学位授予单位颁发硕士研究生毕业证书和临床医学硕士学位证书。

8. 案例成效

1）探索构建行业化专业学位研究生培养模式。专业学位研究生人才培养理念相对滞后，专业学位研究生的专业素质还需进一步提高。“5+3”项目“三个结合”的核心内容遵循了专业学位人才培养规律，紧密结合了医药卫生行业的人才需求和培养规格，把职业素养、专业能力、应用能力放在了首要位置，从而使高校和行业在专业学位研究生人才培养理念、知识结构要求、专业能力构成等方面达成共识，使得专业学位人才培养的目标定位、规格标准符合行业要求。

2）“5+3”项目制度建设研究成果。“5+3”项目开展了针对研究生招生、培养、课程设置、教材建设、论文答辩、导师指导等环节的深入研究，建立了以临床能力为核心的课程体系、以网络化课程为主体的教学方式、以临床技能训练为重点的培养方案，为在全国范围推进以“5+3”项目为主体的我国临床医学人才培养体系探索出重要的经验及路径。相关的制度建设成果荣获 2013 年上海市级教学成果奖特等奖，2014 年获国家级教学成果奖特等奖。

3）“5+3”项目的推广。2012 年 5 月，《教育部 卫生部关于实施临床医学教育综合改革的若干意见》发布。2012 年 8 月，上海市教委、上海市卫生局举办了“2012 年上海市临床医学教育综合改革经验交流会”。2013 年 5 月，《教育部 国家卫生和计划生育委员会关于批准第一批临床医学专硕培养模式改革试点高校的通知》发布，决定批准北京大学等 64 所高校为第一批临床医学专硕培养模式改革试点高校。2014 年 7 月，《教育部等六部门关于医教协同深化临床医学人才培养改革的意见》发布，对以“5+3”项目为主体的临床医学人才培养体系给予了充分肯定，并于 2015 年起在全国范围内进行推广。

4）“5+3”项目研究生/住院医师培养质量提升。上海交大医学院研究生院运用自制调查量表对 95 名首批“5+3”项目研究生进行问卷调查，旨在对“5+3”项目研究生/住院医师培养过程进行评价，并与 2010 级临床医学硕士的评价进行比较。对研究生的问卷调查结果显示，“5+3”项目住院医师对培养过程（课程设置、实践教学、教学管理、导师指导、就读收获）的总体评价比较满意。对培训基地和带教老师的调查结果显示，“5+3”项目的培养模式有利于提高学生的临床能力，具体体现在学生的临床技能、分析问题和解决问题的能力等 11 个条目上。“5+3”项目研究生/住院医师的评价显著高于普通专业学生研究生。

三、案例述评

（一）坚持医教结合

坚持医教结合，即实行临床医学硕士与规培相衔接，推行“5+3”医学人才培养模式，实现研究生招生和住院医师招录结合、研究生培养和住院医师培训结合、学位授予标准与临床医师准入标准结合。截至 2016 年 7 月，该项目已累计招录 3737 人，已有 1400 余人完成培训，获得了执业医师资格证书、规培合格证书、研究生毕业证书、临床医学硕士学位证书。在此基础上，2014 年 7 月，上海又开始探索“5+3+X”模式。

（二）坚持联席会议例会制度

上海建立了由市政府分管领导牵头的联席会议制度，成员单位包括上海市市教委、卫计委、人力资源社会保障局、发展改革委、财政局等相关部门。各方通力协作，加强顶层设计，前瞻性地做好政策配套，确保了制度的平稳推出和有效运行。联席会议办公室实行例会制度，召集相关委办局和专家委员会成员及时就规培过程中出现的相关问题进行决策部署，既明晰各自职责，又加强协调配合、共同支撑。

（三）落实质量保障措施

牢固树立质量第一的理念，开展质量保障课题研究，确保人才培养质量，并通过住院医师和专科医师规范化培训，提升临床医学研究生的临床能力。

（四）加大紧缺医学人才的培养力度

为更好地支持儿科、妇产科、全科等紧缺医学人才的培养，上海市教委在“5+3”项目招生计划下达时，要求学校将部分指标用于紧缺医学人才的培养，同时会同上海市卫计委做好医教协同，由上海市卫计委落实好专业学位研究生的规范化培训工作。

案例撰写联系人：

束金龙、吴庆全（上海市学位办）

蒋蕾红（上海交大医学院）

附　　录

Appendix

工程专业学位（2012 年和 2021 年专业学位类别、代码对照表）

2012 年①			2021 年②		
类别	领域	代码	类别	领域	代码
工程	电气工程	085207	能源动力	电气工程	085801
工程	集成电路工程	085209	电子信息	集成电路工程	085403
工程	控制工程	085210	电子信息	控制工程	085406
工程	计算机技术	085211	电子信息	计算机技术	085404
工程	建筑与土木工程	085213	土木水利	土木工程	085901
工程	化学工程	085216	材料与化工	化学工程	085602
工程	石油与天然气工程	085219	资源与环境	石油与天然气工程	085706
工程	核能与核技术工程	085226	能源动力	核能工程	085803
工程	航空工程	085232	能源动力	航空发动机工程	085804
工程	车辆工程	085234	机械	车辆工程	085502
工程	物流工程	085240	工程管理	物流工程与管理	125604

① 专业学位有哪些类别和专业领域？[EB/OL]. http://www.cdgdc.edu.cn/xwyyjsjyxx/gjjl/cjwt/276470.shtml，2012-11-08

② 国务院学位委员会办公室公布各专业学位类别的领域设置情况（附件）[EB/OL]. http://www.gov.cn/xinwen/2021-01/14/content_5579803.htm，2021-01-14